光/明/文/化
系/列/丛/书

光明文丛

每个人都是一束光

光明「中国故事」的

科学精神

光明日报社文艺部／编

光明日报出版社

图书在版编目（ＣＩＰ）数据

每个人都是一束光. 光明"中国故事"的科学精神 /
光明日报社文艺部编. -- 北京 : 光明日报出版社,
2023.5
　ISBN 978-7-5194-7120-0

Ⅰ. ①每… Ⅱ. ①光… Ⅲ. ①人物 – 先进事迹 – 中国
– 现代 Ⅳ. ①K820.7

中国国家版本馆CIP数据核字(2023)第052431号

每个人都是一束光——光明"中国故事"的科学精神

MEI GE REN DOU SHI YI SHU GUANG —— GUANGMING "ZHONGGUO GUSHI" DE KEXUE JINGSHEN

编　　者：光明日报社文艺部	
责任编辑：谢　香　孙　展	
装帧设计：谭　锴	责任校对：傅泉泽
插　　图：唐　诚	责任印制：曹　净

出版发行：光明日报出版社
地　　址：北京市西城区永安路106号，100050
电　　话：010-63169890（咨询），010-63131930（邮购）
传　　真：010-63131930
网　　址：http://book.gmw.cn
E‑mail：gmrbcbs@gmw.cn
法律顾问：北京市兰台律师事务所龚柳方律师

印　　刷：三河市华东印刷有限公司
装　　订：三河市华东印刷有限公司
本书如有破损、缺页、装订错误，请与本社联系调换，电话：010-63131930

开　　本：140mm×210mm	插　　图：10
字　　数：210千字	印　　张：10.5
版　　次：2023年5月第1版	印　　次：2023年5月第1次印刷
书　　号：ISBN 978-7-5194-7120-0	
定　　价：86.00元	

前言

习近平总书记在党的二十大报告中深刻指出："弘扬以伟大建党精神为源头的中国共产党人精神谱系，用好红色资源，深入开展社会主义核心价值观宣传教育，深化爱国主义、集体主义、社会主义教育，着力培养担当民族复兴大任的时代新人。"伟大事业铸就伟大精神，伟大精神引领伟大事业。一路走来，在实现中华民族伟大复兴的道路上，涌现了一大批视死如归的革命烈士、一大批顽强奋斗的英雄人物、一大批忘我奉献的先进模范。他们历经千百种苦难，无私奉献，为民族复兴添砖加瓦、增光添彩；他们的情怀高尚纯洁，散射光辉，如点滴星光汇成星河，照亮锦绣山河。今日之中国，960多万平方公里的神州大地上，处处激荡着蓬勃向上的复兴气象，一幅阔步新征程的壮美画卷徐徐铺展。

天地英雄气，千秋尚凛然。在我们党带领人民迈上全面建设社会主义现代化国家新征程之际，我们精选《光明日报》文化周末版"中国故事"栏目的47篇优秀作品编辑成《每个人都是一束光——光明"中国故事"的价值导引》《每个人都是一束光——光明"中国故事"的科学精神》两部书，旨在努力为更好坚定主心骨、唱响主旋律、振奋精气神作出贡献。这些作品呼应伟大事业，以大历史观观照历史和现实，深入挖掘各种历史档案文献资料，生动讲述红色故事，赓续红色基因，淬炼新主题，为波澜壮阔的新时代新征程热情讴歌，为人民的伟大奋斗鼓与呼。

　　一束光，就是一份力量，就是一种启迪。这两部书坚持权威性与思想性相统一，体现文艺创作与时代发展的深度契合，引导干部群众、青年学生进一步了解百年来中国共产党团结带领人民向着实现中华民族伟大复兴路上所付出的巨大牺牲、所取得的伟大成就、所创造的人间奇迹。希望这两部书的出版，就像一束光照进现实、点亮生活、昂扬精神，帮助人们在强国建设、民族复兴的画卷上努力书写属于自己的一笔。

目录

第一辑
一代国之干，浇筑民族魂

第二辑
一般仁心术，点燃红尘春

02

第三辑
一颗工匠心，万里报国情

第一辑

一代国之干，浇筑民族魂

陈
新 | 作者

嫦娥揽月 梦圆中国

嫦娥五号"挖土"归来，中国探月工程嫦娥五号任务取得圆满成功，千年夙愿一朝梦圆，可谓举国欢腾。

千百年来，人类对于月亮的仰望、遐想、观测、勘探从未止歇。月亮，不仅仅是一颗星球，它还是梦想的高度，是一根连接情感与希望的线。

望月：梦想的高度

月华如水，淡淡地洒在天地间，犹似镀了一层朦胧且清稀的面汤。

鸟嘤、蝉鸣，虫豸的欢歌，或者静寂的山林，都在这浩渺的面汤之中，各自腻润。

虽然空气依然如凝地一动不动，或大或小的风，也都热得不知躲在哪个地方乘凉去了，除了呼吸时才在鼻翼前有微微的流动。

但沐浴在月光里，燥热的内心，还是像在汗涔涔的炎热中饮下了一碗凉水般的舒服。

夏夜炎炎，我的童年、少年经常躺在房前晒坝竹编的凉席上，乘凉，歇息，享受大自然吝啬的凉与爽。虽然空气依然如蒸笼，但人只要静下来，便能感受到炙烤了一天的大地在有一阵没一阵的蝉鸣声中，热，去了些许。

同一块晒坝上，通常还有不少男人和女人，也一样躺在竹席上乘凉。因为劳累，有的人已经发出了鼾声，一任嗡嗡的蚊子叮咬也没惊扰了他们。这样的夜晚，往往盛满了故事与童话。一个发生在地球与月亮之间的传说，便美好了多少人的多少个夏夜。

我们的童年少年，或者曾经的我们的童年少年，或许就在某个夏天的晚上，也可能不是夏天的晚上，却没睡着，在看着浩瀚的夜空，繁星点点，以及圆月高挂的景致之时，一个传说，正从妈妈的口中，或从其他老人的口中，讲述了出来，美好地流淌进曾经幼小却清澄的心里。

这是一个关于月亮的神话，温馨的心情，被柔柔的月光牵引着：

"月亮上那些暗的东西是啥？"

"那是树啊，月亮上的桂树呢！"

"树？月亮上也有树吗？"

"月亮上当然有树了，你看吧，那树还动呢。"

于是少年专注地看起月亮来，目不转睛。

然而，目光所及，除了丝丝缕缕淡淡的云从月亮身边擦肩而过之外，少年却并没有看到月亮上的"树"在飘摇，在动荡。

"那树没动啊，我没看到它动呢。"

"你看得久一些，便能看到月亮中的树在动的。而且，还有可能看到那树丛中有兔子呢。"

"月亮上还有兔子？谁养的兔子啊？"

"是一个叫嫦娥的姑娘养的兔子呢。"

"嫦娥？嫦娥是谁？"

"嫦娥是一个仙女。"

"嫦娥是仙女啊？"

"对呀，嫦娥本来是地上的凡人，后来得道成仙，便飞到月亮上去了。"

"人只不过是一根苇草，是自然界最脆弱的东西；但他是一根能思想的苇草……我们全部的尊严就在于思想。"法国著名数学家、物理学家、思想家帕斯卡曾经这样说过。

抬头望天，眼界高阔。每一次仰望，高度对于人生都可能构成魅惑。低头看地，咫尺天涯，脚踏实地的同时也可能目光短浅。

无论物质文化和精神文化是匮乏还是丰盈，能够在夜露氤氲中遥望高挂天上的圆月，遐想月亮上一些可能的存在，不可能的存在，可能的不存在，或者根本就是传说中的仙女、玉兔、蟾宫，甚至将自己也置身于这种非非状态的遐想之中，其实也是一种很不错的放松。

月亮，这种生长于童年少年稚嫩中的欢娱与神往，有多少人隔着时空呼唤，夜色清朗之时，更有多少思绪在翩飞。

稚眼望月，无边遐想，理想萌芽，冥冥之中为多少人铺就了一条想象与奋进有机融合的康庄大道，以至于从此开始，亦步亦趋的未来，便有了康德的星空、罗素的尊严和帕斯卡的思想的芦苇……

吟月：情感的清影

那金灿的地方实在凄凉

高悬夜空的月亮

并不是当初亚当见到过的情形

人们无数世纪的凝注使它积满了泪水。

看吧，它就是你的明镜。

这首诗名叫《月亮》，是阿根廷著名诗人、小说家博尔赫斯的作品。这首诗是写给他那比他小47岁的妻子玛丽亚·儿玉的。

博尔赫斯被誉为作家中的作家，他的小说千回百转，魔幻如迷宫，读起来像诗一样耐人寻味；他的散文外表简洁、散淡，却有感人至深的情节和跌宕起伏的悬念，读起来又像小说能让人酣畅淋漓；而他的诗奇想联翩，意境飞翔，文辞精妙令人叫绝，又有散文的宽泛和广阔。"联系这三者的，是他睿智的思想。"

儿玉是日裔阿根廷人，12岁时认识博尔赫斯。当时，博尔赫斯声名赫赫，但却只差 1 岁便是花甲老人。儿玉由于受父亲的影响而喜欢诗歌，这，便是她与博尔赫斯之间暗藏的缘分。

儿玉中学毕业后，进入大学哲学文学系学习，常常和博尔赫斯在一起研究盎格鲁－撒克逊文学，学习冰岛文。博尔赫斯带着原版文学书，玛丽亚·儿玉则抱着一本语法书，耳鬓厮磨，彼此间加深了感情。

1985 年，儿玉带博尔赫斯去日内瓦治疗肝癌，她见博尔赫斯孤苦伶仃，且病入膏肓，于是心仪博尔赫斯已久、已经 40 岁的儿玉，于第二年嫁给了 87 岁高龄的博尔赫斯。然而这对情投意合、举案齐眉的夫妻的幸福，却终止于上帝的嫉妒，就在他们结婚后刚 8 周，博尔赫斯便去了天堂。

虽然博尔赫斯与儿玉令人艳羡的婚姻戛然而止了，但博尔赫斯在自己 86 岁时写给儿玉的这首《月亮》，却传遍了全世界。

遥挂天上的月亮，成了博尔赫斯与儿玉之间进行感情传递的纽带，这种纽带，如同中国传说中专管做媒的月下老人手中的红线。

关于月亮寓情的意境，在中国的诗词中并不鲜见。

明月几时有，把酒问青天。不知天上宫阙，今夕是何年？我欲乘风归去，又恐琼楼玉宇，高处不胜寒。起舞弄清影，何似在人间！

宋代苏东坡这首传诵千古的《水调歌头》中的月亮，也是富贵、华丽，且寒冷凄凉的。"明月几时有？"豪放的苏东坡既是在追溯明月的起源、宇宙的起源；又是惊叹造化的巧妙，大气壮阔。

月亮，也感寓乡愁。李白的"床前明月光，疑是地上霜。举头望明月，低头思故乡。"可谓妇孺皆知。直白的语言，拙朴的描写，淡淡地倾诉出明静醉人的思乡情愫，使人百读不厌，回肠寻绎，故而传诵至今，也"妙绝古今"。

在大自然的景物中，月亮是很有浪漫色彩的，它很容易启发人们的艺术联想。一钩新月，可联想到羞涩初生的萌芽事物；一轮满月，可联想到美好幸福的团圆生活；月亮的皎洁，让人联想到光明磊落的人格魅力。月亮，这颗被绚丽意象装点的星球，集中了人类无数的憧憬与理想。

思月：未知的神秘

我们在仰望浩瀚夜空中的月亮，遐思月亮上有什么的时候，在距离我们数百到数千年之外的古代，或近在咫尺的时光里，也有多少渴望的眼睛抬头望天。他们在一个又一个不同的环境和气候里，用仰视的姿势解读这个半月浮沉的神秘，解读月亮上到底有什么，到底没有什么，冥想天空、宇宙、星宿与自己的关联，并因此产生过环肥燕瘦的想象。

然后，他们又一个个在未解的困惑中故去，如一缕烟岚，在历史的大山间，在寥廓的天地里，消失得无影无踪，多少往事再难寻迹。

不过，在一望无际的历史视野里，虽然时间的河流如水冲沙般地淘尽了多少望天故事，以及望天故事深情如许的主角，但我们仍然要感谢文字，我们能从神圣的文字记录中，找寻到个别灿若晨星的痕迹。

中国关于月亮的神话最早载于《山海经》《楚辞》《淮南子》等古籍中，这些古籍在带给阅读者古代的风景之外，还带给了阅读者无尽的想象和诗意的启蒙。

我国古籍中关于月亮有据可考的文字，始见于《山海经》中关于帝俊的神话。《山海经·大荒西经》说："帝俊妻常羲，生月十有二，此始浴之。"帝俊之妻常羲，实际上就是嫦娥。

无论月亮之上是富贵华丽，还是寒冷凄凉，人们一直向往登上月球，向往登上月球探秘。毛泽东的著名词句"可上九天揽月，可下五洋捉鳖"，便是这个宏愿的集中体现。

然而，要登上月球，何其难哉！

"公输子削竹木以为鹊，成而飞之，三日不下。"《墨子》的记载说明，早在春秋战国时代，中国人便有了飞天梦，而鲁班则是中国原始航空科学的先头兵。

到了唐代，中国人的飞天梦似乎更强烈。就如同那个朝代著名的三彩瓷器般的绚烂，书写着令人惊叹的传奇。

《唐逸史》载，在唐开元年间，唐明皇甚至还登上过月球，在广寒宫里欣赏过数百身着白纱裙的仙女跳舞，"仙女数百，皆素练霓衣，舞于广庭。问其曲，曰《霓裳羽衣》"，并默记这首优美的舞曲。回到人间后，依调整理出《霓裳羽衣曲》传世。

　　唐明皇真登上过月球吗？不得而知。因为没有科学依据能够表明这个热爱音乐的唐朝皇帝有过这段传奇般的经历。但同样在唐代，却有另一个记载，似乎表明唐朝人与月亮是有联系的。之所以这样说，是现今的科学能够证明这个以纪实手法书写的传说故事中有些元素并非空穴来风。

　　这个故事被唐人段成式记录在《酉阳杂俎》一书中。段成式在唐朝文名颇盛，与著名诗人李商隐、温庭筠号称"三才"，时号"三十六"，因三人排行都是十六，故有"三十六体"之称。

　　这个故事见于《酉阳杂俎》名叫《天咫》的栏录里。故事讲述的是唐朝大和年间，郑仁本的表弟曾经和一个姓王的秀才游玩河南嵩山，当时的嵩山植被茂盛，风景优美，两人为了追求野趣，穿行在野藤丛生、萝蔓密布的幽静山涧，渐渐迷了路。不觉间天色向晚，倦鸟归林，两人才有些着急起来，开始寻找出路。正当两人一边行走，一边找路的时候，他们突然听见不远处树丛中有鼾声如雷。于是他俩拨开挡住视线的榛树丛，以探究竟。目光所及，竟看到一个穿着一身洗得发白衣服的人，枕着一个包裹正在酣睡。总算有一个可以问路的人了！两人欣喜得大声问道："我们第一次来这山沟中游玩，迷了路，请问你知道通往外面世界的大路该咋走不？"那个正在酣睡的人被叫醒后，只是抬头略微瞧了他俩一眼，却并不理睬他们，又自顾自地继续睡了。郑仁本的表弟和王秀才有些生气，但这大山之中只有他这一个山民可以问路，纵然心里有气，也不便发作。于是两人继续呼唤那个懒瞌睡太多的人，直到呼唤多次，那人才打着呵欠坐了起来，对他们说："来这里坐吧。"两人便走了过去，继续问出山之路。那人却未给他俩指点迷津，反而答非所问道："你们知道月亮是由七宝合成的吗？月亮就像一个巨大的汤圆一样，上面明亮的地方，是太阳照到月亮的凸处而显现的。听人说，有八万二千户修理起伏不平的月亮，我就是其中一户！"那人说着打开包裹给两人看，两人看到包裹里果然有凿子、斧头什么的，还有两坨像玉屑一样的米饭。见两人惊奇的目光中有着饥饿的元素，那人便从包裹中拿出一坨玉屑一样的米饭来赠送给他们："你们分着吃了它吧，虽然吃了这坨饭后不能保证长生不老，但也可以一生不得疾病。"说罢，站起身来，给两人指了指前方："你们只要朝着我指的方向一直朝前走，便能走上出山的大道。"说完这句话后，那个人便倏忽不见了。

这虽然是一个怪异故事，但是站在现在科技的角度看，故事中所包含的几个元素却令人惊异：月球表面是凹凸不平的；月球上明亮的地方，是太阳照到月亮的凸处而显现的；有八万二千户修理起伏不平的月亮……

然而，现代人类得知月球凹凸不平、有山脉、有平原的真实面貌，却是在1609年意大利人伽利略制造出第一架现代天文望远镜之后的事，而《酉阳杂俎》一书写于9世纪，作者段成式是怎么知道月球表面起伏不平的呢？

只有这样解释，唐朝时，月球离地球的距离比现在近。又或者，段成式笔下的人物真遇到过来自地外的高智慧生物。

诚然，世间所有的深爱，都源于美好以及些许神秘。神秘，有时是阳光下翠绿的树叶背面的蓊郁，充满诗意；有时却是一种未解的恐怖。

鸟儿的鸣唱婉转，打在心上犹如露水一点一滴，但如果不知是鸟儿在欢歌，也许便是夜半惊魂的恐惧。

但无论是美好的寄寓，还是神秘或恐惧，都是心灵的写意。

月亮，这方霓裳飘动、仙气充盈的乐土，承载了古今中外文人墨客太多的情感和诗意。

月亮，其实无处不在，它或高挂于天空，或高悬于内心。它慈眉善目像一尊佛，为旅人照亮漆黑的夜；它不离不弃像你的家人，你走它也走；它血脉相连像你的父母，与你同悲同欢；它又来者不拒像你的挚友，寄托你的思念……

每一次在天空或者在心空与月亮不期而遇，都能让人感受到它满身散发出玄妙的气息与神秘的光环。

朱阙玉城通阆苑。月桂星榆，春色无深浅。萧瑟篌笙仙客宴。蟠桃花满蓬莱殿。九色明霞裁羽扇。云雾为车，鸾鹤骖雕辇。（宋·丁谓《凤栖梧》）

月亮，还与芬馥及高贵有所关联。比如月桂，自古便被赋予了这种气质。在古希腊，人们常以月桂树叶编成冠冕，奉献给英雄或诗人，以表示崇敬。后来在英国还有"桂冠诗人"的称号，甚至成为王室御用诗人的专称。月桂属樟科常绿乔木，春季开花，原产地中海地区，与中国桂相近但不同科。

中国也有桂冠之说，三国时魏国繁钦《弭愁赋》中"整桂冠而自饰，敷藻藻之华文"一句，便是编织桂冠来打扮自己，铺排像锦绣一样华美的文字。

因为桂清香高洁，古人还用它来形容、评价人物。汉武帝曾问东方朔，孔子和颜渊谁的道德最高尚，东方朔说：颜渊的道德是高尚的，但他只像一山桂花，独自芳香，孔子的道德像春风一样浩荡，天下万物都受其化育熏陶。

探月：不竭的动力

无论是人类在蒙昧时代对月亮的未知而产生的神话传说，还是文人墨客对月亮寄寓的诗意情感与内涵，都可以看出，人类对月亮上是否有人，有神，有动物，有森林，有蟾宫等想象中的内容，以及一切能想象、已想象，或者还未能想象得到的真相的探索，从未停止过。

那么多结在月球的谜团，是宇宙奥秘的结晶？是神仙上帝的秘笈？是妖魔鬼怪的眼睛？是外星智慧生物的科技？是孤寂千年嫦娥的闺秘？不得而知。但这又的确是人类绵延不绝探索月球的无穷动力。

古人渴望登上月球的故事，堆积如山，但所有愿望，都缈如轻烟，始终如梦如幻。

从古至今，为何人们渴望登上月球呢？我们为何如此离不开月亮？月亮跟自己的生活有哪样直接的联系？难道仅仅是因为月亮被古今中外的文人墨客赋予了与亲情爱情友情有关的诗意？或者被渴望探秘的人寄托了诸如蟾宫、嫦娥、玉兔之类可与自己的人生际遇相关联的神话或幻想？

"有月亮，我们就有月薪，有了月薪才能生活。"

"有月亮，才会有那么多的美好传说，有那么多幻想。"

"有月亮，我们才能过中秋节，才能有月饼吃。"

"'月上柳梢头，人约黄昏后'，有月亮，我们才能浪漫地谈恋爱，享受痛并快乐着的爱情。"

其实，这些都是玩笑话，人们向往月亮的原因，是自古至今仍然在流传的关于月亮的美丽神话，这些神话将月球装点成了美丽的风景区，因而人们向往。

当然，月亮不仅被赋予诗意，不仅是被神话包装了的风景区，还有令人垂涎的宝贵资源，可谓是聚宝盆。据人类对月亮初步的探测得知，月亮上稀有金属的储藏量比地球还多。月亮上的岩石主要有三种类型，第一种是富含铁、钛的月海玄武岩；第二种是斜长岩，富含钾、稀土和磷等，主要分布在月亮高地；第三种主要是由0.1至1毫米的岩屑颗粒组成的角砾岩。月亮岩石中含有地球中全部元素和60种左右的矿物，其中6种矿物是地球没有的。

月亮上还含有丰富的氦-3，这种物质是地球上所没有的核聚变反应的高效燃料。"氦-3"主要来自于太阳风，是一种清洁、安全、廉价的核聚变发电燃料。100吨"氦-3"所发的电就能满足全球一年的电力需求，10 吨"氦 -3"所发的电，就可满足我国一年的用电量。据估计，在月壤中氦 -3 的资源总量可以达到 100 万至 500 万吨，能够支持地球 7000 年的需电量。

月球上这些特有的矿产和能源，是对地球资源的重要补充和储备，将对人类社会的可持续发展产生深远影响。开展月球探测，探明月球上这些矿产和能源的储量和分布，对未来能源战略有着重要意义。

"我在仰望，月亮之上，有多少梦想在自由地飞翔。"这虽是一首流行歌曲的歌词，但却相当有道理。人与人不同，每个人心中的月亮也都不尽一样。

有的人心中的月亮被寄寓着爱情；有的人心中的月亮被寄寓着友情；有的人心中的月亮被寄寓着亲情；有的人心中的月亮被寄寓着风景；也有的人心中的月亮被寄寓着财富和战略性资源；还有的人心中的月亮被寄寓着长生不老的神话……

月亮，它就是一根线，是一根连接情感与希望的线。月满华夏，月满中国。哪个中国人的童年没有被嫦娥的故事装点过呢？嫦娥在蟾宫曼舞，月桂之香冉冉，这美好而凄婉的神话，给我们启蒙了同情心、正义感和丰富的想象力。凝神之际，谁不曾有过心驰神往？

面对遥远且高不可攀的月亮，难道人们真的只有肆意飘荡无涯的嗟讶，以及遥不可及梦想的遗憾吗？在黑夜里一路划过朦胧而繁杂的求索轨迹，时光进入近代，人类对走出地球的愿望更加强烈。

时间的波光里，人类的一次次努力，也是一次次帅气的成长，稳健的脚步总如史籍般厚重，阳光般真实。

童年时期，嫦娥、玉兔与月亮的故事充满无限美好，多少人在嫦娥、玉兔、月亮的故事中成长。虽然后来长大了，也知道长辈所讲嫦娥的故事，兔子的故事都是虚构的神话，是不存在的。但随着知识的积累，多少人却反而对月球的神秘产生了深厚的兴趣：月球上就算没有嫦娥，没有兔子，没有月桂，那月球上到底有什么？要是哪一天，自己能够去揭开这个谜底该多好啊！

虽然这种遐想如稻田里的杂草一般轻贱，又如肥皂泡一般绚丽却又虚无。可谁又能否认，即便再伟大的成就，也萌芽于遐想的事实？

因为对于有心人来说，遐想能演绎成梦想，梦想会成为理想，理想会变成奋斗目标，而奋斗目标则是成就一番事业的动力！

当然，理想亦不能如烟花绽放，烟花纵然美丽，却不过是闪亮的一瞬之后满地的无章杂乱和无能为力。

嫦娥为月亮而生，为宁静与落寞的灵魂而生；嫦娥也为人们的遐想而生，为人类情感的疏离与紧密而生。

有一个人的童年也是一样，他的人生也曾向月亮寄寓着希望，寄寓着美好。这个人后来成了中国探月工程总设计师。他童年里的月亮故事，是他连接从现实到理想、从农民到科学家的一根线。

他，就是吴伟仁。

吴伟仁在 21 岁之前，还是一个脸朝黄土背朝天，双腿沾满泥的农民、劳动时汗水如桑拿的生产队长。当每天骨头累得快散架之时，他只能躺在童年的嫦娥故事中疗乏疗累，让美丽且飘逸的神话传说令自己放松，以便在第二天星光阑珊时再奔向瘠薄的土地，继续挥汗如雨挚诚地付出。而此前，美国、苏联在月球的探索正如"华山论剑"，短兵相接，激战犹酣。当两个科技大国斗得天昏地暗，乾坤倒转，最后胜负难分之时，中国的探月事业，却如正在牛耕锄种的吴伟仁的科技事业一样，还是一张白纸。

起点很重要，起点也不重要。中国人妇孺皆知的《龟兔赛跑》，便能回答这个起点为什么既重要也不重要的问题。但我们在努力，因而高不可攀的蟾宫，正从远古走来，一米一米地降低它与中国的高度。所有拉近距离的手，都在渐行渐近的中华民族与月亮的情谊中忙碌。

吴伟仁从污浊昏黄的稻田里洗脚上岸，走向了中国科技大学，从零开始学习航天科技。中国探月工程也在春风渐吹的过程中渐渐萌芽。

嫦娥揽月，既是一种对月球资源的探测，更是对人类深空梦想的实践和延伸。将遐想泯于琐碎的生活之中，且抛此弃彼者，注定只能有平淡无奇的人生；而将遐想盛于心中，并为之奋斗者，则可能有波澜壮阔的人生。

理想不仅仅是思想火花，还得脚踏实地奋斗。

吴伟仁从一个大山中的穷孩子、从一个满眼迷茫啥也不懂的生产队长，成长为中国探月工程总设计师的成长轨迹，与中国探月工程从无到有、从艰难萌芽到茁壮健硕，并闪亮世界的历程，何其相似。

亘古不变的月亮怀揣着一个又一个未解之谜。

一次注目便会产生一次联想，一次联想又会变成一种动力。

中国探月工程"绕""落""回"，我们一步步走，一步步成功。如今，嫦娥五号又成功取回了月壤，圆满完成了这个"三步走"计划……由是感叹，我国自己"编剧"、自己"导演"的那种令人们全神贯注、自豪仰望的探月大片，那种我们曾经不止一次经历过的热爱无边的细节，不舍昼夜的风景，有多么动人。也有理由相信，即将上演的九天揽月续集，将会更加精彩，更加壮观。

因为月亮，不仅仅是一颗星球，它寄托着我们亘古的飞天梦。如今，嫦娥揽月，梦圆中国。

（作者：陈新，系成都市作家协会副主席，成都文学院签约作家）

（原载《光明日报》2021年01月8日13版）

作者 冯亚 孟云飞

钱学森的艺术观：
利用最新的科学技术成果发扬文艺传统

　　钱学森是蜚声海内外的伟大科学家、战略家。航天专家于景元评价钱学森是"三维科学家"：一维是在自己的领域有深入研究，二维能对不同学科、领域都有特殊指导价值的见解，三维是智慧、跨层次的能力都处于相当的高度。一般达到一维是专家，达到二维是行家，达到三维就是大家。钱学森在航天科技领域取得的巨大成就享誉国内外，而鲜为人知的是，他在科学技术以外的研究也造诣很深。关于文艺，钱学森兴趣广泛，审美体验丰富，对于文学、音乐、美术、书法、摄影，他都有实践经验。他认为文学艺术是有规律可循的，并以一名大科学家的创造力建构发展了他自己独特的文艺观，其前瞻性的思维，仍能启迪今人。

"科学与音乐的美妙二重唱"

1911 年，钱学森出生于一个进步的知识分子家庭，父亲钱均夫曾留学日本，博学多才。母亲章兰娟是杭州富商的女儿，知书达理，相夫教子。钱学森是家里唯一的孩子，天资聪颖，父母重视教育，为他营造了一个和谐民主又充满文化氛围的家庭。1914 年，钱学森一家由杭州迁至北平，到北平后父亲即送钱学森去刚刚开办的蒙养院（幼儿园）。在父亲的安排下，钱学森又幸运地入读当时教育理念先进的北平师大附小和师大附中，受到了包括文学艺术在内的全面而良好的教育。他的书法课老师于士俭、美术老师高希舜、国文老师董鲁安（后改名于力）启迪了他最初的艺术智慧。钱学森曾回忆美术老师高希舜（后成为著名的国画大师），暑假里开办绘画训练班，"教画西洋画，父亲很支持我去，我买不起油彩就用水彩学画，也学画中国画，后来我画得还不错"。钱学森对音乐也有兴趣，对音乐老师用一部手摇的机械唱机播放贝多芬第九交响曲唱片的情形印象深刻。

1929 年，钱学森考入国立交通大学机械工程系（铁道门）。课余时间，他是学校乐队活跃的中音号手，省吃俭用也要经常去兰心大戏院听音乐会。在他的表弟、左翼文艺工作者李元庆的影响下，钱学森开始阅读文艺理论方面的书籍。大学期间他曾因健康原因有过休学，养病期间他研读了普列汉诺夫的《艺术论》、布哈林的《历史唯物主义理论》等理论著作以及中外哲学史，自学艺术分析的方法。1935 年，钱学森在《浙江青年》第 4 期刊发了一篇文章《音乐和音乐的内容》，讨论了美国电影《The Song of Songs》（中文译为《恋歌》）中的配乐，他分析出影片中多次出现的一段大提琴配乐的乐思来自柴可夫斯基的第六交响曲《悲怆》的主题，并进一步联想到音乐的情感："这不是因人生的惨痛而哭吗？……好像在问'活着又有什么意思呢？'这是多么深刻。"文章阐释了音乐与情感、与电影画面、与电影内容的关系，论点清晰，论据充分，逻辑严谨，文风朴实，直到今天都堪称好文。

1935 年，钱学森考取庚子赔款公费奖学金赴美留学，后留加州理工学院任教。假日里，他常常与同事一起去听洛杉矶交响乐团的音乐会。1947 年，钱学森与青梅竹马的蒋英结婚。蒋英是著名的歌唱家、声乐教育家，曾留学德国，两人的结合被誉为"科学与音乐的美妙二重唱"，他们的生活充满了艺术与科学。蒋英曾回忆："那时候，我们都喜欢哲理性强的音乐作品，学森还很喜欢美术，水彩画也画得相当出色。"在被美国政府软禁的五年间，即使没有了自由，钢琴也被扣押，他们仍没有放弃艺术，二人以吉他和竹箫二重奏点缀生活。

20 世纪 80 年代，钱学森从国防科技的领导岗位退休，便把全部心血投入到新的研究领域，将学习领域拓展到常人难以企及的广度。他关注社会生活，几十年如一日通过书信与他人交流学术，文艺思想更趋成熟。

建构"现代科学技术体系"：既要看见树木，也要看见森林

1991 年 10 月 16 日，80 岁的钱学森被授予"国家杰出贡献科学家"荣誉称号和一级英雄模范奖章，在答谢词中他表示：我们可以建立起一个科学体系，运用这个科学体系去解决我们中国社会主义建设中的问题。钱学森晚年时，有一次他的孙子告诉他，自己在单位保持共产党员先进性教育活动中，了解到很多爷爷的事迹，对爷爷愈发地敬佩了。钱学森对孙子说："你说的都是我做的关于航天方面的事，其实这些都是将科学上的一些成熟的理论加以应用，不是真正意义上的创新。所以，我不认为你说我伟大的地方就是伟大的。如果我 50 年前那些事儿也叫伟大，那你的要求太低了。你记住，21 世纪的爷爷将更伟大！"钱学森心目中的伟大，就是他多年思考和不断完善的"现代科学技术体系"。

为什么要设计"现代科学技术体系"呢？钱学森认为：现代科学技术已经发展成为一个学科林立、分工越来越细，但同时又相互关系密切的整体。是整体就不能不研究整体中的结构、学科之间的联系和相互关系。是整体，就是一个系统，而系统一定有清晰的层次和部门性的分系统。钱学森的"现代科学技术体系"是一个全面的系统：有横向的层次和纵向的部类分系统。他认为这个体系不是固定的，而是开放的。1983 年，钱学森将"现代科学技术体系"从 6 部类（自然科学、社会科学、数学科学、系统

科学、思维科学、人体科学）更新为 8 个部类，增加了军事科学和文艺理论（后又增至 11 个部类，增加了行为科学、地理科学、建筑科学）。他认为文学艺术的创作不是科学，而是属于艺术的范畴。文艺理论是研究艺术创作的规律，是从人的主观实践与客观实际的相互作用后，主客观达到统一而得到美感这个角度来研究整个客观世界。这些规律是有系统的，可以开展科学研究，所以文艺理论属于科学研究的范畴。

钱学森在美国学习和工作 20 年，他不仅专注于学习美国先进的科学技术，对欧美的思维方式、科学研究方法也非常清楚。回国后他系统学习了马克思主义哲学，更加深刻地认识到中西的差别。他多次提到，西方传统的科学方法是建立在还原论的基础上的，这种方法有一定的局限性：只看见树木，看不见森林。我们社会主义国家应该克服这一局限性，取中国传统文化之精髓，结合现代科学技术。所以，钱学森的文艺观是系统论指导下的西方还原论思维与东方整体论思维的辩证统一。整个现代科学技术体系是一个有着严密结构的有机整体，文艺理论不是孤立的存在，是以系统论为指导，以人类实现"大同世界"为终极目标，与思维科学、社会科学、自然科学、军事科学、人体科学等有着千丝万缕的联系。钱学森说用了 70 年的学习才悟到以上道理，他的前瞻性的思维和开阔的视野是一般学者不具备的，为我国社会主义文艺研究展示了更广阔的前景。

钱学森文艺理论的四个层次

钱学森为现代科学技术设计了四个层次，从高到低依次是：马克思主义哲学层次，基础理论层次，技术科学层次，工程技术层次。

所有的部类都通向马克思主义哲学，每一部类在通往马克思主义哲学层面都有一个"桥梁"；基础理论层次包括纯基础研究、应用科学基础研究和应用技术基础研究；技术科学（应用科学）是为工程技术提供理论的一般性的学问；工程技术（应用技术）是直接改造客观世界的学问，"工程技术为什么独立分出来成为一个部分，这是因为工程技术的实践总是至少带上一点经济上的因素"（顾吉环、李明、涂元季编：《钱学森文集》卷2，国防工业出版社，2012 年出版，第 216 页）。

关于现代科学技术体系中文艺理论的四个层次内容，钱学森有明确的表述："从科学体系的层次来看，美学属于哲学层次，文艺理论、文艺学属于基础科学或应用科学层次，而文化建设属于直接改造客观世界的技术层次。"

其顶层是马克思主义哲学，钱学森认为，马克思主义哲学是科学的哲学；他为每一部类通往马克思主义哲学设计了"桥梁"，文艺理论通往马克思主义哲学的桥梁是马克思主义美学。

基础理论层是文艺理论，文艺理论研究文艺创作的规律和文艺发展的规律，属于基础理论。其中，关于具体艺术门类的文艺美学，比如诗词歌赋美学、建筑美学、音乐美学、戏剧电影美学，钱学森认为我国传统文化和当代学者的研究成果已经很丰富，他本人的论述相对少。他重点研究的领域是艺术与科学，他特别关注新艺术形式和新的艺术创作方法（如激光焰火、旋转舞台、分轨录音等），尤其关注灵境艺术（即人工智能艺术），并预言灵境技术是继计算机技术革命之后的又一项技术革命。基于以上，钱学森还倡导技术艺术、技术美学的研究。

技术科学层是社会主义文艺学，"（文艺学是）组织管理文学艺术工作的理论学科。""我在这里说的社会主义文艺学是一门应用社会科学，不是基础社会科学，不是辞典上所述文艺学的三部分内容，而是讲在社会主义社会中，特别是看到 21 世纪的社会主义中国，文学艺术活动在社会中的结构和体系。"有人不解：为什么钱学森对"文艺学"的界定与大家已有的专业知识相差甚远？殊不知，在现代科学技术体系的研究中，钱学森还极力倡议建设一门新的学科——社会主义科学学，"科学学是把科学技术的研究作为人类社会活动来研究的，研究科学技术活动的规律，它与整个社会发展的关系。"与此相对应，在文学艺术领域，应该有一门研究文艺社会活动的学问——文艺学。科学学和文艺学，反映了钱学森系统论指导下的缜密设计，是钱学森对我国科学研究应该从全局出发，以系统论方法为指导，关注到技术科学（应用科学）层面思想的重要体现。

工程技术层次是社会主义文化建设，这一层次综合了教育学、科学学、体育学、文艺学、文化教育、出版等所有文化领域。钱学森设计的依据在于：社会主义中国的精神文明建设包含思想建设和文化建设两个方面，除去思想建设之外的所有精神文明建设内容都是文化建设，他理解的文化建设是"大文化"建设。20世纪80年代，钱学森以系统论思想为指导，建议我国尽快设立文化建设的总体指挥部门，设计文化发展的总体规划。

钱学森文艺观的三个重要特征：人民性、超前性、科学性

从领导岗位退休后，钱学森潜心钻研学术，发展个人文艺爱好。除了文学、音乐、美术、摄影、建筑园林以外，他对中国的美食、服饰、花鸟虫鱼也很感兴趣。与纯粹的玩票不同，钱学森将对美的追求自觉地融入了理论思考和顶层设计，他的文艺观具有鲜明的人民性、超前性和科学性特征。

人民性来自于钱学森坚定的马克思主义信仰。钱学森从政治的、哲学的、实践的三个层次，分析了我国社会主义文艺的人民性。

首先，政治上我国是社会主义国家，人民当家作主。"我们的建设目标是使我国全体人民都具有很高的科学技术、文化艺术和马克思主义哲学的修养。我们应该在生产发展所允许的条件下，最快地普及教育，普及科学技术，普及文学艺术，普及马克思主义哲学。"钱学森强调我们的文艺、文化是为人民服务的，面向的

是全体人民而不是哪一部分人。

其次，经典马克思主义哲学告诉我们：物质是第一性的，精神是第二性的。钱学森进一步深化了马克思主义哲学，他提出了人类在认识世界的过程中还有一个第三性："精神财富——全人类所创造的认识工具"。他认为社会主义精神财富不是哪一个人能独自创造出来的，而是上下几千年，全人类劳动的结果。精神财富不同于物质和精神，但马列主义的基本原理没有变：物质决定精神。社会的发展要依靠广大的工人、农民，他们需要了解更多的生产经验和新鲜事物，而文艺理论就是要研究如何艺术地向群众传达这些信息。

最后，社会中不同的人民对于文化、文艺的兴趣、爱好是有差异的，钱学森主张我们的文艺也应该是多种多样的。钱学森对文艺门类的划分，随时代的发展不断扩充。最初的分类是 6 大门类，后逐渐扩展到 11 门类的划分：1. 小说杂文 2. 诗词歌赋 3. 建筑 4. 园林（包括盆景、窗景、庭院、小园林、风景区、国家公园等）5. 美术（包括绘画、造型艺术、工艺美术）6. 音乐 7. 技术美术（工业设计与艺术相结合）8. 烹饪 9. 服饰 10. 书法 11. 综合艺术（戏剧、电影等）。不难看出，钱学森对文艺的思考笃定于"笔墨当随时代"，文艺学的范畴不是固定的，会随着时代的变迁而不断扩展。

钱学森提出要正确认识文艺的普及与提高的关系，阳春白雪和下里巴人都是人们需要的。他举例说，美国的一些交响乐演出主要是大学的学者和大学生去欣赏，普通民众喜欢流行音乐的更多。无论中国的、外国的，传统的、创新的文学艺术，首先要考虑是否对人民群众有利，他反对以少数人的审美标准强加于大众。他还强调要做调查研究，不要凭主观想象人民的爱好。当然，文艺是有层次的，他认为文学艺术的最高层次是有哲理性的文艺，文艺理论应该把这些道理讲清楚。

超前性体现在钱学森始终站在人类精神文明的高度思考文艺。20世纪八九十年代，钱学森大胆提出了"第二次文艺复兴"的预见。他指出，"第二次文艺复兴"是指第五次产业革命、第六次产业革命和第七次产业革命后，体力劳动将大大减轻，人民将基本转入脑力劳动、创造性劳动，从而人类文化发展将空前加速。他认为，将在社会主义中国出现"第二次文艺复兴"。

钱学森认为在文艺的创作、文艺的交流中都存在时代性的问题，必须予以重视。他的专著《科学的艺术与艺术的科学》选取了当年给王寿云等六位同志的书信代为前言，指出"（我们）不忘中国五千年辉煌的文艺传统，但我们在21世纪要利用最新的科学技术成果发扬这一文艺传统。"文中中肯地批评了当时文艺理论界存在的问题：缺乏对新文艺形式的探讨，缺乏对科学技术发展提供的新的文艺手段的敏锐捕捉。他直言不讳地说："回顾本世纪的历史就看到这是文艺人和文艺理论工作者的老毛病。电影出现了，是自生地发展；电视出现了，也是自生地发展。录音伴奏（卡拉OK）出现了，文艺人、文艺理论工作者惊惶失措！这怎么行！被动呵!"钱学森以这封书信代为前言是经过深思熟虑的,他语重心长,连续三个感叹号表明这位睿智的老人对中国文艺理论工作者思想滞后于时代文艺创新形势的担忧。虽然这是20多年前钱学森的担忧,但是对比当下,仍能够给文艺工作者很多启示。习近平总书记在文艺工作座谈会上提到的文艺创作有"高原"缺"高峰"等问题,引发文艺界大讨论。笔者以为,其中是否也存在一些文艺工作者对鲜活的高科技手段漠视,对日新月异的新技术后知后觉的问题呢?另一方面,钱学森希望文艺工作者不要拘泥于传统的题材,应把文艺的触角伸展到更微观和更宏观的宇宙之中,将微观的细胞、基因,现实中的葛洲坝建设,宏观的太阳风磁暴、银河系等以艺术的形式展现给人民大众。

与传统的概念界定有所不同,"文艺理论"与"文艺学"在钱学森的文艺思想中是两个不同的概念和不同层次的研究。钱学森现代科学技术体系中的"文艺学"是技术科学,是从应用的角度研究文艺,这是20世纪80年代中国学者鲜有的新思维。随着改革开放的深入,国际交往的日益频繁,中国的高校逐渐增设一些与国民经济建设直接相关的偏应用的艺术类专业或课程,比如文化产业、艺术管理、音乐传播、影视制片、策展、珠宝鉴定、艺术品拍卖等,这些专业或课程的内容就是钱学森划定的"文艺学"的范畴。可以看出,钱学森不是局限于文学艺术领域思考文艺理论,而是站在人类精神文明的制高点思考未来。我们不禁赞叹钱学森融会贯通的学识与超前的思维!

科学性突出地表现在钱学森关注文艺与科技的结合。作为一位科学家，钱学森多次强调艺术与科学是相通的，是互为作用的。他以自己的亲身体验阐释二者的亲密关系："正因为我受到这些艺术方面的熏陶，所以我才能够避免死心眼，避免机械唯物论，想问题能够更宽一点、活一点。"他呼吁学者们要自觉地研究科学技术与文学艺术相互作用的规律。晚年钱学森创立了思维科学，他认为对逻辑思维的研究已经有很多成果，最大的应用就是计算机，但对于形象思维和灵感思维的研究比较薄弱，需要重点关注。他多次批评实践中文艺与科技的割裂，阻碍了创新和社会进步。因此他大力倡导文艺工作者和与科技工作者互相交朋友。钱学森思想超前，退休多年始终关注科技的前沿。20 世纪 80 年代，当人们正在以好奇的眼光注视电子计算机的应用时，钱学森的视角已经触及人工智能，90 年代，当卡拉 OK（录音伴奏）走入大众视野时，钱学森已经满怀期待地讨论电子计算机与作曲的结合。晚年钱学森还关注了艺术与科技结合的众多领域：灵境艺术、激光焰火、旋转舞台、舞台强光源、分轨录音、环视电影（环幕电影）、展览馆的自动化程序控制、灵象（Kinetic Art，又译"动艺"）等。今天，这些融入了高科技的艺术多数已经为大众熟知，我们由衷叹服钱学森精准的科学预测。

钱学森文艺观的科学性也表现在他严谨务实的科学态度上，他勇于挑战权威，敢于争鸣。在他的文艺理论研究中，一些概念的设定与之前的文艺理论、文艺学经典学说中的概念有所差异。

他认为，随着时代的发展，我们既要坚持马克思主义的基本原理，又要予以深化和发展。他幽默地说自己"离经不叛道"："我上面讲的整个知识体系的结构大大超出传统的知识分类法，是经典著作中没有的，是不是'离经叛道'啊？离经的罪名可能逃不了了，因为'书'上没有呀；但我自以为不是叛道，是根据马克思主义的普遍原理而阐释与发展的。"钱学森"离经不叛道"的精神反映了他严谨的科学态度、缜密的思维和求真的科学品质。这种自信来自于他坚定的马克思主义信仰和对事物认知的科学态度。他说："我是坚决拥护马克思主义的'道'的，可是我不迷信书本上讲的东西。"时隔多年，当我们大力提倡转作风、正学风、改文风的时候，是否也要学习钱学森"离经不叛道"的科学态度？

钱学森在文艺理论方面的卓越贡献，是他留给中华民族的宝贵精神遗产，多年来被他科学家的光环所掩盖。今天，新时代背景下，深入研究和展示钱学森的文艺思想既有理论价值，也具有重大的现实意义。

（作者：冯亚，系中国传媒大学教授；孟云飞，系艺术学博士后，现任职于国务院参事室）

（原载《光明日报》2020年12月18日13版）

张曼菱 | 作者

邓稼先与杨振宁：千里共同途

有的人，前面加什么样的缀饰，都不如直呼其名，更具万钧之力，显其伟岸身躯。

简单的三个字：邓稼先，在国人心中，在中华民族的历史上，有着某种"力拔山兮气盖世"的改变山河的霹雳光照。

2001 年夏，我带摄制组走进邓稼先家，邓夫人许鹿希说，这是她首次接受采访拍摄。

2002 年春，我采访杨振宁，这位科学的巨子侃侃而谈，但当说到邓稼先时，神情立刻凝然。

今年 9 月 22 日，杨振宁发表了百岁生日演讲，在其中以恩切的深情向国人再提"稼先"："……在这个信的最后他这样给了我一个期望，是'但愿人长久'，他把'千里共婵娟'改了一下，变成'千里共同途'，当时我看了信以后没有看懂这句话。'千里共同途'是什么意思呢？我后来想了想，知道这是一个很深的意思。最近这个信发表了以后，仔细看了以后，我觉得今天五十年以后，我可以跟邓稼先说：稼先，我懂你'共同途'的意思，我可以很自信地跟你说，我这以后五十年是符合你'共同途'的瞩望，我相信你也会满意的。再见！"

"稼先会满意的"，这位科学巨子的灵魂里有着一座圣坛，让人们更加理解了他。

这对旷世之友的最后一张合影是在医院病房的走廊上，离邓稼先离世没有几天了，杨振宁带了花束去探望。邓稼先对妻子讲："这是西方的风俗，振宁是来送我的。"

照片上身患绝症的邓稼先嘴角渗血，但他依然微笑着。

邓稼先嘱咐夫人将家中一块古砚送给杨振宁，说："他对我的帮助和情谊太大了。"

1986年7月29日，邓稼先与世长辞，留下遗言：我死而无憾。

杨振宁在给许鹿希的信上说："稼先去世的消息使我想起了他和我半个世纪的友情。我知道我将永远珍惜这些回忆。希望你在此沉痛的日子里多从长远的历史角度去看稼先和你的一生，只有真正永恒的才是有价值的。"

"今后我的生命就献给未来的工作了，做好了这件事，我一生就过得很有意义"

现代人说"极简"是一种健康生活方式，可是每听到这个词，我却总是想起邓稼先的家。

那个家，在许鹿希的北大医学部职工宿舍楼里。一所平民大院，进大门毫无遮拦，见到院子里有小孩在玩石头，老太太买菜回来。这完全不符合我们对这位"两弹"功臣住所的想象。

上楼，是那种老的单元房子。房间毫无修饰，卧室贴着朴素的壁纸。

许鹿希女士，高个子，短发，戴眼镜，从事医学研究，像老北京人一样，穿着朴素的夏装，令我想起"荆钗布裙"这样的传统。她说："你们拍吧，这个屋子的东西都没有动，还和邓稼先先生前的时候一样。"

那天，她特意在那张双人床上铺上了邓稼先亲自挑选的床单，印着白底蓝花的"首都十大建筑"图案。这是邓稼先为了欢迎杨振宁到家里来，专程与妻子到百货大楼买的。"首都十大建筑"，曾经是令中国人民自豪的成就。在自己的寒舍里，接待国外来的老友，这就是一种表达：虽家徒四壁，国富强已为慰。

在床的旁边，一张圆桌上，有一部老式电话。许女士说，安装这部电话，当年是为邓稼先有时回到家里，指挥罗布泊那边的工作。有一次他刚回家，那边就出了事情。邓稼先就通过这部电话镇定地告诉人们，关哪里，开哪里，读什么数据，从而避免了一次事故。

邓稼先用过的眼镜、笔筒、茶杯，一一摆在了我们面前，都是有些破损的，像某个中学教师案上常常见到的寻常物件。笔筒是竹节的，茶杯是一个玻璃瓶，用塑料线编的套套着，那时的人们都这样用。许鹿希说，邓稼先带着这个杯子在基地和家之间来来回回。

在客厅的另一面还放了几把镀镍的折叠椅，与沙发相对，围成一圈。许女士说，当年邓稼先的同事们来了，就是在这里开个小会，研究工作。

许鹿希回忆起邓稼先接受任务，与她彻夜倾谈的事。

1958 年 8 月，邓稼先 34 岁。任务是秘密的，他对妻子交代：我要调动工作了。我今后恐怕照顾不了这个家了。以后这个家就全靠你了。他坚定地说："今后我的生命就献给未来的工作了，做好了这件事，我一生就过得很有意义。就是为它死了也值得。"

那一晚邓稼先再次对她提及昆明，在那个以鸣炮报时的古朴之城，西南联大学子邓稼先，曾亲身经历了日本飞机轰炸时的惨状。当时中国毫无防空之力，人民任人宰割。这使她意识到，这个任务与国防有关。小家庭的甜蜜岁月从此结束。

20 世纪 70 年代的一次核试验中，发生过一个偶然的事故，核弹头没有爆炸。为了迅速查找出事故的原因，邓稼先坚持亲自进入实验现场，并且禁止同行者跟随。他只身走进了辐射密集区。

"我不能走！"这是每逢遇到危险时，邓稼先的话。

在许鹿希的相册里，存有两个身穿白色防护服的人，在荒无人烟的戈壁上的照片，左边，高大的就是邓稼先。

直到离开人世，他没有疗养过一天。

1964 年夏，一张"母病危"的电报当时没有交给邓稼先，因为核试验马上就要开始。

爆炸成功了，这时电报送到他手上，一辆吉普车已经停在门口，送他上飞机，飞往北京。

北京已经沸腾，大街小巷在争抢那一张"中国第一颗原子弹爆炸成功"的《人民日报》号外，蘑菇云高高升起的图片，激动着国人的心。

当走进母亲的病房，看到床旁放着一张海报，邓稼先知道，家人已经明白他所承担的秘密任务是什么了。

听到这些讲述，摄制组凝然了。小屋里回荡着那一股天地之气，民族魂魄，如明镜高悬，可以照见人心，那天的每一个在场者，都泪如雨下，这是一次精神的净化。

拍摄结束后，我与摄制组雇用的司机结算费用，他突然激动地说："不，我不要钱！"第二天他又说："让我去呀！我替邓稼先去死，让他活着。"

邓稼先的伟烈气概，高尚无华，可以折服世俗的每一个人，只要他有一颗中国心。

"中国几千年传统文化所孕育出来的有最高奉献精神的儿子"

2002 年，春和景明，我终于要与杨振宁见面，在清华园一幢优雅的别墅里。

在访谈中，杨振宁贡献的内容太多了，从童年时的清华园讲起，到他的导师，到美国教育。而邓稼先，无疑是他讲述最动情的部分：

邓稼先比我小两岁，我是 1922 年出生的，他是 1924 年出生的。他父亲跟我父亲都是清华大学的教授。不过我们小时候在清华园，我不记得见过他。

1936 年到 1937 年我在崇德中学，当时的崇德中学，这个中学现在还在，叫作北京三十一中，在绒线胡同。我在那儿高一念书的时候，他也来了。他比我低两班，他是初二。他来了以后，我们很快就变得非常之熟，他是我最熟的几个朋友之一。

依照他的回忆，我们摄制组到绒线胡同，拍摄了那一幢老的教学楼，紧邻围墙。他和邓稼先经常在大考前，爬到高高的窗台上，用脚顶着对面的墙看书。

"七七"事变以后，我的家搬到昆明去。后来在 1941 年，他来了。我们在昆明，他也进了联大，所以我们在昆明又同学了一些时候，然后，我们当然立刻就非常之熟。

他们先后都到美国去留学，邓稼先念得很快：1948 年去，1950 年取得了博士学位，就回国了。许鹿希说，在美国时邓稼先曾得杨振宁的资助。

看年轻时候的合影，邓稼先是一个高大挺拔、英气勃勃的青年人。他们后来又有了另一些合影。这时候的邓稼先看起来仿佛是一位老者，白发苍苍，面有病容，高大的个子显得有些吃力，而杨振宁依然精悍，目光炯炯。

杨振宁是否预感到，邓稼先严重透支的身体与生命，正在迅速地滑向黑暗的那一边？而祖国的强大，正如日东升。

个体生命的透支的同时，是一个民族站起来了。

那天早晨在清华园的采访，有很多话题回应了许鹿希的介绍。我已胸有成竹。许鹿希讲了一半的故事，须得由杨振宁来讲那"另一半"。

1971年，邓家的小客厅里摆着两只单人沙发，也只能够摆两只。那是为杨振宁来访增添的。几十年阔别，跨洋而来，老友重逢就在这里，他们相对倾谈。

最为激动的是杨振宁，他说在1964年中国试爆了原子弹以后，他立刻在美国的报纸上看到了邓稼先的名字。

1971年我来的时候，我第一次访问新中国的时候，我到了上海飞机场，那时候我父亲在医院里头，我母亲跟我弟弟妹妹接了我。在飞机场贵宾室里头，就有一个统战部接待我的人问我，杨教授，你这次回来中国探亲访问，你想要看见什么人？所以我就开了一个名单，其中当然就有邓稼先。

终于见面了，原来老朋友住在这么一个狭小简陋的地方，只比上海的亭子间略大一些，和很多普通的人们住在一栋楼，一个院里。

钦佩之情令昔日友谊升华。当杨振宁坐在这简易的沙发上时，他知道这种简洁生活的分量。为了一个从贫穷"挨打"中走出的民族，邓稼先什么都愿意承受。

杨振宁与邓稼先的因缘跨越时空延续着：

那以后，我每次来都看见他。当然，渐渐地我就知道，他不只是对于最早的原子弹的设计，后来对于最早的氢弹的设计，也有重大贡献。而且中国试爆原子弹，氢弹，有不止一次他都是亲自在试爆的地方主持的。

杨振宁是这样评价的："邓稼先他们的贡献，改变了世界地图。"

两位老友的初次重逢中，有一个重要情节。这就是杨振宁的一问，与邓稼先的一封回信。

我到北京来，1971年见到邓稼先，我起先没有跟他谈这件事情，因为这件事情我想，我知道是秘密的。不能随便乱谈的。最后我要上飞机，离开北京的时候，我忍不住了。快上飞机的时候，我回过头来，跟邓稼先说，我说："中国造原子弹，有没有外国人帮忙？"

他说他的印象没有，不过他说，当然这个组织很大，他不能百分之百地确定，他说他去了解一下再告诉我，后来我就离开了。

一个明知"不当问"而忍不住，一个是深知此问并非一般好奇心，乃是一名华夏子孙的叩问，一个高端华人科学家的关切所系。

离开以后，我到了上海，上海市委请我吃饭，我立刻就要离开上海飞回巴黎。吃饭的时候，忽然有人送了一封信来，这信就是邓稼先写的。因为他回去研究了一下之后，给我写了封信。

邓稼先郑重对待，请示了周恩来总理后，及时回答了杨振宁。这是由专人乘机送到上海的。

他写了封信，说是他已经向有关当局问了，中国的原子弹除了最早有苏联的少数的帮助以外，没有任何外国人参加。我是突然收到这封信的，这给了我精神上一个很大的激动，所以我当时忍不住泪流满面。

一个宴会上的主宾突然泪流满面。杨振宁当即离席，到洗手间去了。感动之中，也包含了老友与祖国对他的坦诚与信任。他满载而归。

阔别多年后，老友还是老友，祖国已经振兴。这第一次归国的交锋，就使杨振宁与邓稼先之间敞开心扉，进入了最深层的交流。从此，他们的默契，铸成后半生情谊的相互支持。

古语曰：英雄惜英雄。像这样的知己体贴之情，也只有杨振宁能够写出：

"粗估"参数的时候，要有物理直觉；昼夜不断地筹划计算时，要有数学见地；决定方案时，要有勇进的胆识和稳健的判断。可是理论是否准确永远是一个问题。不知稼先在关键性的方案上签字的时候，手有没有颤抖？

多年后再次登门，杨振宁的心中克制着一个世纪的情感风暴。他又来到这间小屋时，友人走了，人去楼空。他手执张爱萍所书的"两弹元勋邓稼先"的白布，站在小屋的中间，留下了一张照片，倾注了他的崇敬追思。

为什么杨振宁要这样执着地思念并不断地来到老友身边？

我以为，杨武之先生是一直在期待儿子归国的，而在父亲之外，邓稼先成为他与祖国联系的重要纽带，精神血脉与归途指引。"邓稼先是中国几千年传统文化所孕育出来的有最高奉献精神的儿子。"对老友的赞誉，是发自深心的，这也成为杨振宁用来要求自己的楷模。

那次在清华园的采访，大大地延时了，从九点半直至中午十二点。杨振宁说："继续，只是要给夫人打个电话，让她先吃饭，不要等。"

结束时，已经是一点半了。杨振宁与我们摄制组的成员一一合影，显然他心情畅快。

对于这次采访，他自己也很满意，曾通过西南联大北京校友会会长沈克琦转达，让我在整理出来后，给他一个备份。

以上的故事情节，我都编入了纪录片《西南联大启示录》，于2003年4月在央视《探索·发现》栏目播出，反响强烈。

通过沈先生，寄了《西南联大启示录》光盘到美国，杨振宁复信：

克琦兄：

感谢寄来关于西南联大的电视片，是很好的，有意义的纪录片。会有正面影响。

匆祝

近好

振宁

2003 年 5 月 16 日

中兴业，须人杰

"人杰"这个词，因李清照《夏日绝句》而流传："生当作人杰，死亦为鬼雄。"溯其源，有几个出处。《文子·上礼》："行可以为仪表，智足以决嫌疑，信可以守约，廉可以使分财，作事可法，出言可道，人杰也。"《史记·高祖本纪》称张良、萧何、韩信"此三者，皆人杰也"。

"生当作人杰"，李清照气贯长虹的一句诗，照耀中华千古史，激励世代英雄才。

1937 年夏，日寇进北京。"一代文化托命人"陈寅恪的父亲，为抗国耻，绝粒而亡，"死亦为鬼雄"。屈原辞赋中早有"魂魄毅兮为鬼雄"的名句，古人认为，一种坚强的精神是不会消亡的，它将以另一种方式存在着，传递下去。

众多大学学者教员，则怀着"国破决不苟安"的情操，告别安谧校园与家庭，义无反顾地撤出北京，南下建校。撤至昆明后，西南联大一面弦歌不辍，一面又选择了四川边地上的一个穷乡僻壤——叙永，作为撤离地。这表明了联大人与日寇不共戴天的气概，和"不肯过江东"的志节。

在联大校歌中唱出了"千秋耻，终当雪；中兴业，须人杰"，从此将"人杰"定位于能够洗雪国耻、振兴中华的具有雄才大略的人。

人杰并非圣贤，"古来圣贤皆寂寞"。中国古来的圣者只是"立言""诲人"。而"人杰"则是行动者，是成大事立大业的人。他们有轰轰烈烈的、改变无数人命运与历史的大作为。中华对于人杰，无论过去、现在，都远比"无过失"的圣贤更为渴切。

西南联大的"人杰观"，是在中华民族最危急的时候，在渴望用"现代化"拯救中国的战火耕读中形成的，带着民族生存的紧迫感。因此，强大的行动能力与紧迫感，是人杰的又一品格。

华人物理学家任之恭在抗日战争期间担任清华大学无线电研究所所长，由于战争的影响，研究取得成就甚微。他写道："我常常为没有获得直接的成功而沮丧，然而，由于看到昆明经历了战争的青年科学家的力量和潜能，我觉得有一种难以用语言表达的丰富经验和深深的极大满足。"这一段话，预见到了在日寇欺凌下的中国人民与战时大学，必定会培育出一代新人，强者，将会使这段悲惨历史，化作一股强国的力量。

1999 年 9 月，中共中央、国务院、中央军委发出通知，表彰

23 位对"两弹一星"的研制作出杰出贡献者，在这 23 名元勋中，有 8 位出自西南联大。

在日本人狂轰滥炸昆明的 20 多年后，新中国爆炸了第一颗原子弹。而在爆炸原子弹的命令书上签字的，就是当年在昆明"跑警报"的联大学子邓稼先。

火箭专家王希季曾回忆说："当年我们还要学跑警报，跑完警报照样上课，照样工作。跑警报那个地方，上课是不上的，回来补。自己跑警报，你带的东西可以做作业。我们那个时候，整个的爱国热情是很高的。上学，就是为了要打赢日本人。因为中国的弱，被日本人一炸——云南挨炸的惨象你们可能根本不清楚，简直非常惨。所以就加强学习，要自强。那个时候跑警报，电灯也没有，有时就断电，但是学习不间断。"

父亲曾经对我说过昆明被日机轰炸的悲惨情景：一开始，昆明的老百姓们没有见过飞机，人们扶老携幼，仰头观望。天空传来狰狞笑声，飞行员拉开舱盖，点射人群。

父亲惨痛地说："就像打苍蝇一样啊！"

一声声痛叫，一个个人倒地，血流遍地，人们惊吓万分地散去。但飞机低飞，追逐人群，甚至追逐个人，在惊呼惨叫声中不断射击。日军把射杀中国人当作玩游戏，发出得意忘形、疯狂邪恶的笑声。直到"玩"累了，才拉高飞起，去完成投弹任务。

大街小巷，地上躺满了死去和受伤的人们，一家家亲人围绕哭泣，凄惨无比。

父亲说，凄惨的不只是人死了，而是死得如此可怜，在日本人面前真如蝼蚁一般。痛恨啊！痛恨的不只是日本人夺去同胞性命，更是不拿中国人当人，在屠杀之前要把你捉弄够侮辱够，要灭绝一个民族反抗的斗志。

这种点射式的杀人，意在恐吓。凡是看见过这个场面的中国人，无不痛恨得咬牙切齿，这是要灭绝我们这个民族啊。

抗日战争的惨烈，给西南联大的学子留下了终身影响，从而奠定了他们的毕生志向，为什么而读书？为什么去奋斗？这种志向是那一代学子身上最珍贵的品质，使他们成为这个民族可以依靠的栋梁之材。

杨振宁说："如果稼先再次选择他的人生的话，他仍会走他已走过的道路。这是他的性格与品质。"

在 1986 年之前，国家进行的 32 次核试验中，邓稼先亲自在现场主持过 15 次。为了追赶时间，让中国获得强大的国防实力，以邓稼先为代表的科学家们舍其一生。这才有了杨振宁在文章《邓稼先》中写到的那些改变民族历史的时刻：

1964 年 10 月 16 日中国爆炸了第一颗原子弹。

1967 年 6 月 17 日中国爆炸了第一颗氢弹。

这些日子是中华民族五千年历史上的重要日子，是中华民族完全摆脱任人宰割危机的新生日子！

在邓稼先那间小屋里，我看到过一张照片，是邓稼先出差杭州时，站在"尽忠报国"的古墙前拍的。许鹿希说，邓稼先一向不喜欢拍照，可这张照片却是他主动拉着同事去拍的。站在那古意盎然的四个字前的邓稼先，显得苍老甚至有些龙钟。他的青春与智慧，生命与年华都融入了这四个字——"尽忠报国"。

中华民族的存在与发展，是与它的文化精神凝聚力密不可分的。它是靠着历代的人们对这个民族的挚爱和信念，自觉地付出与献身，来维持前行的。

杨振宁比较过中美两国的"原子弹之父"：

我认识奥本海默时他已四十多岁了，已经是妇孺皆知的人物了，打断别人的报告，使演讲者难堪的事仍然时有发生。不过比起以前要少一些。佩服他、仰慕他的人很多，不喜欢他的人也不少。

邓稼先则是一个最不要引人注目的人物。和他谈话几分钟，就看出他是忠厚平实的人。他真诚坦白，从不骄人。他没有小心眼儿，一生喜欢"纯"字所代表的品格。在我所认识的知识分子当中，包括中国人和外国人，他是最有中国农民的朴实气质的人。

"人杰"具有强大的中华文化含量。邓稼先的气质和品格是他之所以能成功地领导各阶层许许多多工作者，为中华民族作出了历史性贡献的原因——人们知道他没有私心，人们绝对相信他。

"人才"与"人杰"之间，有很大差距。"人才"，有可与"市场"接轨的价值，有一技之长，或数技之能；而"人杰"须有顶天立地的人格、百折不回的气概、宠辱不惊的气质、洞察时代穿透历史的慧眼，更有"虽千万人吾往矣"的铮铮铁骨。

苦难的中国，是人杰辈出的国度。这不是用金钱可以换来的。

邓稼先所代表的，是整整的一代人，那一代人不会想到要向国家索取什么条件，只要允许他们为这个民族完成伟大复兴的心愿，他们就会满足，而得其所哉。

在 20 世纪 70 年代那个非常时期，从事核试验，意味着没有任何科学研究的成果记载，从科学界中消失；意味着不能与家人团圆，不能与亲友联系；意味最彻底的奉献。

金风送爽，蓝天是如此美丽澄明，看着蓝天下儿童们欢乐地嬉戏，人们是否能想起邓稼先他们那一代英杰的大爱？

作为生活在和平环境下的中国人，我们的每一天，都是与那些伟大的献身者联系在一起的。

（本文选自《聆听——西南联大学人访谈》，即将由商务印书馆出版。作者：张曼菱，系作家、制片人，创作有电视纪录片《西南联大启示录》，音像制品《西南联大人物访谈录》，史话《西南联大行思录》等。文中资料来源：中华书局线上《西南联大专题数据库》及杨振宁文章《邓稼先》）

（原载《光明日报》2021 年 10 月 15 日 13 版）

叶梅 | 作者

丁肇中祖居的故事，根脉深长

到老来，丁肇中依然身材挺拔，推开大门的一刹那，他侧着身子歪着头，睁大眼睛朝院里张望，一脸好奇的样子。其实他已经不只一次地回来，但每次踏进这道大门，他都似乎一下子变得年轻，俨然还是那个少年。

这是他的祖居。曾经获得诺贝尔物理学奖的丁肇中，这位身上流淌着中华血脉的世界著名科学家，根就在此地。

初夏的阳光下，山东日照一个叫涛雒的小镇，我站在那一方洁净的门庭前，端详着这座建于清光绪二十四年（1898 年）的丁家大院。那敞开的大门两侧贴着暗红纸楷书对联："诗书继世，忠厚传家"，再仰头望去，门楣上悬挂的黑底镀金的匾额端庄矜重，上书五个大字：丁肇中祖居。

小镇涛雒，雒即洛，洛水也，涛雒可谓黄海之滨，洛水之波。涛雒的丁氏家族在此延续了一代又一代。相传汉代此地就已建制设盐官，宋金时期设涛雒镇，与日本、韩国等地通航。康熙年间，进士丁泰奏请朝廷议准扩大海运规模，一时间涛雒商贾云集，货航频繁，鼎盛时小镇上开起大小商号近百家，并设有"东海关""厘金局"等官署，很快成为因"日出初光先照"而得名的日照南部的商业重镇。丁氏家族是涛雒以至日照的名门望族，祖上屡出进士、举人，丁肇中的祖父、外祖父都是满腹诗书，父亲丁观海是格物致知的土木工程学家，母亲王隽英是晓达知性的心理学教授，丁家祖居的家学与家风远近闻名。

瓦房砖地，清风徐过，儿时的足迹由他逐一拾起，常年做实验的一双大手携妻儿，穿过大院的大门、二门、三门，左顾右盼，哪里看得够？耳边依稀又听得那西房内婴儿啼哭，母亲慈语，院子里枣树下姑姑们俏声呼唤，兄弟们环绕父亲膝前，绿荫下一片琅琅读书声……白驹过隙，脚下还是那坚实的大地，风在云在树还在，人却已远去，怎不由得一把热泪洒在这祖居？鬓毛已衰的他伫立在祖父丁履巽的墓前，黑色的墓碑上镌刻着他亲拟的碑文："怀念我的祖父，一位鼓励家人为世界作贡献的人。"他转过头来，凝视着高大健硕的儿子，缓缓地说："Your root is here（你的根在这儿）。"

根在中华。父母为他们兄弟取名丁肇中、丁肇华、丁肇民，殷切之意，如名随行。而母亲给他们兄弟几人留下的遗嘱更为分明："爱祖国，爱科学，双爱双荣"。

丁肇中深深地感恩父母，他说："在我的一生中，对我影响最大的是母亲。"又曾在《怀念》一文中写道："父亲对我的最大影响是：在我少年时代就引导我认识了伟大的科学家们的工作和成就，对我所做的一切总是给予很大的支持，因而，应该说，他是我的启蒙老师。"

父母的教诲影响了丁肇中的一生。

他因 J 粒子的发现而轰动世界，成为 1976 年诺贝尔物理学奖得主，在颁奖典礼上的演讲，他不顾多方不满与阻挠，坚持要用中文。这是诺贝尔奖颁奖礼历史上的第一次。当丁肇中的中文演讲回荡在颁奖大厅中，他为全人类做出的科学成就和对祖国的无限深情，赢得了全场听众长时间的热烈掌声。

"爱祖国，爱科学，双爱双荣"，母亲给儿女留下的最重的嘱托，丁肇中又怎能不勉力而为？

在丁家祖居，我想起前几年在采访写作长篇报告文学《大对撞——北京正负电子对撞机建造始末》期间，曾听到好几位著名高能物理学家说到丁肇中先生的爱国之举，个个感慨万分。

1977 年夏天，刚刚获得诺贝尔物理学奖的丁肇中回到中国，邓小平亲自接见。他当时在德国汉堡电子同步加速器研究中心工作，访华期间，向邓小平建议中国科学院派遣物理学家参加他在德国汉堡进行的 MARK－J 实验，当即获得肯定。第二年，首批高能物理访问学者唐孝威、郑志鹏等 10 人赴德国汉堡，在丁教授领导的实验室参加研究工作，为时近两年。

1979 年 9 月，丁肇中再次回国访问，这回与中科院确定，每年派一批青年学者到他的实验室学习培训，俗称"丁训班"。经过考试选拔，当年就录取了陈和生等 25 名应届研究生。"丁训班"先后为中国培养了一大批高能物理实验人才，人们将他们称为"丁肇中学者"。中国高能物理研究所后来有三任所长，郑志鹏、陈和生、王贻芳，都是丁肇中的学生。

第一批被选拔出来的郑志鹏当时在丁肇中领导下的德国汉堡同步加速器实验室工作，在实验中负责一个分探测器。郑志鹏记得，丁先生对他们这 10 位中国年轻科学家的学习和实验抓得很紧，每天上午十点钟左右铁定会打电话到实验室询问：有没有什么问题，实验进行得怎样？有问题他便会马上赶过来，亲自和大家一块儿动手解决。

郑志鹏他们在国内都已是学有所成，但在丁先生那里的工作是从插电缆做起，探测器有上万根电缆，不能插错一根，每次插的时候，都要反复两次口头报告，说"插对了"，然后再重复一次"插对了"，必须两个人同时插，相互应答，反复查看。丁先生在一旁观看，不时指点，多次说："我们搞实验物理的人，就要艰苦，要努力，要认真。"又说，"必须要实践，要一面干工作，一面学习，这才能记得住。实验室可以带着书去，但是不能只看书，要做实验。"

郑志鹏跟随丁肇中学习、实验两年，受益终生。

在高能物理研究所，我还采访过丁肇中的另外两位学生，一位是中国第一位博士后陈和生，一位是现任所长王贻芳，他们在说到导师丁肇中时，都充满了感激，说丁先生言传身教，使他们受到了最好的训练。王贻芳在丁先生那里工作了 11 年，感情深沉默契。他刚刚走出大学校门，就来到丁先生身边工作，接触到这位世界顶级科学家的工作方式和研究环境，感受他对工作的投入、对科学的追求，感触也就特别深。

王贻芳说，丁先生经常召开二三十人的会，范围不是特别大——大的会效果有限。在会上，他会发出一连串追问，有时候几乎让人下不来台，但与会者受益匪浅，从中可以观察到他的思维方式。一般人往往容易陷入细节中出不来，而对他来说，虽然细节很重要——他会保证细节不出问题，但任何时候他都不会忘了主线。丁先生待人有分寸。跟他比较近的人，往往会被他"折磨"，但对年纪大一点或者是太年轻的学生，他则较宽容。他要求最严格的是他的副教授，因为副教授已经成熟。他永远可以把你问倒，他问的方式、角度和思路跟一般人不太一样，他想得更深、更远，永远会把最根本的物理问题放在首位。丁先生让他们懂得，"你脑子里要永远绷着那根主要的弦。"

丁先生对学生是钟爱的，自己滴酒不沾，却喜欢请学生吃饭，吃饭时不谈工作，只闲聊。他多次提到，"四千年以来中国在人类自然发展史上有过很多重要贡献，今后一定能作出更大的贡献。我希望在自己能工作的时间内，为中国培养更多的人才"。他的学生们回国之后干得都很出色：成功建造了中国第一个大科学装置——北京正负电子对撞机，开创了我国中微子实验研究，提出大亚湾反应堆中微子实验方案并率领团队完成设计、研制、运行和物理研究，在粒子物理实验领域取得突出贡献，多次获得国际国内大奖等等。

一个个"丁肇中学者"在科学舞台上大放光芒。

这一切足以告慰先辈啊。

历史留有惊人的记忆，丁家祖居的故事根脉深长。作为日照望族之首的涛雒丁氏家风，曾在《八修〈日照丁氏家乘〉倡议书》中体现："凡我日照丁氏族人，无论在大陆、台湾或海外，都曾为家乡为祖国作出过卓越贡献，目前正在国家实现四个现代化、建设和谐社会、促进祖国统一的伟大目标之下，同心同德，尽心尽力，贡献各自的力量。"

丁肇中一次次回到祖国，也一次次回到日照涛雒祖居。

有一次，他对一同前来的儿子说："美国人喜欢去欧洲，那是去找他们的祖先；而你来中国，也是找自己的祖先。"

蓝天、碧海、金沙滩，他兴致勃勃地行走在日照大地上，感慨从小就听父亲和姑姑们讲日照家乡的好，原来真的是空气新鲜、景色美丽，并且在不断发展进步。他以多种方式参与日照建设，亲自参加日照市科技馆的开工奠基仪式，将全球唯一一个全尺寸"黑洞上的磁谱仪"模型赠送给科技馆，丁肇中的大量科学报告资料也保存在科技馆。他希望，"让年轻的日照人了解科学是怎么回事，为什么要做科学，以及科学对以后社会的发展意义，把日照变成一个先进的科学城市"。

2011 年，丁肇中主持建造的第二台阿尔法磁谱仪（AMS—

02），搭乘奋进号航天飞机升空，开始了它在国际空间站的使命——寻找反物质和暗物质。日内瓦时间 2013 年 4 月 3 日下午五点，丁肇中首次公布阿尔法磁谱仪项目 18 年来第一个实验结果——已发现的 40 万个正电子可能来自一个共同之源，即脉冲星或人们一直寻找的暗物质。几年之后，AMS 在太空中已收集到超过 1000 亿条宇宙射线，这些重大发现再一次改变了人类对宇宙的认识。

丁肇中如祖父所愿，成为一位为世界作贡献的人。而日照人民则倾情记录着他的所作所为，新建的日照市科技馆，主体造型正是来自丁肇中探索宇宙本源的阿尔法磁谱仪的概念，外形似一个高速旋转的粒子，建筑结构为五拱六圆七通道一穹顶，分别展示丁肇中对世界物理学发展产生巨大影响的五个代表性实验，表达了探索、发现、实验、求真的科学理念。

非常有趣的是，奇妙的宇宙现象"日出初光先照"与暗物质，在此聚合。而从日照涛雒祖居走出的丁肇中，也时刻以这样的方式守望故乡，就如他与家人那一年共同在丁家祖居写下的留言："树高千尺，叶落归根。"

（作者：叶梅，系《民族文学》原主编）

（原载《光明日报》2021 年 09 月 17 日 14 版）

钟兆云 | 作者

奔跑的"中国草"

"忆春草，处处多情洛阳道。"把唐代刘禹锡诗中的"春草"改为菌草，"洛阳"改为中国，或许能契合巴布亚新几内亚独立国总理詹姆斯·马拉佩应邀出席北京冬奥会开幕式期间，与中国签署《援巴布亚新几内亚第二期菌草和旱稻技术援助项目立项换文》之后的心境。

不独巴新。在世界不少地方，菌草已蔚为大观。2021 年 11 月 30 日召开的中非合作论坛第八届部长级会议通过《中非合作论坛——达喀尔行动计划（2022-2024）》，郑重提到中非双方将"开展菌草、杂交水稻、杂交谷子等技术开发和利用合作"……

2021 年，是菌草的春天，是菌草援外事业发展的重要里程碑。为了这一天的到来，林占熺一路在奔跑，从春跑过夏，从秋跑过冬，从风华正茂跑到桑榆暮年，从深山跑向海滨、戈壁、雪域高原，跑向国际，远远地跑在时间的前面。

菌草五洲四海飞跑，他千万里追随，从中国出发，披星戴月，种向天涯海角

2021 年央视开年大戏《山海情》，像是为剧中"比农民还能吃苦"的菌草专家凌一农教授原型林占熺的一连串喜事热身。

除夕之夜，国家菌草工程技术研究中心首席科学家、福建农林大学菌草研究所所长、"菌草之父"林占熺现身央视春晚，作为"时代楷模"代表人物，向海内外中华儿女拜年，道出新年愿望：在黄河两岸建起千里菌草生态安全屏障，向母亲河献礼、向建党百年献礼。

2 月 25 日，林占熺刚在人民大会堂接下沉甸甸的"全国脱贫攻坚先进个人"奖牌，便奔赴菌草基地，一路提醒担任国家菌草工程技术研究中心副主任的女儿林冬梅博士："黄河流域的菌草技术团队进入作战状态了吧，每多争取一天时间，一亩地就能增收至少五六十公斤菌草。"

从国外回来与父亲并肩战斗 18 年的女儿，忙里偷闲在微信朋友圈为父亲"剪影"："佩服林老师，出最多的差，加最多的班。我们这些中年人都累得坐下了，他还站着，难怪会被我家老太太称为'比钢铁还坚硬的特殊材料制成的共产党员'，他的精神能级太强大了。"

3 月 4 日，由联合国经社部主办的菌草技术培训会议，在福州和纽约、坦桑尼亚、卢旺达四地连线。林占熺穿梭其中，让中

国的声音，连着菌草生长时扑哧扑哧的呼吸，灌满世界的耳朵。

3月27日，一天三地，在北京遇沙尘暴，到宁夏、内蒙古后，沙尘也如影随形。他道声"时不我待，得治"，第二天便躬身在沿黄河几字弯的一线前沿"作战"——种草。

"林老师，你慢些走哎慢些走……"在这个团队里，女儿最能开玩笑、调节气氛，只是这个年将八旬的林老师，20年前援助巴新时有惊无险捡回一命后，便把每一天都当成生命的倒计时，催促自己只争朝夕。

何况，此时也不容他偷闲，联合国线上菌草技术非洲区域会议已近在眼前。非洲23个国家100多人参会，届时南苏丹、南非、坦桑、卢旺达、刚果（金）、莱索托、尼日尔等国代表将分享发展菌草产业的经验。

3月29日早餐时，林冬梅向父亲谈及四年前的今天，他们与卢旺达总统会面情景，林占熺笑道："这个日子我还真忘了，倒记得1988年，也是3月，我们的'以草代木'发展食用菌，正式被省政府列为'福建省科技兴农项目'。"

林占熺1986年创下"菌草学"、发明前途未卜的菌草栽培技术后，只能拉亲人试验。1994年，研究生毕业的六弟占华在实验室因锅炉爆炸献身，他擦干眼泪，又把在小学当老师的五弟占森和两个侄儿带上阵。从小学到大学，林冬梅都觉得父亲太累太难。她回国助力时所见，比预想还要困难：菌草科学实验室连员工的基本工资都发不出，名列"全国十大扶贫状元"的父亲为了技术研发和扶贫推广已是负债累累。

1992 年 4 月，林占熺发明的利用菌草栽培食用菌技术在国际上获金奖后，原本可以把专利高价卖出，或者为自己创造经济效益。他却选择了科技扶贫、共同富裕之路，并把福建省委老书记、时任中国扶贫基金会会长项南题赠的"发展菌草业，造福全人类"刻上石头，刻入心里。他常对团队说："我们的工作就是补短板，把技术应用到贫困地区是补社会的短板，把技术应用到生态恶劣的地方是补生态的短板。要挡得住诱惑，耐得住寂寞，受得了委屈。"

女儿的回国加盟，让林占熺如虎添翼，带着团队走上了以菌草技术产业化应用为技术研发"造血"之路，继而通过国家援助项目，最终在非洲大陆落地生根，开花结果。

2012 年，生态文明建设被郑重写入中共十八大报告，菌草团队欢呼雀跃，想想林占熺早在 1983 年，就开始为解决"以木养菌"带来的水土流失问题而研究菌草技术，何其具有前瞻性！

2017 年五六月间，林占熺 20 天内两次受邀赶赴联合国总部演讲，代表中国提交全球"消除饥饿"的"中国方案"。菌草技术被列为"中国——联合国和平与发展基金重点项目"，他和中国菌草团队肩负新使命：让菌草项目成为中国与各国共建"一带一路"中为国际社会提供的一个"公共产品"。2019 年，菌草技术又被列入"中国——太平洋岛国农业部长会议楠迪宣言"，越来越多的国家希望从中国引进。

菌草五洲四海飞跑，他千万里追随，从中国出发，披星戴月，种向天涯海角。

林占熺带着黄河边的欢声笑语回到福州，被司机背上了楼。第二天，他脚缠绷带，又准时出现在新闻直播现场，"我没那么娇贵，就是一根草嘛"

"2021年5月24日，林辉、蔡杨星抵达中非共和国首都班吉，实施中国援助中非菌草技术项目。"林冬梅微信里记事，也记着父亲对队员的评价："疫情期间的逆行"。

他们对5月有一份特殊的记忆：2000年5月，经时任福建省省长习近平牵线搭桥，菌草技术被正式引进巴布亚新几内亚。林占熺带着巨大的信任和嘱托奔走世界，也是科学报国的应有之义。

6月8日，林占熺参加中外记者会，连日劳累，不慎崴脚、骨折，坐着轮椅出现在演播厅，手拿一张图告诉世界："经过30多年的不懈努力，菌草技术已经拓展、菌草菌物肥料、菌草生物质能源、菌草生物质材料等领域，尤其是菌草用于生态治理方面取得一系列突破……"

会后，这位科技明星坚持赶往中国四大沙尘暴发源地之一内蒙古阿拉善盟乌兰布和的菌草防风治沙基地："紧赶慢赶这么多年，要在黄河泛滥区筑起千里生态安全屏障，建党百年前不赶去看个究竟，哪能安心？"早在 2013 年，他就"剑指"乌兰布和沙漠。这里年平均降雨量仅 102.9 毫米，蒸发量却达 2258.8 毫米，沙层厚度在 2 米以上，常年风力 6~7 级，风沙过境，遮天蔽日。

与黄河、与沙漠的决斗，是林占熺这辈子最难啃的硬骨头之一。有一次，眼看千辛万苦种下的菌草都绿油油一片了，却在一场八级大风中，不是被打烂，就是草入泥河。狂风呼啸中，几位队员哭得像孩子：林老师，看来真是不行啊，天意逼我们收兵！林占熺声色俱厉，差点没把牙齿给咬碎："不，我们是有进无退的过河卒子，绝不能缴械投降！"

风更大了。林占熺的声音也更大了："你们都知道，乌兰布和沙漠东缘 85 公里的河段，每年有上亿吨沙流入黄河，是全黄河流域飞沙走石最严重的地段，照这样下去那还了得！"

林占熺在阿拉善菌草基地一蹲四个月，从十多种长根系草种中再筛选，并和大伙一起研究风沙规律，分析沙土结构，调整种植布局，变换育苗方式。屡败屡战，菌草终于牢牢扎根在沙地上。一年后，沙里就富含了有机质，过些年带着不可言说的肥力，滋润得乌兰布和沙漠南部长出一片绿洲。

林占熺带着黄河边的欢声笑语回到福州，被司机背上了楼。第二天，他脚缠绷带，又准时出现在新闻直播现场，开口就对关心他的观众说，我没那么娇贵，就是一根草嘛。

7 月下旬，刚荣获"全国优秀共产党员"称号的林占熺，又深入阿拉善菌草治沙基地指导。吉普车小心翼翼地行驶在风沙弥漫的公路上，把林占熺送到"阎王鼻子"。陪同的村支书介绍，很多年前，有驼队为节约时间，避开大沙漠，选择沿河较为平坦的小道行走，可谁也不知道这一段有流沙河，一排驼队不小心溜滑进了黄河。这凶险地由此得名"阎王鼻子"，行走其上，得万分小心。可林占熺脚踩滚烫的沙子，率先顶风行走。

镁光灯下的明星，心中更有无限星光，要把梦想照进现实，照耀远方，照耀世界

2021年8月5日，林冬梅有点感伤。林占熺1984年举债5万元盖的试验场，被定为危房后正式拆除。林冬梅记得，当年，是父亲和工程队捡拾金山庙拆下的瓦片、老百姓拆迁的废料，七拼八凑、因陋就简建起了试验场。

就是在这里，面对一次次的试验失败，林占熺对女儿说："失败是成功之母，爸爸坚信能成功。我们老家闽西是革命老区，过去那么多人为了老百姓的幸福而拼命，爸爸是党培养的科技工作者，为了给老百姓增加收入，拼一拼也是应该的。"

就是在这里，两年之后的1986年，林占熺擦泪宣布："一门全新学科——菌草技术诞生了！"

正是这个全球首家菌草科学实验室，后来发展成为三个国家级创研中心和国际菌草技术交流合作培训中心，引领世界菌草技术研发和产业发展。

新冠肺炎疫情下的菌草扶贫和援外，持续推进：巴新东高地盼来了中国医疗队打疫苗；专家组肖正润在国内接种了两针疫苗，去做志愿者；中非疟疾高发季节，专家组两人得了疟疾还坚持工作；轮换卢旺达项目的专家到位，一个人坚守了整个疫情的祝粟终于可以回家了……

林占熺边听边点评，提些要求，而后说："祝粟真是个好苗子，当年在新疆执行扶贫项目时，在人迹罕至、夜间还有野兽出没的戈壁滩上，独自一人看护我们的基地，我称他是'孤胆英雄'。"

脸上总是挂笑的四川汉子祝粟，追随林占熺二十多年，再难再苦都没把他吓跑。疫情前，其他专家回国休假，他独自一人守着卢旺达中心等轮换。没承想，这一守，就是一年。林占熺担心他，不时算准时差，在大半夜打去电话。他从不抱怨，也不提任何要求。他的母亲因意外事故去世，他没法回国，只能关在房里痛哭。

"每个人的身后都是一家人，承担忠孝和悲欢离合，普通人也是生活的英雄、事业的脊梁。"林占熺说起祝粟。

谁都知道，林占熺一家为菌草事业付出最多。六弟占华献出了生命；五弟占森接二连三援外，二十余年无法回国过春节。

8月26日，林占熺在岳母过世的第二天，强忍伤悲现身津巴布韦农业部和联合国经社部的线上会议，郑重表示："非洲发展菌草业普遍存在的问题，我们能够提供成熟的解决方案。"

谁会怀疑中国方案呢？镁光灯下的明星，心中更有无限星光，要把梦想照进现实，照耀远方，照耀世界。

卢旺达的种植户莱昂尼达斯可以作证。他参加菌草技术培训班后，自创公司，雇用当地青年和妇女以草种菇，并得到中国援卢旺达农业技术示范中心的指点，致富后办起了幼儿园。

南非夸祖鲁纳塔尔省最贫困的群体——单亲妈妈们可以作证。这里建成了非洲规模最大的菌草技术培训示范中心，她们靠着"一看就懂、一学就会、一做就成"的菌草技术，组建了合作社，告别了贫穷，提升了社会地位。

斐济常驻联合国代表达乌尼瓦鲁大使作证。菌草为缓解当地旱季饲草短缺的难题作出贡献，妇女、老人、残疾人也通过菌草种菇获得收益。"这不只是给斐济，还是给全世界的一个礼物。"

巴新内阁部长作证，小而美、见效快、惠民生的中国菌草技术，成为造福巴新百姓的幸福草、致富草，她因此为女儿起名"菌草"。

莱索托的广大妇女作证，她们为菌草创作了民歌："有人说，她是野草；有人说，她是生命；她，是食物，也是药物；她，是希望之物……"

刘拐沙头菌草阻沙固沙治理点，已经成为当地人周末游览的好去处。以前这里宛如一道被剔除了血肉的史前怪物骨架。直到林占熺团队带着菌草来后，这里始有生命久违的呼吸声

秋高气爽，林占熺心头火热。

2021 年 9 月 2 日，"菌草援外 20 周年暨助力可持续发展国际合作论坛"在北京召开，习近平总书记亲自发来贺信。作为菌草人兼农业技术援外人，林占熺在发言时表示，"中国草"时刻都在抖擞精神助力世界发展。

9 月 6 日，福建平潭岛有一场会议等着他作报告。他一早先去平潭菌草盐碱地治理基地和菌草防风固沙基地指导。在这处原先风大沙猛的滨海地带，菌草生态治理成了旅游打卡点，有人填词赞美："风住沙停，一派葱茏，银滩披菌草""对故土芳姿，乍见人惊倒。草青风景妙。"

9 月 10 日教师节这天，一份特殊的礼物——21 年来所带的 129 名硕士、博士的照片集，让刚戴上 2021 年全国"最美教师"桂冠的他眉开眼笑，影集中第一位外国学生与他的合影，是在 2005 年的南非新堡。

原计划的黄河菌草生态安全屏障会议和现场参观因疫情取消后，林占熺特别叮嘱：10 月 6 日左右就会有霜冻，菌草在此之前要收割。犹不放心，10 月初再赴内蒙古、宁夏大漠戈壁基地。菌草团队组织起一场国际"云参观"，效果意想不到的好，贫瘠的土地里真能长出金苗苗！

刘拐沙头菌草阻沙固沙治理点，已经成为当地人周末游览的好去处。以前这里是一片 5 公里长、1 公里宽的流沙地带，每年河水掏空沙子，河道渐渐移动，河中心出现沙洲，宛如一道被剔除了血肉的史前怪物骨架。治理要花钱，先后也来过几家企业，可都担心治理没几年又会被淹没，谁也不愿意投钱。直到林占熺团队带着菌草来后，这里始有生命久违的呼吸声。

大漠孤烟直，长河落日圆。壮美景色中，一群志在扶贫和改善生态的实干者们，齐声唱起了《小草》："没有花香，没有树高，我是一棵无人知道的小草。从不寂寞，从不烦恼，你看我的伙伴遍及天涯海角……"

他这个种草人，其实也是种花人，恰如《山海情》主题歌所唱："东南风吹西北暖，那年你到咱家来，拔掉穷根把花栽，美得哟，沙漠变花海"

2021年11月7日，中国新任驻巴新大使曾凡华接受央视新闻《大国外交》节目专访，深情谈道："到了巴新以后，真切感受到菌草对于发展中国家发展合作带来的良好效益……"

"双11"，迎来第26届联合国气候变化大会线上边会——菌草绿色屏障"云参观"，主题聚焦菌草技术的生态治理与产业发展。一个个视频，一个个案例，雄辩地告诉世界，发展菌草是应对全球气候变化挑战的有力武器。线上线下，鲜花和掌声齐飞扬。

11月14日，林占熺飞苏北，对盐城草庙镇40亩"巨菌草"试验田予以指导。正是三年前2018年的这一天，习近平总书记在对巴布亚新几内亚进行国事访问前夕，在该国报纸发表署名文章，回顾了中国菌草助力巴新发展的佳话。那些天，林占熺父女恰好在巴新，12 月 9 日 75 岁生日时，巴新东高地省省长到场贺寿，并带头唱起了"生日歌"。林占熺许下愿望："希望东高地省尽快提前实现联合国 2030 年可持续发展目标，成为全世界的样板！"

11 月 19 日，在北京召开的第三次"一带一路"建设座谈会上，习近平总书记谈到援外，说"我就派《山海情》里的那个林占熺去了"。《参考消息》报道"中国援助能以有意义的方式系统地使受援国受益"，并刊载了林占熺主持援建的卢旺达菌草技术示范中心的图片。桃李不言，下自成蹊，菌草技术为国家外交、国际减贫、精准扶贫、生态建设与绿色"一带一路"建设作出了积极贡献，菌草技术援外享誉国际，成为中国农业国际合作的金名片！

林占熺的名字能不上热搜、被手机刷屏？

人近八旬，夫复何求？可他还在玩命地奔走四方种草。他这个种草人，其实也是种花人，恰如《山海情》主题歌所唱："东南风吹西北暖，那年你到咱家来，拔掉穷根把花栽，美得哟，沙漠变花海！花儿一唱天下春，花儿一唱幸福来，干沙滩变成了金沙滩，再唱花儿等你来。"

这株凝结风霜雨雪，越过高山大海，见证披星戴月的草啊，已让全球众多国家和地区，踏着贫瘠穷困走向了脱贫致富，在荒野沙漠催生出了新绿丛立！

漂洋过海来福州求学的非洲学生戴提，在林占熺面前再三鞠躬："菌草爸爸是我一生的导师，我真切地感受到，您每天的工作都在践行构建人类命运共同体这一伟大使命，我的整个人生观和世界观都因为您和菌草而改变！"

11月29日，林占熺又踏上了前往广西上林县的路途。远方再远，他的脚步总是如约而至。

几位非洲研究生在家门口送林占熺上车后，问他的女儿："菌草爸爸种草的时间比我们的年龄还大呢，功成名就了还不享清福，一辈子干劲满满地奔波，家人就不心疼？"

林冬梅平静地回答："林老师这一生的状态，《西游记》主题歌算是给他唱明白了，那就是'踏平坎坷成大道，斗罢艰险又出发'，他作为中国共产党的一员，希望把所有的聪明才智服务社会、贡献世界，这是他最本质最朴素的情怀。以前他没少让我们心疼，现在我们差不多也都成了'拼命三郎'，有首歌叫《长大后我就成了你》……"

在追随父亲携手菌草事业，扛起扶贫减贫、生态保护等责任时，林冬梅越来越觉得自己的人生选择有了最辽阔最幸福的回报。

戏称"斜杠中年"的她，在微信朋友圈这样为即将收官的2021年注脚："这是个注定没有任何假期的一年，从大年初二到暑假到国庆、到现在，冲锋陷阵。疫情让事情难上加难。兵来将挡，水来土掩……"

"一年三百六十日，多是横戈马上行。"明代戚继光的《马上作》，何尝不是林占熺的人生写照。

这样跑着跑着，2022年1月28日，以国家重大战略为牵引的福建省菌草科学与技术研究院获批建立，执行院长兼技术总负责人林占熺风尘仆仆出现在寒风中。

老骥在伏枥，"中国草"在奔跑！

（作者：钟兆云，系福建省作协副主席）

（原载《光明日报》2022年03月04日14版）

郑晋鸣 | 作者

在泥土中叩问生命的意义

——"时代楷模"农业专家赵亚夫的故事

他心中的楷模——瞿秋白

1941年，赵亚夫出生在有着3200多年历史的文化名城——江苏常州，常州人杰地灵，历代名人辈出，如季札、展昭、张太雷、瞿秋白、华罗庚等。

赵亚夫4岁丧母，外婆将他带大，外婆虽然没有文化，但是很会讲故事，每天晚上外婆都给他讲行善积德、善恶有报、尊老爱幼、诚实守信的民间故事。外婆家住在常州有名的八桂堂（青果巷82号），紧挨着瞿秋白故居。外婆也给赵亚夫讲瞿秋白的故事，外婆讲的瞿秋白的故事，虽然不够准确，但是，赵亚夫知道了瞿秋白是个大好人、大英雄。

1919年五四运动爆发，在体力透支和神经高度紧张的情况下，中国共产党早期领袖瞿秋白等一大批革命志士在酷热中奔波于街头，联络、组织、演讲，而那时的瞿秋白还要忍受肺病煎熬的痛苦。1935 年瞿秋白不幸被捕，敌人逼他投降，他坚决拒绝，视死如归，高唱自己翻译的《国际歌》走向刑场，慷慨就义，年仅 36 岁。他用自己的热血和青春，实践了誓言——愿化作震碎旧世界的惊雷！瞿秋白这些感人的事迹，随着赵亚夫一天天长大，逐渐积累，深深地印在他的脑海中，瞿秋白成为他心目中的大英雄。

赵亚夫到了该上学的年龄，外婆送他到觅渡桥小学读书。觅渡桥小学创办于 1841 年，原名"冠英义学"，是有着百年历史的老校，1928 年更名为"觅渡桥小学"，这也是瞿秋白的母校，赵亚夫有幸成了瞿秋白的校友，更巧的是，赵亚夫的老师竟是瞿秋白的挚友——羊牧之。

赵亚夫每当回忆起他的童年，就会想起羊牧之先生。当年，每当先生讲到瞿秋白就情不自禁地对同学们说："光明和火焰从地心里钻出来的时候，难免要经过好几次的尝试，探路共产主义，宁肯舍其事而成其心。"羊牧之先生那抑扬顿挫、铿锵有力的话语，激发起赵亚夫对革命先驱瞿秋白的敬仰之情。他是中国共产党早期主要领导人之一，也是中国革命文学事业的重要奠基者之一。他用青春和热血践行了自己的誓言——愿化作震碎旧世界的惊雷！至今还激励着后人。

1986 年瞿秋白的故居建了"瞿秋白纪念馆"，这是赵亚夫每次回乡必去的地方，常常一待就是半天。"为了革命，瞿秋白献出了生命；而我活着，是为了什么？”这个问题，赵亚夫自问了无数遍。在农民心中，赵亚夫是大好人；而在这位大好人心中始终有一位英雄——瞿秋白，激励着他一辈子前行。

学农——让种粮食的人先吃饱肚子

1958 年赵亚夫考上了宜兴农林学院，这是一所刚成立的农科大学，是在当年在这里打过游击的新四军老同志倡议下成立的，目的是为江苏丘陵山区开发培养农业人才。但是，新建校，各方面条件都不是很好，有些同学不想学农，离校了，同班 50 多名，最后只留下 17 人。赵亚夫也动摇过，但经历了一件事以后，他改变了想法。

有一次全校师生到山区农村，与农民同吃、同住、同劳动，这里由于自然灾害闹饥荒，同学们切身感受到了农民的疾苦，最困难的时候吃米糠和稻草粉饼。有一天赵亚夫去医院看病，走廊、院子到处挤满了病人，几乎都是乡下来的农民，个个面黄肌瘦，他们本来就饿着肚子，怎么能扛得住病痛，病房里传来了失去亲人、撕心裂肺的哭喊声，令人心碎，直到现在他都没有忘掉。

1961 年，20 岁的赵亚夫，从宜兴农林学院毕业，被分配到镇江农科所工作。当时，正是三年困难时期，赵亚夫跟着他的指导老师——著名的农业专家任承宪，到丘陵山区搞资源调研，农村贫穷落后的面貌，深深刺痛了他的心，赵亚夫的泪水止不住流下来，这也激发了他投身农业科技的决心，一定要改变农村落后面貌。怎么也得让种粮食的人，先吃饱肚子啊！

1963年春天的一个晚上，赵亚夫含着眼泪看完了电影《雷锋》，雷锋和赵亚夫是同龄人。他想，22岁的雷锋"把有限的生命投入到无限的为人民服务中去"，做了那么多平凡而伟大的事情，可自己呢？刚走出校门，还什么都不懂呢，差距太大了。

当晚，赵亚夫就写了入党申请，决心向雷锋同志学习，听党的话、跟党走，为农民服务一辈子。可以说，雷锋是赵亚夫心灵上的入党介绍人。

1964年，赵亚夫参加推广全国劳动模范陈永康水稻高产经验样板工作组，在武进县横林公社杨歧四队蹲点。他住在农民家里，边向农民学干农活，边教他们水稻新技术，专区经常来召开现场会。当时水稻亩产只有六七百斤，陈劳模有水稻稳定亩产千斤的本领，省里号召农业科技人员向他学习，大力推广陈劳模的高产经验，陈劳模是当时年轻人心目中了不起的榜样。

从那时起，赵亚夫把自己交给了苏南大地，交给了茅山革命老区。

他们先后在武进、丹阳、宜兴等地蹲点7年，到苏南最贫穷落后的丘陵山区，为农民提供技术指导。蹲点期间，赵亚夫白天在生产队里干活，晚上和大家一起学毛选、记工分，虽然劳累，但和大家相处得很融洽。有一次，工作组要调赵亚夫去另外的大队，村民不愿意，聚到一起找领导，说小赵不能走，硬是把赵亚夫挽留了下来。赵亚夫在日记中写下了："永远牢记他们的友情，今后要更好地为他们服务。"为了帮助农民寻找出路，他进行过三次探索，第一次探索是把草莓引进句容。

远渡扶桑，引进种植草莓

1982 年，受省里派遣，赵亚夫等 8 名镇江地区农技干部组成的农业研修组，赴日本进行为期一年的研修，赵亚夫被任命为组长，他主要学习稻麦栽培技术，其他人学习蔬菜、畜牧等。那一年赵亚夫已经 41 岁了。

临行前，省对外友协对他们进行 3 个月的日语、礼仪培训。人到中年，要学习一门外语，谈何容易。但是，必须过这一关，语言不通何谈交流，他十分珍惜这次机会。于是，赵亚夫疯狂地学习日语，可是，到了日本一下飞机，才知道自己差得远呢！

同处东亚季风地带的日本，地形地貌、农业生态和江苏高度相似，农业现代化水平走在世界前列，赵亚夫率领研修组来日本"取经"，掀开了镇江农业科技对标国际一流、引进消化创新的大幕。

赵亚夫被安排在日本爱知县的农民近藤牧雄家里。近藤牧雄的家庭农场，种有 300 多亩小麦、100 多亩水稻，拥有农用卡车 2 台，大型拖拉机 5 台，联合收割机 2 台，插秧机 2 台，农业收入 700 万日元以上。赵亚夫切身感受到了两国农业的差距，他的心受到强烈的震动，他暗下决心，要把日本农业的先进技术学到手。

机会难得，这一年的时间多么宝贵啊！

语言不通，根本没法交流，在国内费劲学的日语，日本人却听不懂，日本人说的话，他更听不懂。于是，他就用手势、面部表情、肢体语言一起上。为尽快把日本先进技术学到手，他每天学习、劳动16个小时。赵亚夫无时无刻不在观察、思考、比较这里的地形、资源、土质与家乡的不同，日本农民的生活环境，富庶的生活，农耕技术的先进，使赵亚夫作为农业科研工作者，深感所肩负的责任的分量。

赵亚夫是个适应能力很强的人，他勤劳、真诚，与近藤一家人相处得非常好，还跟他们一起下地干活。

一天晚上，赵亚夫收工回来，看见餐桌上摆满了菜，中间是一个大蛋糕。

"嚯！今天谁过生日？"

"你呀！"近藤笑嘻嘻地望着他。

赵亚夫一拍脑门儿："哦！我都忘了！"这天是赵亚夫42岁生日，近藤居然记得，赵亚夫感动得眼睛湿润了……

有一天，赵亚夫在近藤家连栋大棚附近干活，阵阵带有甜丝丝的清香随风飘来，他走进大棚一看，绿叶上挂满了红艳艳的小果子，个个都熟透了，诱人的香甜味沁人心脾。入口处竖立着一个大牌子："草莓可自己采摘，随便吃，还可以带走"。这时节已经过了草莓的旺季了，赵亚夫马上就联想到，江苏茅山老区能种吗？

第二天赵亚夫就到爱知县农业综合试验场图书馆借来有关草

莓种植技术的书，认真研读。从书中理论和自然环境的分析来看，江苏茅山老区的土壤和气候都没问题，关键是栽培技术。日本的草莓过去也是在田间种植，发展到现在才在大棚里种植。赵亚夫暗忖，我们的农村还很穷，哪有钱建大棚啊！回去后，先在露地小面积试种，成功了，农民有钱了，再发展大棚种植。赵亚夫信心十足，他憧憬着红彤彤的草莓能给茅山老区人民带来富裕。

在日本研修一年，赵亚夫如饥似渴地学习，除了在田间大棚里劳作，只要一回到房间他就抓紧一切时间看书，还到爱知县农业综合试验场去参观学习，向那里的专家求教。

有一天，赵亚夫看到一本厚厚的书《草莓》，他仔细翻看，觉得这本书太好了，简直就是"草莓大全"。赵亚夫想，有了这本书，边研究边种植，推广草莓技术就有依据了。他悄悄地翻看价格，太贵了，相当于他几个月的工资……后来，试验场的一位日本朋友，看赵亚夫为人忠厚，心里时刻装着家乡的农民，尽心竭力来日本学习，在赵亚夫临回国时，特意去买了一本，作为礼物送给赵亚夫。

日本的书实在太贵了，有一天，他在书店看到一本《中英日农业大辞典》，他眼前一亮，这本辞书对他太实用了，可是一看价格，要2万日元呐！折合人民币1400多元，1982年的1400多元，可不是小数目，相当于他一年半的工资啊！他摇摇头走开了。可是，他心有不甘，在书架前犹豫了半天，最后还是咬咬牙买下了。

赵亚夫在回国前一天，跟他的指导老师近藤说："近藤先生，我有件事，希望得到你的帮助。"

近藤说："你尽管说，我很高兴能帮到你。"

赵亚夫说："我可以带草莓苗回去培育吗？让中国农民也种植草莓，增加收入。"

近藤说："你心里时刻装着农民的生计，令人钦佩。我送给你20棵脱病毒原种草莓苗。"

赵亚夫十分感谢近藤先生，他将20棵草莓苗分成4份，精心包装好，分别装在同行4个人的行李箱中带回国。他节省下来的外汇，全用来买农业科技书籍了。在过海关时，海关工作人员都觉得奇怪，从日本回国大多都带日本家用电器，可是赵亚夫带回来整整13箱书和资料。

海关工作人员仔细检查了两个多小时，真的全是农业科技书籍和资料。放行前海关工作人员对赵亚夫说道："你真是农业科学家！"

赵亚夫一走就是一年，回国时，妻子和孩子都盼望着他回来，以为他一定能给家里带回来一个大彩电，可是，赵亚夫没有给家里带回一件日本电器，却费尽周章带回来20株草莓种苗和13箱书。

两个孩子很失望，更让两个孩子难过的是，他们早就跟同学说了，"我爸爸从日本回来，一定给我们带回大彩电！"两个孩子躲进房间里伤心地哭出声来。赵亚夫感到十分惭愧，他没给妻子和孩子带回任何礼物，真是对不起妻子和孩子，他和颜悦色地劝解妻子："能去日本一趟不容易，不能白去，怎么也得带回来有价值的东西。"

第二天，天还没亮，赵亚夫就起床了，妻子问他："出去一年了，刚到家还不休息两天？"赵亚夫说草莓苗娇气，好不容易带回来的，必须马上栽种上，说着就出门了。他要去所里的实验基地繁育种苗。为此，所里专门成立了草莓繁育组，在他的指导下，精心地将20棵原种草莓苗栽种下。

赵亚夫自从将草莓苗栽种下，就时常来试验田看看。虽然他胸有成竹，因为在日本，他掌握了草莓生长全过程的技术，但是，他还是有些担心，怕从扶桑之国远道而来的种苗水土不服。有时他睡到半夜突然醒来，就披上外衣，拿着手电筒，又到地里瞧瞧，回来才能睡得着。自从培育上这20棵种苗，有许多活，如浇水、除草、打叶，他都亲自干。在赵亚夫和他的草莓繁育小组的精心呵护下，从20株到几百株，到几千株，再到几万株，草莓苗繁育成功了。

草莓种植基地——解塘村

对于茅山老区，每个地方的自然环境，土质、水文、气温，赵亚夫都了如指掌，经过全面考量，最后选定了句容市白兔镇解塘村，作为草莓种植基地。这里的气候、土壤、交通，都符合发展种植草莓的条件。

这里处于丹阳、丹徒、句容三县交界处，是茅山革命老区的中心地带，交通便利。赵亚夫选择这里试点种植草莓，希望成功后能对接城市、辐射周边，可是，令赵亚夫万万没想到的是，想把这里作为第一个"吃草莓"的地方，竟是遇到的第一道坎。

草莓繁育小组一行人将草莓苗整整齐齐地摆放在场院中央，让村民来看，赵亚夫把有关草莓的知识、未来会产生的经济效益，用当地方言深入浅出地从头到尾讲了一遍，讲完了，村民们竟然一点反应都没有。

"请大家放心，一切都是免费的，免费提供种苗，免费技术指导，免费帮助治病。"赵亚夫大声动员农户试种植草莓，仍然没有人表态。

"再给大家吃个定心丸，种成了，卖了钱，归你，不成，损失我担着。"还是没有人上前。这是因为农民有惯性思维、求稳心态，有人想，赵所长好不容易从日本淘换回来的种苗，太金贵，怕种不好，费力不讨好，更对不起赵所长，就都观望着。

从日本回国时，赵亚夫带回来的书和资料

天色渐晚，人们纷纷散去，只有张冬才留了下来："赵所长，天黑了，你们就别走了，走，到我家吃饭。"

赵亚夫对助手们说："你们家有事，就回去吧，我留下来摸摸情况。"

赵亚夫从在日本认识草莓那天起，就兴奋不已，他决心把日本的草莓引进来，这是产生经济效益最快的好项目。但今天村民的举止却令他百思不得其解。

张冬才说："赵所长有所不知，这几年乡里为了让农民迅速富起来，强制推行了好几个项目，没一个搞成的。当初，那些人拍胸脯子，保证包赚不赔！可是，搞砸了，比兔子跑得还快！村民白费力气，劳民伤财，从那以后，一听上边推行什么项目就反感。今天，是你来了，你是好人，大家相信你，才都来看看。可是，老百姓真是怕了，有顾虑，一时下不了决心。赵所长，你放心，我肯定跟着你搞，就在我家责任田里试种！"

张冬才一席话，让赵亚夫十分感动。

"明天你找几个人挨家挨户送苗，我挨家挨户做工作，这样好的项目，怎么会没人认呢？还是我工作没做到家，乡亲们不了解草莓是什么？根本就没见过也没听说过，怎么能认同呢？"

赵亚夫到村民家里做细致的动员工作，先后说服了9户村干部和村民，他们答应试种，每户拿出一分地，作为草莓推广样板地。为了种植好样板地，赵亚夫带领他的研发小组就在解塘村长期驻扎下来了。

天道酬勤，在他们的精心呵护培育下，到了5月，乡亲们看到红红艳艳、水灵灵的草莓，在绿叶的衬托下，显得格外夺目，捻下一粒，放在嘴里，咬一口柔软的果肉，满口甜酸果汁，还有一股沁人心脾的清香，人们脸上也绽放出甜美的笑容。

赵亚夫也尝了尝，感觉味道醇正，口感不比日本草莓差。草莓试种成功了！村民们欢欣鼓舞。草莓的一个生长周期，9分地的试验田先后摘下600多千克草莓。这是第一年试种，基本上都送给大家免费品尝了，为了探寻市场，还试卖了一部分，市场反馈很好，除了给顾客品尝的，还卖了 600 多元，当年，600 多元也不是小钱了。大家仔细算了算，是其他经济作物的两倍多。

第二年，不用动员，解塘村几乎家家户户都种起了草莓，赵亚夫带着他的团队又来到解塘村"安营扎寨"，服务到田间地头，"扶上马，再送一程"。

接下来，他又成功试验种植冬季草莓，家家户户都搭建起草莓大棚，许多村民家的草莓亩产达到 3000 多斤，每亩纯收入 1 万元。种植草莓见效益快，当年就有一大批种植户成了"万元户"。农民有钱了，首先想到的就是盖新房，一幢幢小楼争先恐后，拔地而起，人们兴高采烈地称作"草莓楼"。在句容老区有 2 万多户农民种植草莓，草莓成了当地支柱产业，句容成了全国闻名的"草莓之乡"。

丁庄早川葡萄科技示范园

1990 年，赵亚夫到句容茅山镇，路过丁庄时看到一块葡萄地种得与众不同，便托老乡将自己的名片带给种葡萄的农户，这位农户正是后来的全国劳动模范、"葡萄大王"方继生。第二天，方继生就找到了赵亚夫的办公室。

方继生问了许多农业技术上的问题，赵亚夫一一解答了，还把从日本学习葡萄栽培技术回国的芮东明介绍给了方继生。从那以后，赵亚夫、芮东明就成了方继生的老师，在他们的指导下，方继生种出了优质"巨峰"葡萄，受到了镇江、南京市场的极大欢迎。

种葡萄的收入是传统作物的三到五倍，有 13 户村民开始跟着方继生学习栽培技术，赵亚夫和芮东明也时常来田头进行技术指导，手把手传授技术。如何修枝、如何抹芽、如何疏花、如何疏果，都一一叮嘱，经过几年时间，这 13 户也脱贫致富了。从此，"要致富，找亚夫，找到亚夫准能富"开始在句容大地口口相传。

但赵亚夫觉得 13 户富不是富，把全村人动员起来种葡萄，这样才能让大家尽快致富。为了打消大家的顾虑，丁庄办起了农民夜校，每周集中上一次课。就这样，赵亚夫、芮东明、方继生分别来夜校上课。

在赵亚夫的牵线搭桥下，日本著名葡萄专家早川进三每年多次赴园区进行指导，日本爱知县农业试验场园艺所所长河渊明夫等人也曾千里迢迢赶来授课。

1998 年，丁庄早川葡萄科技示范园成立，并被句容市列为农业产业化重点工程。1999 年，被确立为省级农业综合开发扶持项目，高标准完成沟渠配套、道路建设和绿化工作，建成 4 公里长的葡萄长廊。

草莓、葡萄成为句容农业结构调整的两大先行主导产业，在长三角地区享有盛誉。

"万山红遍农业科技示范园"

句容市白兔镇有个远近闻名的"万山红遍农业科技示范园",这是 1996 年在赵亚夫的倡导下兴建的。当时赵亚夫感到,靠走村串户、一家一户地搞科技推广效率不高,首先是农业科技人员人手不够,再有,农民急需帮助时,农技人员不知在哪个村子正忙着,不能及时赶到,光靠一个一个地树立典型来带动周边太慢了,应该建立农业示范园。经过近十年的发展,"万山红遍农业科技示范园"已经成为现代化的农业科技企业园区,它的宗旨是:"做给农民看,带着农民干,帮着农民销,实现农民富。"还有句赵亚夫的名言——"将失败留给园区,将成功教给农民"。园内种植瓜果菜粮优良品种,示范园的大门天天对农民免费敞开,可随便进园看,随处跟着学,随手跟着干。在这片园区中,赵亚夫培养出了纪雪宝、王柏生、杨修林等一大批市、省乃至全国劳模,园区"示范"作用辐射到 1500 亩土地上的 5000 多个农民。

创新丘陵山区开发新思路

赵亚夫进行的第二次探索是:创新丘陵山区开发思路,调整农业结构。他因地制宜,带领农民们走出了种植果树、蔬菜等现代农业的新路子。句容 10 个镇有 6 个是全丘陵地区,近 3/4 的农业人口分布在山区。连绵起伏的荒岭如同一道道坎，阻断了当地百姓的致富路。赵亚夫引进推广了日本砂梨、水蜜桃、无花果、甜柿等新品种和蔬菜、花卉品种制种技术。

2005 年在赵亚夫的指导下，黄梅镇王巧娣种起了桃子。种下桃树苗后一个月，有一片桃树始终没有发芽。赵亚夫闻讯赶来，二话没说直奔那片桃树苗，跪在地上，扒出底部的泥土，仔细检查原因。赵亚夫趴在地上捧着泥土的情景，王巧娣至今难忘。"赵主任风里来雨里去，帮我们赚钱，却从不要我们一分钱……"因为激动，王巧娣声音略微发颤，"赵主任比我们的亲人还亲！"

桃树长到 3 厘米粗，漫山的桃树结蕾开花了。按生长规律，此时桃树正处于一个重要时期，如果管理不好，将直接影响桃树今后的品质和产量。然而，刚刚学种桃子的王巧娣，还不懂这个时期的重要性。一天晚上，劳累一天的王巧娣已经睡下了。朦胧中手机铃声响个不停，她一看号码，是赵主任打来的。难道有急事？"小王啊……"电话那头，传来赵主任亲切和蔼的声音。赵主任告诉她，"天气预报明后天有雨，桃子进入现蕾开花期了，但是，现在桃树还小，不能让它结果，赶在这雨前要把花蕾疏掉啊！"王巧娣说："都那么晚了，赵主任还惦记着我的桃树，打来电话反复叮嘱。赵主任这个人就是时时刻刻想着你！那次我真的很感动，特别感动……"王巧娣重复着她的感动。

改变贫困山区——戴庄

早在 2002 年赵亚夫就退休了，然而他退而不休，更令人意想不到的是，他竟然要到茅山老区最贫困的戴庄去进行他的第三次探索：改变贫困山区——戴庄。年过耳顺之年的赵亚夫，身穿夹克衫、牛仔裤，足踏耐克鞋，背着双肩包，与以往无数次下乡不一样的是多了些行李和生活用品。他要在戴庄扎下根。

戴庄村位于句容市最南端，属于茅山老区丘陵腹地，总面积 10.4 平方公里，耕地面积 7312 亩，866 户、2879 人，54% 的劳力外出谋生，在村务农劳力的平均年龄超过 50 岁。由于地势高，地形复杂，地块零散，农田水利工程建设难度大，传统农业效益很差。2003 年人均纯收入不足 3000 元，低于全市平均水平 22%，是远近闻名的经济薄弱村。但戴庄村生态环境优越，水质达 I 类标准，地处南京、常州、镇江三市交界，区位交通良好，具有得天独厚的发展有机农业的优势，如果试点成功，对广大经济薄弱的丘陵地区具有可复制、可推广的示范意义。

赵亚夫打算综合利用戴庄村的自然资源和环境资源，尊重自然规律，让人与自然和谐相处，把全村的山水田林湖草看作是一个生命共同体，按地貌类型进行适宜的生态农业布局，推广农牧结合的生态农业技术，发展有机农业，长年不断致力于培育生物多样性，修复已经受到破坏的农业生态系统。

赵亚夫认为，农业现代化首先要培养现代农民，而培养现代农民不能单纯靠"新农民"，更要带动"老农民"一同走入现代化。然而，戴庄村是出了名的"三多"村，文盲多、老人多、智障人多，务农劳力平均年龄为 55.3 岁，92.4% 的村民为小学、初中文化。赵亚夫说，只有实现老农民的现代化，才能真正实现全省现代化。但是他的第一场农技培训，并没有得到农民的认可，一上午只来了两个农民。

杜中志是戴庄村培养的有机农业第一人，当年他 51 岁，半文盲，第一个种了有机桃，亩纯收入达万元。他又第一个种了"越光"品种的有机稻，亩纯收入 2000 多元，在全村产生了很大影响，一批农户跟着动起来了。如今杜中志种有机水稻致富了，他干劲十足，被太阳晒得黝黑，"没想到我也'老来俏'，我们戴庄富了，全靠赵主任！"

戴庄村 68 岁的低保户张乃成妻子体弱多病，还有一个智障儿子，说起这几年的生活，他竖起了拇指："这几年日子轻松了不少，是赵主任带给我的。"张乃成指着房屋说，种了有机水稻后，每年能多收入 10000 多元钱。家里的土坯墙换成了砖瓦房，刚刚粉刷了墙壁；院子里也用水泥铺平了，可以晒小麦。老张说，逢年过节，赵主任还带领导来家里看望他，送来生活用品，现在儿子已经结婚，自己也算了却了一桩心事。"种好有机稻，多赚钱，为养老做好准备。"

"农村现代化中，只要有人帮他一把，条件再差的农民也能成为新型农民，都能步入现代化，成为懂市场、懂科技的新型农民。"赵亚夫始终坚信，弱势群体依然能搭上现代农业这班车，走上致富路。

戴庄村村民蓝涛靠养猪致富，蓝涛以前是村里的"种粮大户"，由于缺乏科学的种植知识，粮越打越少，日子越过越穷，房子是村里最破烂的。在赵亚夫的帮助下，蓝涛干起了养猪的生意，也离不开赵亚夫的"有机"。走进猪圈棚，没有闻到像普通猪圈里的异味，老蓝说，这是赵主任的"有机养殖法"，与一般猪圈不同，这里的猪圈铺的不是水泥地板，而是50厘米厚的由木屑、糠和益生菌组成的发酵床，猪会拱着吃发酵床里的东西，这样长大的猪，猪肉健康且肥而不腻。"有机养殖法"，是赵主任手把手教会的。

赵亚夫隔上几天就得过来看看，遇到梅雨天，就更不放心，他告诉蓝涛，湿度过大，要开窗通风，加些糠和木屑，勤翻动，降低湿度。发现有闹猪瘟的，赵亚夫就去买一麻袋大蒜，给蓝涛送过来，让他把大蒜剁碎，掺在垫料里，大蒜杀菌，是天然抗生素。蓝涛按照赵亚夫说的做了，他家养的猪更强壮，猪越养越肥，蓝涛的日子也越过越红火。

戴庄村村民彭玉和50岁那年，个人承包了50亩有机水蜜桃，还在桃园里套养了5000只鸡、200只鸭、500只鹅，年产值35万元左右。老彭说，自己能发财，多亏赵主任的"有机"。"当时，赵主任端个小茶杯往台上一站，就开始讲有机农业。那时候还不懂什么是'有机'，可赵主任说能赚钱，还说种桃树还能养鸡鹅，我觉得应该是好事儿，就想试试。"可老彭的妻子害怕了："别人帮我们赚钱，哪有这样的好事儿，说不准是个搞推销的。"彭玉和犹豫了。赵亚夫听说了，主动上门来承诺："一年如果赚不了1万，我赔给你钱。"彭玉和一拍大腿，搬着被褥就住进了桃园。

这一年，桃子卖到8元钱一斤，他赚了3万多元。看着一棵棵桃树就像摇钱树，彭玉和乐得合不拢嘴。"赵主任不让打农药，不让施化肥，所有的剪枝、防虫技术都是他手把手教我们。"彭玉和说，"每年都有浙江、宁波的固定客户直接来运货，后备厢装满了才走的。"说起当年的打算，老彭眯起眼睛慢慢说道："先买辆车，到年底开个农家乐。"

"农村现代化"的途径——走专业合作社道路

当赵亚夫尽情播撒农业智慧时，却发现，因为农户小面积分散经营，无法与大市场对接，即使种得好，却卖不掉，还是会影响农民的致富。于是，赵亚夫开始探索"农村现代化"的途径——成立有机农业经济合作社。他又开始"帮着农民销"，把农民组织起来，走农民专业合作社道路。赵亚夫带领

5位农民去日本考察农民专业合作社，句容县相继成立了葡萄、水蜜桃、茶叶等合作社，吸收了5000多家农户统一管理。

2005年，戴庄村种植有机稻、有机桃的农户达到100多户。当年冬季，戴庄村做了个入户问卷调查，552户受访农户中，49%

的农户表示愿意加入合作社。赵亚夫参考浙江省农业合作社章程，学习日本农协经验，起草了句容市天王镇戴庄有机农业合作社章程，到各自然村向村民宣讲并征求意见。"一亩有机水稻入一股，每股 300 元，分 3 年缴纳。入社后，我们只负责种水稻、灌溉，至于中间的管理到最后收割、加工、销售，全部由合作社完成，我们就坐在家里等着分红。"村民汤泰云介绍说，有了合作社，不仅村民种田负担轻了，而且可以有大量时间出去打工赚钱。2006年，戴庄村建立了江苏首家有机农业合作社，并投资建设了"越光"大米加工厂，从除尘、去稻壳到成品打包，整个生产流程都在工厂车间内完成。

2011 年，戴庄村有机农产品种植面积达 4000 多亩，农民人均纯收入达到 1.25 万元，是 2003 年的 4 倍。"农民需要什么，我就帮着做什么。"赵亚夫熬白了头，累弯了腰，但他依然每天拄着拐杖，坚持跑儿片稻田地，走几亩桃园……他说，只有这样心里才踏实。"做给农民看，带着农民干，帮着农民销，实现农民富。"作为一名农业科学家，赵亚夫一条农业路走到底。"农民最务实，推广新技术首先要做出样子，让农民见到效益。"

戴庄村民说"有他才算过年"

2014 年农历大年初一，赵亚夫特别高兴，常年在外的两个儿子带着孙子、孙女回来了，还要接他们老两口到城里的新房过年。与此同时，句容市天王镇戴庄村的 3 户农民盛情邀请他一起过个团圆年，到底去哪儿过年？赵亚夫犯了难，思考再三后，赵亚夫决定和往年一样，与戴庄村农民一起过年，他实在是割舍不下……

上午 9 点，赵亚夫就来到戴庄村，一下车，一个面容清秀的小伙子便迎了上来。他叫汪厚俊，两年前大学毕业后回乡创业，成立了"厚俊家庭农场"，被省人社厅评为"江苏省优秀大学生创业项目"。"赵主任，快里边请！我们还以为你今年不来了呢。"见到赵亚夫，汪厚俊的父亲汪启热情地请他到屋里坐，"有你在才算过年。"作为戴庄村有机农业合作社的顾问，赵亚夫手把手地指导汪厚俊开辟了 50 亩柿林与核桃林。2013 年，汪厚俊还搞起了立体农业，利用果林的天然生态优势放养了 4000 多只赵亚夫培育的"苏禽鸡"，1000 多只鹅，100 多只羊，年产值 100 多万，纯收入 30 万，吸纳 165 人就业，带动周边 60 余户村民共同发家致富。

汪厚俊的母亲准备了一大桌子菜，还叫来了几个亲戚作陪。见赵亚夫喜欢吃青菜烧豆腐，汪厚俊索性把菜端到他面前，趁夹菜的时候，向赵亚夫请教问题。亲戚们见了，也纷纷给赵亚夫夹菜，想"趁机"提问，但又怕打扰他吃饭，好几个人刚想张嘴说话，又硬生生地扒拉口米饭把话咽了下去。饭后，赵亚夫把汪厚俊拉到身边，嘱咐他："无论是大学生村官，还是普通大学生，都应该热爱基层、扎根基层，让农民受益，让青春无悔。"

从汪厚俊家出来，已是中午 12 点多了。赵亚夫来到养猪大户蓝涛家里，碰巧蓝涛正和亲戚吃饭。见到赵亚夫，蓝涛赶忙做起了汇报："去年一年就出栏了 70 多头肥猪，我整整赚了 8 万块！"蓝涛端过红烧肉请赵亚夫品尝，"赵主任，这是您引进的黑猪肉，城里要卖到 30 块钱一斤。"蓝涛养的猪与其他养猪户不同，是赵亚夫引进的家猪与野猪的杂交品种。当初建设养猪大棚时，是合作社和农户各出一半资金建起来的，赵主任作为合作社顾问，专门带着蓝涛他们到丹阳学习有机养殖模式，发酵床就是那时候学来的。赵亚夫带动蓝涛养猪致富，蓝涛打心眼儿里感激赵主任。回想着赵亚夫为自家养殖付出的心血，老蓝激动起来："论级别，赵主任是副厅级领导干部；论资历，他早已是科技专家中的'当红明星'；论年龄，已经年过古稀，而且患有慢性病。可是赵主任都亲自来手把手教养殖，没有一点官架子。"

听说赵亚夫还要试验养殖四季种鹅，蓝涛自告奋勇，主动提出帮赵主任试验养殖 600 只种鹅。"赵主任为我们付出了那么多，可我没有什么能回报的，我希望这次能帮到赵主任，就是吃再多的苦，我也愿意干。"

虽然已经吃过午饭，但乡亲们见到赵亚夫来了，还是纷纷热情地敬酒。"这酒表达的是尊敬之意，更是感恩之情，没有赵主任，就没有我们戴庄村的今天。"

下午 4 点，赵亚夫刚准备回去，种植大户余才安已经拎着大包小包的年货，来给赵亚夫拜年。对戴庄村的人来说，余才安不是一般的农民，早年他在城里开玩具厂，也是村里人眼中显赫一时的"大老板"，可近两年玩具市场不景气，生意越来越难做。听说村里来了个赵亚夫，变着法让村民从田里"捞钱"，余才安也动了心思，放弃了城里的生意，在赵亚夫的帮助下，回乡种起了有机桃树。

"有机桃树的品种是我们孕育出来的，但推广还得靠老乡，看到桃子加工成了新产品，我心里甜！"赵亚夫把余才安拉进屋子里，泡上一壶热茶，拉起了家常。农民与专家鱼水情，聊的全是收获的喜庆事儿。农家新年的喜庆全靠一年的好收成，戴庄村农家年味的香甜离不开赵亚夫，离不开他十几年如一日的辛苦付出。大年初一，赵亚夫放弃和家人团聚的机会，跑到戴庄，和乡亲唠家常、讲技术，这是赵亚夫最开心的事，村里的农民说："有他才算过年。"

丘陵山区学习复制"戴庄模式"

戴庄村及其周边，已有 8000 多亩农林用地采用了生态农业新技术，其中生态林 4000 亩、有机水稻 3000 亩、有机果树 1000 多亩、有机茶叶 100 亩、有机蔬菜 100 亩。这里鸟语花香，水质清澈，达到 I 类标准，天空鹰类飞翔，林间野猪、蟒蛇出没，近年还发现了猴子、娃娃鱼。稻田里能找到 127 种各类动物，比邻村高出 6.4 倍，连续十年不用农药化肥，畜禽粪便就地循环利用，全面治理了农业面源污染。生产的有机大米每亩纯收入 2500 元，高于常规栽培4—5倍，其中农户得2000元，合作社留公积金500元。种有机果树、蔬菜亩纯收入5000元—4万元。鸡、鹅每只100元以上，羊每头800元，猪每头1500元。2017年实现人均纯收入2.5万元，比2003年高出7倍多，原来低于句容全市平均22%，现在已经高出25%。

2005年至2017年，戴庄村集体经济收入从负债80万元，到每年收入200多万元（含公积金），集体固定资产已达1000万元，成为远近闻名的富裕村。同时，一、二、三产业融合发展，农民增收和集体经济进一步发展的后劲越来越大。"戴庄模式"在江苏大地广泛推广，如今，全国类似苏南的丘陵山区，也在学习复制运用"戴庄模式"改变贫困面貌，已经见到成效。

"万山红遍"在蜀乡绽放

2008年汶川地震，年近七旬的赵亚夫主动请缨，参加支援灾后重建工作，帮助灾区人民发展高效农业，积极生产自救。他担任江苏对口支援四川绵竹灾区高效农业示范园技术总顾问。

赵亚夫先后18次奔赴绵竹，走遍了绵竹的山山水水，反复考察，最后选定了九龙镇清泉村，这里山清水秀，周边没有工业，无污染源，交通比较便利，距绵阳、德阳、成都仅一个多小时。清泉村背靠龙门山自然生态旅游区，有国家地质公园、云湖国家森林公园等风景名胜区5处，将来可以把农业旅游与自然风光旅游相融合。这里的农民还有种梨树、桃树、枇杷、牡丹等经济作物的传统，建园的宗旨还是"做给农民看，带着农民干、帮着农民销，实现农民富"。园区建成后，成为东部支援西部的成功案例，得到了"要想四川富，留住赵亚夫"的赞誉。他帮助了上百万农民脱贫致富，却坚持不收指导费用、不搞技术入股、不当技术顾问的"三不"原则，从没收过农民一分钱，生动诠释了共产党人清正廉洁的政治本色。"要致富，找亚夫"的说法在四川也广为流传。

赵亚夫在四川遇到了一次交通事故，腰部受了重伤，只能躺在床上，当时正是灾区调配种子的时节，赵亚夫挣扎着起来，一手拄着拐杖，一手扶着受伤的腰，吃力地调配种子，实在支撑不住了，就歇一会儿，然后继续调配。身负重伤的赵亚夫如此地付出，灾区百姓感动得流下了泪水。赵亚夫信心十足地说："只要帮一把，条件再差的农民也能成为新型农民。"

他无私坦荡如泥土一般的本色

赵亚夫在科研院所长期担任领导，主持、经手的科研经费以千万计，却从未谋取过一分私利。他常常告诫自己，不该拿的一分都不能拿，不该争的一分都不能争，要做一个光明磊落、无私坦荡的人。在担任农科所所长时，组织上给他改善住房标准，让他住进联栋小楼，他主动让给了一位新中国成立之初参加工作的退休老专家，自己则住进一般科技人员的住宅楼。

妻子黄宝华也在农科所从事畜禽研究，每天扫猪圈、放鹅，工作很辛苦，有同事跟她讲："你腰也不好，让所长给换个工作吧！"她回答说："他这个人是绝对不会这样干的。"在一次办公会议上，有位同志也提这个问题，被赵亚夫当场拒绝。他没有利用手中权力照顾妻子和家庭，却想方设法帮助了不少科技人员和农场工人，为他们的子女找工作、上学校，为分居夫妻办理调动，等等。几十年来，赵亚夫就是这样坦坦荡荡地走过，心中没有任何挂碍，内心总是充满感激、快乐和欣慰。没有什么境界比心底无私更为坦荡。

一年365天，他有300多天都在农村，妻子有时会"抱怨""我这辈子爱上了一个不回家的人"。

在他的手机上，存了100多个农民的手机号码，村民都知道，赵亚夫的手机是"110"，是24小时"服务热线"……

赵亚夫年事已高，因常年劳作积劳成疾，腰椎间盘突出很严重，虽然腰椎间盘突出是常见病，可是疼起来真要命，腰疼牵连腿走不了路。他可以忍受疼，但不能走路，到不了田间地头，是他不能忍受的。村民杜仲志至今还记得那一幕："瓢泼大雨，刚刚做完手术的赵主任拄着拐杖一步一步地'挪向'桃园，跪在地上，连溅到他脸上的泥巴都顾不上擦，就用手直接扒出埯口底部残剩的泥土，查看树的根部……"当地的村民怕下雨，一下雨就揪心，因为赵亚夫无论刮风下雨都会来，风雨无阻，村民真的心疼他。赵亚夫却说："就是下锥子我也得来呀！"赵亚夫心廉身洁，从不收农民一分钱，不拿一个果子、一袋米、一两茶回家，甚至一只老母鸡，他都死活不肯收。

作为农业科学家，赵亚夫没有出过"大部头"著作，然而，他为农民编写的通俗易懂的科普读物却超过百万字。他每年免费为农民上辅导课100多次，累计培训农民达30万人次。他先后24次到日本学习先进技术，引进示范100多项新技术，推广运用科研成果30多项，多次带领农民和科技人员去国外学习先进农业技术，手把手培养出10多名全国、省、市劳模，组建了省内一流的农业科技服务团队。一个个品种被引进、消化、转化，一个个难题被攻克、破解，老区农民的增收渠道越来越宽。他把近百项农业科研成果教给农民，在丘陵山区推广种植了180万亩的应时果品，给农民带来了30多亿元的收益。

赵亚夫还与时俱进学起了农业经营管理和市场营销，他到南京推销"越光"有机大米，到超市叫卖水果，提出了农产品"理解式销售"的方法与路子，帮助建起了农民特产信息销售网站。在他的帮助下，发展起来的百万元户、50万元户、10万元户不计其数。"要致富，找亚夫，找到亚夫准能富"在苏南大地、茅山老区广为流传。

2016年7月22日，镇江市政协"弘扬价值观、践行当模范"主题活动提出"弘扬亚夫精神"。座谈中，委员们表达了对亚夫精神由衷的赞美和崇敬。赵亚夫获得的荣誉无数，可他却轻描淡写地说："都在档案里"，在赵亚夫的心中，只有"农民"，没有"荣誉"。其实，他的荣誉早已挂满了茅山老区的果园，清清楚楚地写在苏南大地田野上，更牢牢地记在广大农民的心坎里。

痛失左膀右臂——果树栽培专家糜林

故事说到这里，不得不说一个人——果树栽培专家糜林。糜林是赵亚夫的得意门生，也是最得力的左膀右臂，他从年轻时就跟在赵亚夫身边，陪同赵亚夫跑遍苏南贫困山区，潜心钻研果树栽培技术。赵亚夫退休后，一心扑到戴庄，决心要带领戴庄脱贫致富奔小康，果树栽培的担子糜林挑了大头。这些年，为了让老百姓过上好日子，哪里穷，糜林就往哪里跑，就把果树栽培技术传到哪里。贵州沿河县、新疆克州、重庆万州等几个极度贫困县都留下了他的足迹。

贵州沿河县是全国极度贫困县，也是江苏省对口帮扶县，2019 年 8 月，赵亚夫和糜林一行来到沿河县进行实地考察。他们冒着高温，爬山、上坡、下坡，3 天时间，跑了 17 个自然村，最后到达海拔 1100 米的高峰村时，年事已高的赵亚夫上气不接下气。望着师父的样子，糜林很是心痛，他哭着说："这个地区山高沟壑，穷得很，靠我们这么跑是解决不了问题的。"于是大家坐在山梁上面，协商沿河脱贫的方案。最后大家一致认为，要在全县推广江苏省张家港善港村与高峰村"你中有我，我中有你"的扶贫方式，并决定花力气把全县的致富带头人组织起来，领到善港去学习。之后的 3 天，糜林一面让当地尽快召集致富带头人，一面又陪同赵亚夫在高峰的产业园手把手教农民剪枝。三天三夜他们只睡了不足 10 小时，为高峰村脱贫指出了方向和措施。第 4 天，他们便领着 50 名沿河县第一批致富带头人前往善港村致富带头人培训学院上课，并和大家同吃同住。后来他们还将大家集中到江苏茅山老区进行实践教学，手把手教他们果树栽培技术。不到一年，糜林为沿河培训了 1500 名致富带头人。

如今沿河县脱贫了，大伙儿想把这个消息告诉糜林时，电话那头却传来了糜林女儿糜蓉的声音："我父亲今年 2 月 18 日去世了。"话音刚落，电话另一头传来了哭声……江苏镇江农科院果树栽培专家糜林教授，于 2020 年 2 月 18 日晚，因积劳成疾，倒在脱贫攻坚一线，生命定格在 57 岁。这 57 年，他至少有 33 年是泡在田野里的。

有个叫窦永敏的种梨大户得了肝病，辗转于南京、上海等地，花了 4 个多月的时间，换了肝才把病治好。在这 4 个多月的时间里，他家的 30 亩梨园从种植到养护都是糜林帮忙打理。他出院以后，糜林也一直坚持为他打理梨园。而现在，老窦的身体渐渐好了，糜林却因肝病去世了。

一阵阵撕心裂肺的哭喊声，划破了静静的夜空，江苏省茅山老区的乡亲们纷纷穿衣起床，他们要去殡仪馆送恩人一程。然而，疫情挡住了去路，乡亲们只能按照规定，分批次把准备好的花圈间隔摆放在通往殡仪馆的小路上，一个个流着泪返回村口。弯弯曲曲的花圈排成了长龙，绵延好几公里，一眼望不到头……

已近80高龄的赵亚夫，步履蹒跚地来到糜林墓前，轻轻放下一束菊花："糜林一辈子跟着我搞果树栽培，他是全世界最会种梨的专家，他的徒弟是全中国薄壳山核桃种得最好的农民……"赵亚夫老泪纵横，泣不成声。他无比惋惜地说："糜林在的时候，我没有特别关注他，以为他什么事情都能做到最好，果树栽培他才是专家，他突然走了，我的心空落落的……"

他用心血浇灌苏南大地、茅山老区

2020年12月31日，由江苏省供销合作总社组织举办的"时代楷模"赵亚夫系列有机农产品推介会在南京举行。对于怎么"种菜""卖菜"，八旬的赵亚夫有一箩筐的话。在现场可以看到，大米、草莓、老鹅、红薯等一系列农产品得到了苏果超市、盒马等采购商的认可。赵亚夫指着展位上的有机大米说："我们采用了新技术，水稻已14年大面积不用化肥农药，目前已经把不用农药化肥的有机'越光'水稻亩产量提高到了1100斤，去年的有机'越光'大米的销售终端价格已经大幅下降。今年大面积推广新技术以后，估计价格可以下降到每斤10元左右，有机南粳46大米有可能降到6元左右。"

赵亚夫已是耄耋老人了，他用一辈子的心血浇灌苏南大地和茅山老区的土地。无论在什么工作岗位，无论担任什么职务，他始终心系"三农"，常年奔波在田间地头。赵亚夫始终把农民当亲人，把老区农民致富作为毕生的追求。他常说："没有什么本色，比乡村泥土更加厚实。我将继续在破解'三农'问题的道路上探索前行，努力培养现代新型农民，尽快实现农业基本现代化，实现共同的梦想。"如今在江苏大地、茅山老区，赵亚夫的名字早已深入人心。究竟是什么样的力量，让他半个多世纪的岁月如一日？他用一双扎根田地的脚，一颗紧贴农民的心，一个"让农民收获满屋财富"的梦想，诠释着自己的人生选择。

（作者：郑晋鸣，系光明日报高级记者）

（原载于《为新时代塑像》光明日版出版社 2020 年版）

第二辑

一般仁心术，点燃红尘春

江永红 | 作者

信心，从新中国防疫史中来

——写在全国人民抗击新冠肺炎疫情之际

在全国人民众志成城抗击新冠肺炎疫情之际，回顾历史无疑能使我们树立信心。著名报告文学作家江永红用新中国防疫抗疫的生动实践告诉我们：尽管遇到过各种挫折，但是在所有的传统传染病面前，中国还没有打过败仗，这得益于党和政府对防疫工作的高度重视，得益于全国同力、全民同心、全系统联动的社会主义制度的优势，而我国不断发展的医学科学水平，也增强了我们打赢这场疫情防控阻击战的底气和力量。

小小口罩立下大功

一个陌生的瘟神，引发肺炎的新冠病毒还在中国游荡，疫情防控激战正酣，口罩成为这一特殊时段的一道"风景"。

从眼前的口罩一下想到了一百多年前的口罩。1911年1月，在东北哈尔滨，从前一年年底开始暴发的鼠疫势头正劲。在这次防疫战中，出现了一个在中国防疫史上著名的"赌局"，"赌"啥？要不要戴口罩。一方为清廷任命的东北防治鼠疫总医官、天津陆军军医学堂的副监督（副校长）伍连德博士，他坚持医务人员和疫区人民一定要戴口罩；另一方为法国名医、天津陆军军医学堂监督（校长）兼首席教授梅斯尼，他坚决反对戴口罩。怎么回事呢？

原来，在疫情最严重的哈尔滨，伍连德通过流行病学调查和尸体解剖，发现此次流行的是一种有别于传统腺鼠疫的新型肺鼠疫，人传人的特点非常鲜明，因此他制订了包括隔离、消毒、入户登记、病人集中收治、尸体火化、人人戴口罩等在内的防疫措施。然而，戴口罩这一条遭到几个大权威的反对，反对的理论根据是鼠疫只有鼠传人，没有人传人，戴口罩是多此一举。这个理论是被誉为细菌学鼻祖的日本人北里柴三郎等提出的，是上了教科书的，而伍连德发现的人传人的肺鼠疫，书上没有。于是梅斯尼与伍连德"打赌"，为了证明其观点正确，他坚决不戴口罩，结果一天之后他就被感染上人传人的肺鼠疫，6天之后就不治身亡了。他因为自己的固执"赌"掉了生命，同时也用生命证明了伍连德的正确。他的死让伍连德的防疫措施得以顺利实行。

伍连德亲自设计了加厚口罩，并开设一家口罩厂，免费给民众发放口罩。在综合治理下，哈尔滨鼠疫疫情于3月1日扑灭，仅用了67天。哈尔滨鼠疫防疫战是中国现代医学意义上的防疫第一战，创造了中国乃至世界防疫史上的奇迹。创造这个奇迹的措施中有两项在当时是革命性的，一个是尸体火化，是中国历史上第一次集体火化（此前有个体）；一个是戴口罩，疫区全民戴口罩是破天荒的（此前只有教会医院的医护人员戴）。这次防疫战的胜利，让国人第一次见识了科学防疫的巨大威力。很多人未曾想到，一个小小的口罩，居然在战胜鼠疫中立下大大的功劳。在这个意义上说，口罩是中国开创科学防疫历史新阶段的见证者，是战胜瘟疫的"钟馗"，相信在今天也一定能给人民带来福音。

在防疫上，新中国没有打过败仗

据史书记载，一次大疫，死者少则数万，多则上千万甚至上亿。"温气疫疠，千户灭门"（王充《论衡·命义》）；"疠气流行，家家有僵尸之痛，室室有号泣之哀。或阖门而殪，或覆族而丧"（曹植《说疫气》）。直到新中国成立之初，传染病仍然肆行无忌，危害甚烈。在1950年9月政务院第四十九次政务会议上，时任卫生部部长李德全报告说："全国人口的发病数累计每年约1.4亿人，死亡率30‰以上，其中半数以上是死于可以预防的传染病上，如鼠疫、霍乱、麻疹、天花、伤寒、痢疾、斑疹伤寒、回归热等危害最大的疾病，而黑热病、日本住血吸虫病、疟疾、麻风、性病等也大大侵害着人民的健康。"这么多传染病，难以一一细说，只说全国流行最普遍的"年年发生，月月出现"的天花，每年就夺走数万甚至数十万人的生命。据1950年湖南省岳阳市的调查，患天花的人占总人数的 13.6%。而我国少数民族的情形更加严重，据云南西盟佤族自治县的调查，新中国成立前出生的族民中竟有近半数是麻子。全国麻子知多少？没有统计，超过千万是毫无疑问的。

然而，人们发现：不知从哪一年开始，中国就再没有人变"麻"了，几乎见不到因患小儿麻痹症而变成的瘸子了，还有许多让人闻之丧胆的烈性传染病也难得听说了。是的！新中国成立后，我国通过免疫手段实现了消灭天花，消除脊髓灰质炎，基本消灭了鼠疫、霍乱，有效控制了其他传染病的发病率。据国家卫健委权威发布：1978 年至 2014 年，全国麻疹、百日咳、白喉、脊髓灰质炎、结核、破伤风等主要传染病的发病率和死亡率降幅达 99% 以上。

有必要特别指出的是：我国消灭天花的时间点是 1961 年，而世界卫生组织宣布全球消灭天花是在 1979 年，我国整整提前了 18 年。我国从 1994 年始再无本土脊髓灰质炎病例，比世卫组织预定的 2000 年消除脊灰的目标提前了 6 年。

经过数十年的努力，我国已构筑起一条以疫苗为主的微生物"长城"。对已知的传统传染病而言，它既能抵御急性传染病的进攻，又可防止慢性传染病的侵蚀。慢性传染病乙肝曾经悄悄地让我国 6.9 亿人感染，每年因之死亡约 27 万人，我国因而被人称为"乙肝大国"。但是自 1992 年接种乙肝疫苗以来，已使全国约 9000 万人免受乙肝病毒的感染，5 岁以下儿童乙肝病毒携带率从 9.7%

降至 2014 年的 0.3%，儿童乙肝表面抗原携带者减少了 3000 万人。2012 年 5 月，世卫组织证实我国实现了将 5 岁以下儿童慢性乙肝病毒感染率降至 2% 以下的目标。"乙肝大国"帽子被摘掉了。

计划免疫是我国的发明。有计划的疫苗接种使我国人民的健康水平有了明显提高，居民平均预期寿命由新中国成立初期不到 35 岁提高到 2018 年的 77 岁。平均寿命是由综合因素决定的，但对传染病的控制无疑是权重最大的因素之一。

新中国防疫史表明，尽管遇到过各种挫折，但是在所有的传统传染病面前，中国还没有打过败仗。我国已经控制或消灭了传统传染病，也有能力战胜新的传染病，17 年前我们战胜了 SARS 即为明证。

社会主义制度是我们战胜疫情的最大优势

睁眼看一看：世界上还有哪个国家像中国这样，一方有疫情，八方来支援。此次武汉新冠肺炎疫情暴发后，全国各地、各行各业的支援可谓山海不可状其大，且不说所需物资要啥给啥，仅说医疗队员，第一批增援的就有近 7000 名，接着又有第二批、第三批……总数已超 2 万名。在决战阶段，全国对湖北的支援采取一省包一市的形式，这是一个发明，是世界防疫史上找不到的。

再看：世界上还有哪个国家能像中国这样，一声令下，军队就冲上防疫第一线？ 2003 年战非典，人民军队出动 1000 名医务人员，承包了北京小汤山医院。17年后的今天，人民军队出动4000余名医务人员，接管了武汉火神山医院。

这些，在全球都是独一无二的，只能出现在社会主义制度下的中国。武汉新冠肺炎疫情一出现，习近平总书记就在大年初一主持召开政治局常委会会议研究部署疫情防控工作，要求各级党委和政府必须按照党中央决策部署，全面动员，全面部署，全面加强工作，把人民群众生命安全和身体健康放在第一位，把疫情防控工作作为当前最重要的工作来抓。党中央的决策变成全党、全军和全国人民的行动。像这样集中统一指挥防疫是党的好传统。一部新中国的防疫史昭示我们，社会主义制度是我们战胜疫情的最大优势。

1949年10月，新中国成立伊始，就遇到察哈尔鼠疫疫情。接报当日，毛泽东主席亲自给苏联斯大林发电报求援，责成政务院总理周恩来连夜开会，成立了中央防疫委员会，由副总理董必武任主任委员，统一指挥此次防疫战。中央防疫委员会令东北人民政府将全东北的防疫队伍全部开到察哈尔，令长春、大连、北京天坛三个生物制品研究所赶制鼠疫疫苗，令北京市、天津市组织医疗队前往察哈尔，令人民解放军封锁疫区，总之是党政军民学、东西南北中统一行动，结果只用一个月零几天便扑灭了此次鼠疫，仅死亡75人。连共和国的敌人也不得不承认，共产党在防疫上有一套行之有效的办法。这是为人民服务的宗旨所决定的，是社会主义制度的性质使然。

鼠疫、霍乱等烈性传染病可不是第一次光顾中国。

1917 至 1918 年初，晋绥暴发鼠疫，绥远地方官员竟煽动愚民杀害北京来的防疫队员，大名鼎鼎的伍连德博士也险些葬身火海；而山西军阀阎锡山更绝，根本不让中央政府派来的防疫队跨进一步。这次鼠疫历时半年，最后是自然消亡的，死了 1.6 万余人。

1920 年 10 月，东北再次发生鼠疫，并蔓延至河北、山东两省，虽然伍连德等防疫专家作出了巨大贡献，中央防疫处的专家俞树棻甚至献出了生命，但由于社会制度不给力，疫情仍然无法控制，最后流行了 7 个月，死亡 9300 余人。

新中国防疫体系的建立与毛泽东主席有直接关系。在察哈尔鼠疫被扑灭后，他对卫生防疫工作薄弱的状况忧心如焚，指示中央人民政府卫生部必须大力加强卫生防疫工作的组织和领导，于是"预防为主"被作为卫生工作的方针之一，从 1950 年开始在全国各城市大力推广免费接种卡介苗和免费种痘。1951 年召开的全国第一届卫生防疫工作会议，提出卫生防疫工作要以危害人民最大的鼠疫、霍乱、天花等 19 种传染病为重点，并制定了对上述传染病的防治方案和《法定传染病管理条例草案》以及若干防疫工作具体办法。鉴于有些省、县的党政领导干部只把不饿死人当作是政府的责任，而对因不讲卫生而病死人的情况重视不够，认为这是不可避免的"天灾"这个带倾向性的问题，毛泽东为中共中央起草了"九·九指示"，严厉批评这种倾向，要求"今后必须把卫生、防疫和一般医疗工作看作一项重大的政治任务，极力发展这项工作"。在毛主席和党中央的高度重视和督促下，在国家百废待兴、财政极其困难的情况下，1953年国家拨巨款先后新成立或完善了专门研究疫苗等防疫制品的北京、长春、兰州、成都、武汉、上海等六大生物制品研究所和检定所，并在县以上行政单位建立了专事预防疾病的防疫站（疾控中心前身），以后又在有地方性流行病的省、市、县建立了专门的防治站和专科医院，如南方的血吸虫防治站等，从此我国的防疫工作走上了正规化、制度化轨道。

防疫是一个公共卫生问题，是一门科学，但从来不是一个纯科学问题，它是科学，更是政治。性质不同的政权，在疫情面前，可能说的话都是不错的，但实际做法和结果是迥异的。远的不说，只说被一些"民国粉"怀念不已的民国时期。1930年上海发生霍乱，许多市民得病而死，而各个卫生衙门之间为经费相互扯皮，从春天一直扯到6月，致使市民得不到预防和救治。南京政府的卫生部长不得不亲自来上海开会协调，议定了"免费注射疫苗"等三项措施，可最后"卒以筹设不及未能实现，良可惜也"（见《上海市霍乱流行之报告》，载《卫生月刊》1930年第三卷第11期）。1932年的长江流域霍乱流行的防治，是在媒体上大肆渲染的重大新闻，蒋介石都亲自出马了，结果仅在武汉、南京清理了尸体、注射了疫苗，最后还是死了约50万人。

要控制和消灭一个传染病，仅靠一个地方、一个部门是力不从心的，全国同力、全民同心、全系统联动才能达到目的。

这充分显示了社会主义制度的优势。我国战胜传染病，都是集中力量打歼灭战的结果。被排位头号传染病的鼠疫，在我国从肆行无忌到只有偶尔零星病例发生，驯服这个瘟神的办法，除了接种疫苗等医学措施之外，立功最大的当数"灭源拔根"，就是在疫源地灭鼠。传染媒介没有了，鼠疫就没有了。这项工作是老百姓做的。而要老百姓行动，只有共产党和社会主义制度才有如此强的动员力。

麻疹到20世纪90年代几乎销声匿迹，但进入21世纪后，全世界包括欧美都出现了麻疹"返潮"，我国也连续几年出现上升，于是政府果断采取措施。2010年9月11日至20日，全国统一开展了一次以8月龄至14周岁儿童为主要接种对象的强化免疫活动，10天之内接种儿童1亿人，有效打退了麻疹的"返潮"。这么短的时间，这么大的范围，接种这么多的儿童，是世界防疫史上的首次，是只有中国才能做到的。

我国最后一名脊髓灰质炎患者1994年9月出现在湖北省襄阳县，从此再无本土野病毒感染脊灰的病例，标志着我国已消除了脊灰这一危害甚烈的传染病。2011年8月，输入性脊灰疫情突然降临我国新疆维吾尔自治区的和田地区。虽然只感染了一个人，但国家立即作出反应，决定在全疆进行突击免疫，中国生物利用军机将1000万人份的脊灰疫苗送到新疆的6个机场，当地疾控中心接着用冷藏车送到接种点，展开接种，把这次输入性疫情扑灭在萌芽状态。

这些事例都表明，制度优势不是吹的，而是实实在在摆在这儿。

中国医学科学家值得信赖

疫情的扑灭，传染病的消灭，说到底还得靠科学的手段。在疫苗出现之前，对付疫情的办法主要是隔离、切断传染源，在中国还有中医的汤药调理，这些传统的手段到今天仍然是不可或缺的。因为许多传染病特别是病毒性的传染病至今还无药可治，所以最终战胜疫病的武器不是医疗而是疫苗（类毒素、抗毒素、血清等与疫苗作用相同，为叙述方便，统称之）。

虽然中国是古典疫苗的故乡，早在北宋真宗时期中国就有了种痘术，但在现代疫苗的研制上，我国落后了。直到1919年北洋政府成立中央防疫处，才有了第一个疫苗研发生产机构。从新中国成立到改革开放前，我国的疫苗生产总体上还处在跟踪仿制阶段。由于科研条件的严重落后和帝国主义的严密封锁，连起码的仪器、试剂等都无从得到，当年的仿制甚至比今天的创新还要难。好在国家通过日内瓦转口，为各生研所订阅了欧美的科技杂志，这迟到几个月的杂志成为了解世界科技信息的重要窗口。充分利用这迟来的信息，我国疫苗科学家和工程师们自力更生，奋起直追，使疫苗的数量从10余种增加到40多种，基本满足了国家防疫的需要。国外有什么疫苗，中国很快就有了这种疫苗；国外有什么新技术，中国很快就学到了，而且在学习中有创新，在跟踪中有超越。比如，第一个发现麻疹病毒的是美国人，但中国的麻疹病毒是中国人自己分离出来的，虽然发现的时间比美国晚了3到4年，但生产麻疹疫苗采用的是当时世界上最先进的组织培养法，疫苗的质量世界领先。即使是在"文革"时期，我国在20世纪70年代新研制出来的A型流脑荚膜多糖疫苗、组分狂犬病疫苗，是新型的亚单位疫苗，处于世界先进行列，狂犬病疫苗被世界狂犬病大会誉为"无与伦比"。改革开放后，随着科研条件和环境的极大改善，我国的疫苗研发和生产已经从跟踪仿制阶段进入到并跑和部分领跑的新阶段，跻身于世界"第一方阵"。疫苗数量多，品种全，可以说世界上有的，中国基本上都有。说基本上，是因为极个别品种暂时还没有，但也有我们有而别人没有的。我国的疫苗有领跑世界的，如中国生物李秀玲团队研发的预防手足口病的EV71肠道病毒疫苗，就是只有中国儿童才有的福祉；有与世界先进水平并跑的，如轮状病毒疫苗，是与美国同时上市的；还有不少疫苗虽然不是最早诞生在中国，却是世界公认的最好的疫苗，如地鼠肾乙脑活疫苗，出口量占产量的三分之二。目前我国已走出了一条自主创新与引进技术、合作研发相结合的路子，如基因工程重组酵母乙肝疫苗生产线就是从美国默克公司引进的。

我国消灭和控制传染病的武器几乎全部是国产疫苗。中国疫苗与国外相比，各有千秋，但国产疫苗具有鲜明的中国特色。

首先，生产所用的毒株——疫苗株绝大多数是在本土分离和培育出来的，因而更适合中国人的体质，接种效果更好。如生产预防天花的痘苗，用的我国科学家齐长庆分离出来的"天坛株"，在世界上免疫力是最好的，副作用是最小的。再如世界上最好的地鼠肾乙脑疫苗，野毒株 SA14 是老一代微生物学家汪美先从蚊子幼虫中分离出来的，李河民、俞永新将其培育为疫苗株 SA14-2 用于生产。

其次，我国疫苗的检定标准是世界上最高的。乍听这话，有的人也许会感到惊诧，但事实的确如此。著名疫苗科学家赵铠院士说："我国疫苗标准很高，质量水平与欧盟接轨。在安全性和有效性检测项目方面，我国一些疫苗标准甚至高于欧盟。"我国的 EV71 疫苗每剂的杂质只有 10 皮克，这个标准是没有第二家能达到的。其研制者李秀玲自信地说：即使有人仿制我的疫苗，也仿制不出我的标准。

再次，中国疫苗的第一个受试者是研制者本人。这是中国与外国一个最大的区别。中国的每一种疫苗在进入临床研究之前，首先要在研制者甚至其家人的身上试用，证明安全之后再给其他人用。这在其他国家是没有的，充分体现了中国疫苗科学家的献身精神。顾方舟首先让自己的孩子试服脊灰疫苗，感动了千万人。但在生物制品行业看来，这不足为奇，因为大家都是这么做的。

上述三个特色充分体现中国疫苗科学家的科技水平和献身精神。这是一支闷头打胜仗的队伍，从不张扬，不声不响地把一个个瘟神收进了"魔瓶"。这是一支值得信赖、能带给人信心的队伍。

这些科学家虽然不会给个体患者看病，但他们是古人所说的"上医"，是为大家甚至是为全人类开处方的，一个疫苗就可控制直至消灭一种传染病。

研制疫苗的第一步是分离病毒。在新中国，每当疫情出现时，防疫和疫苗科学家总是与医疗队伍一起冲在前头，以图用最快的速度找到病原体，分离出病毒或细菌。要知道，这是一项充满危险又极其复杂的工作。在防疫史上，几十年甚至上百年找不到病原体的情况并不罕见。比如，流行性出血热开始出现在 20 世纪 30 年代，但一直到 80 年代初才分别由我国兰州生研所的孙柱臣研究员和韩国学者李镐旺从黑线姬鼠身上分离出来。从发现这种病到分离出病毒，历经整整半个世纪。孙柱臣在分离病毒时不幸被感染，险些牺牲。

此次武汉不明原因肺炎疫情出现后，我国科学工作者仅用几天时间就分离出了新冠病毒并且完成了基因测序，稍懂免疫防疫知识的人都知道这是一件非常了不起的事，显示了我国科学家出类拔萃的能力。病毒的成功分离足以增强我们战胜疫病的信心，因为它至少在五个方面给人带来了希望：一、制定确诊标准有了依据；二、有利于针对病毒筛选现有药物，包括中医配方；三、可以通过病毒基因追踪溯源，找到病毒的来源和传播媒介；四、给治疗药物的研究提供了靶子；五、为疫苗的研发打下了基础。事实上，这几个方面都已经取得重大进展。

我们是在与一个完全陌生的新冠病毒做斗争，这比战胜已知的传染病不知要困难多少倍，也必定要付出更大的代价。2009年，美国遇到了陌生的甲型H1N1流感病毒，流行几个月后才宣布进入紧急状态，造成163万余人感染，死亡28万余人（当年只报18449人，2012年更正为此数）。不加评论，即可从中读出许多意味。现在，面对疫情，有人在舆论场上兴风作浪，靠捕风捉影甚至凭空捏造来褒美贬中，散布失败情绪。因此，在信息的接收和传播上，也需要戴一个"口罩"，做到百毒不侵，保持定力，就像习近平总书记所指出的，只要坚定信心、同舟共济、科学防治、精准施策，我们就一定能打赢疫情防控阻击战。

（作者：江永红，系解放军报原副总编辑，著有《中国疫苗百年纪实》）

（原载《光明日报》2020年02月14日13版）

韩小蕙 | 作者

大医与大爱

"协和"两字在中国医学界如雷贯耳，堪称"金字招牌"。在这次抗击新冠肺炎疫情的战斗中，北京协和医院、福建医科大学附属协和医院和华中科技大学同济医学院附属协和医院这三家协和医院在武汉会师，成为抗疫队伍中的重要力量。令人心怀崇敬的协和，它的实力究竟是怎样建立起来的呢？

三家"协和"，会师武汉抗疫第一线

算我孤陋寡闻，在北京的协和医院宿舍大院生活了几十年，一直以为只有这一家"协和医院"。谁知近日上网看到一篇报道，说截至2018年，全国竟有1700多家贴着"协和"名字的医院，哎哟喂！

其实真正与"协和"之名有历史渊源的，仅有三家，为北京协和医院、福建医科大学附属协和医院（福建协和）、华中科技大学同济医学院附属协和医院（武汉协和）。这三家，以北京协和为首，代表了中国最高级医疗水平，是中国所有医院的旗舰。

在今年抗击新冠肺炎疫情的战斗中，三家协和，在武汉会师了！

北京协和是用洛克菲勒慈善基金建立起来的，1917年在位于王府井的清豫王府旧址上破土动工，1921年建成启用，是北京协和医学院的附属医院。14栋碧玉琉璃瓦大屋顶下，全套西洋内构，费银750万美元，是当时全世界"最好的"医学院暨医院。一百多年来，北京协和医学院培养出来的学生成长为一代代顶级名医、大医，成为支撑起整个中国医疗大厦的栋梁。与此同时，北京协和医院开创了数不清的"中国第一"，比如，仅居住在我们协和大院的各位大医就有：李宗恩，热带病学专家，北京协和第一位有实权的华人院长；胡正详，中国第一代病理学家，孙中山的肝癌病理切片即是他做的；聂毓禅，北京协和高级护校的第一位华人校长；黄家驷，胸外科专家，中国第一位英国皇家医学学会会员；林巧稚，中国妇产科学奠基人之一……而今，众多的"第一"，继续被北京协和的老中青三代医生不断创建着。单说这次援鄂抗疫。1月25日，国家卫健委下发通知，要求协和组建援鄂医疗队，短短3个小时内，在职职工总共4000多人的北京协和，就有3306名医护人员自愿报了名！作为一个在协和大院长大的子弟，对那以后发生的所有事情，我都不再惊讶而更认为是顺理成章：

1月25日，北京协和在第一时间里发布了《关于"新型冠状病毒感染的肺炎"诊疗建议方案》，为全国医疗救治工作树立起一个标杆。1月26日起，北京协和先后派出4批共186位医务人员驰援武汉第一线。独立承担起武汉协和中法新城院区重症病房的救治任务。顶尖专家挂帅重症病区。ICU拔管成功率最高，把一位位重症病人从死神手上抢了回来。3月16日，国务院新闻办公室举行中外记者见面会，协和的4位中青年医生代表以镇定自若的态度，用纯熟英文向中外记者详细介绍新冠肺炎重症救治的方法、经验。4月15日，作为全国援鄂时间最长的一支医疗队，最后一队班师离鄂……

福建协和是由创建于1860年的福州圣教医院与创建于1877年的福州马高爱医院合并而成的，建成于20世纪20年代，取名为"福州基督教协和医院"，取意为"同心协力，和衷共济，共同办好社会福利事业"。1937年医院标志性的红楼落成。至今天，红楼还在，该院已发展成为一组建筑群，2018年被国家卫健委公布为首批肿瘤多学科诊疗试点医院。有网友说，虽然现在福建协和实力不如北京协和、武汉协和，但无法否认160年来它对福建医疗事业的卓越贡献，以及在老福州人心中"医者仁心"的崇高地位。

1月27日，福建协和首批援鄂医疗队抵达武汉，首先进驻武汉中心医院后湖院区；2月2日，进驻武汉金银潭医院，连续奋战28天；3月3日主动申请，重返武汉金银潭医院。他们救治的全部是新冠肺炎确诊病人和重症病人，病区是新冠肺炎疫情阻击战的标志性主战场。金银潭医院张定宇院长亲自带队指挥，克服了前期医疗防护装备不足、器材不足、经验不足、没有特效药等困难，积极采集病毒标本，摸索病毒特征，尝试各种救治方法，为后续医疗队趟出成功之路……

武汉协和的前身是"汉口仁济医院"，取"仁爱济世"之意，1866年由英国传教士杨格非建起。1928年医院扩建，正式更名为"汉口协和医院"。经过150多年的风风雨雨，该院现在也已是悬挂着巨幅"协和医院"大红字的医学大厦，三级甲等，主要医疗工作量稳居全国前列，在武汉乃至中南几省起着扛鼎的医学作用。武汉有一句老话："要想活，送协和"；还有一句："只要还有一口气，赶快赶快送仁济"，足见武汉协和的威望。

在此次抗疫鏖战中，武汉协和从院领导到感染科、医务部的干部、大夫们，用生命丈量着每个高风险的科室与区域：急诊室、发热门诊、隔离病房、普通病房隔离间、CT室、检验科、被服收集与存放处……及至医疗垃圾处置与存放处等；临床医务人员用生命战斗在临时改建的江汉方舱医院，除了治疗，同时清扫、隔断、放置床位、被褥……还现场培训各医疗队员、保洁、警察，现场指导工作人员穿脱防护用品……经过几十天的奋战，抢救了数百名重症患者，治愈了数千名轻症患者，彰显了武汉协和的中流砥柱作用。

三家协和，2020年交集在抗疫第一线。疫情黑云压城，雪打雨摧，白衣天使，力挽狂澜，舍生忘死地撑出了武汉三镇的朗朗

晴天！事实证明，协和，到底是协和。当代协和人依然是中国医学界翘楚。因为他们的到来，不但病人们心里踏实了，就连整个儿荆楚大地都安稳了不少，江城更有了战胜疫魔的信心与实力。

协和，百年不倒的协和，令人心怀崇敬的协和，它的实力究竟是怎样建立起来的呢？原因有很多，我个人认为最重要的有两条：一是"病人至上"的崇高医德，二是顶尖的人才集聚库。大医者，心怀大爱。

患者至上

尽管已经过去了几十年，我还十分清晰地记得，上世纪 60 年代去北京协和医院看病，那时还有好些诊室在地窖子里。当时我们小孩子一点儿都不害怕，因为在我们的小心眼儿里，都很相信"医生像妈妈"这句话。真的，这句话不虚，她们（还有他们）都是和蔼可亲的，笑眯眯，不板着脸，践行的是大爱的医者仁心。

大神级医师吴阶平大夫曾说过："我认为做一个好医生要不断从三方面努力。一是全心全意为人民服务，有高尚的医德；二是有精湛的医术，能解除病者的疾苦；三是有服务的艺术，取得患者的信任。关于第三点一般人并不很重视，不认为其中大有学问。我感到有经验医生的突出之处就在这第三点上。"

这三点，从吴阶平、林巧稚所代表的医生教授们，到聂毓禅、王琇瑛为代表的护士们，基本都做到了，这是协和百年不倒的不二法门。

林巧稚大夫有几个不太被人知道的"习惯"：她看门诊时，总要看完当天挂号的所有病人才下班。如果她看到哪个病人表情痛苦，就会丢下手里的事去直接询问。有时护士提醒她说，待诊室里来了"特殊病人"，林大夫总是严肃地回答："病情重才是真正的特殊……"

著名外科学家、中国现代基本外科奠基人之一的曾宪九教授，也有让后辈终身铭记的一件事。协和医院原外科主任钟守先回忆说：

有一次，我们正在查房，一位护士跑过来说，隔壁病房有一病人突然不行了。曾主任带着我们迅速赶过去，这时病人已经停止了呼吸，曾主任一个箭步冲上前，毫不犹豫地为病人做口对口的人工呼吸，这一动作激励了周围所有的人，大家争相上前交替参加抢救，最终使病人脱离危险。原来这是一位肝硬化门脉高压行分流术后的病人，因肺动脉栓塞而突发呼吸骤停……

在著名内科专家、医学教育家、中国消化病学奠基人，长期担任协和内科主任的张孝骞大夫身上，也发生过很多故事。他从1921年7月开始看病，到1986年7月看完最后一个病人，在整整65年的临床诊断中，显示出极为高超的技术，拯救了无数危重病人，甚至有的病例在世界上只发现过几例。1977年10月，张大夫确诊了一例间叶瘤合并抗维生素D的低血磷软骨病，这种病在世界上极为罕见，此例是全球第8例。这个男性患者多次发生病理性骨折，站立困难，被诊断为腰肌劳损、风湿性关节炎，服用大量维生素 D 和钙剂均无效，长期医治不愈。张大夫仔细研究临床记录，又检查到病人右侧腹股沟有一个小肿物，立即想到这肿物可能分泌某种激素物质导致钙磷代谢异常。手术切除后，患者的症状很快消失，一年后随诊无复发……

类似这样的事，在协和老教授们身上，多多矣！面对这样崇高的"协和精神"，谁能不为之动容！可幸的是，这些令人心怀崇敬的老协和传统，被薪火相传到了今天——在今天的北京协和医院里，不仅仍然集聚着一大批医术顶尖的名医、专家、教授、权威，也还仍然保持着医者仁心的大爱。

比如仅就给我看过病的、我了解到的，有两位"老协和人"行医一辈子了还在出门诊，一位是口腔科的赖钦声大夫，87 岁了，给患者治牙，一站就是一上午，年轻人都觉得吃不消，你说老爷子能不累？另一位是神经科的郭玉璞大夫，92 岁了，还不肯让自己歇在家里颐养天年。中年医生中，妇科的潘凌亚大夫在病人们的口口相传中，被称作"潘菩萨"，看她出诊真是感动：下午半天门诊，每次都要看五六十名病人，经常要看到晚上八九点，即使这样，她也要求自己保持态度上的和蔼耐心，宁愿自己累得说不出话来，也要对一个个病人交代清楚；特别是对来自农村边远地区的弱势病人，更是格外和善，细致周到。某一年我膝盖疼，在协和 App 上挂骨科号，谁也不认识，看到有冯宾副教授的号就挂了，初诊时见到这是一位青年大夫，看病很认真。回家遵医嘱吃药，过两个月又去复诊，一件令我完全没想到的事情发生了：当冯大夫听说我膝盖已经不疼了时，竟然一脸灿烂地笑了，就好像我是他的亲人一般发自内心地高兴。当时我都有点傻了，特别想对他说："冯大夫，你笑起来真好看！"我的意思是说，医爱就是药，病人能遇到这样真心大爱的好大夫，真是一种幸福呀……

在医院里是这样，走到天涯海角也不含糊。还要说今年在援鄂前线，北京协和医疗队收治的都是生命垂危的病人，在初期对新冠肺炎认识不太清楚和没有特效药物的情况下，医疗队员们把所有医护手段全部关口前移，各级医生包括查房教授，保证每天进病房，到床边到病人身边去，在第一时间里发现病人的病情变化和对治疗的反应；并按照医院的传统做法，坚持早上进行早交班和大查房，晚上雷打不动核心组交班；坚持把病人一个一个拿出来进行讨论，前后方联动、多学科协作，形成每人一个治疗方案。在全队上下的共同努力下，很多病人转危为安——百年来高举大爱精神的协和人，创造了新时代的奇迹。

顶尖的人才集聚库

都知道协和的医疗水平高，都信任协和的诊断和治疗，为什么？协和有全国顶尖的大医生呗。前面说到单是住在我们协和大院的名医，总共 16 栋小洋楼里，每栋都有可在中国医学史上浓墨重彩的大医、专家和教授。本文限于篇幅，只能择几位简单一说：

张鋆（1890—1977）教授住在 36 号楼，在大院里被称为"老爷子"。说来在我们大院里地位最高的，既不是著名的林巧稚大夫，也不是黄家驷院长，而是这位老爷子，过去年年五一劳动节和十一国庆节，都会有小轿车接他上天安门去观礼，当年小姑娘的我，曾好几次看见老爷子穿着笔挺的西装，像一块直上直下的木板一样，笔挺地站在大院门口等车，脸上永远是他那一副肃穆的表情。

这位不苟言笑的大解剖学家，在我的小心眼儿里，似乎就是堂吉诃德的化身，身材瘦长，脸型瘦长，不怎么出现在大院里，出现了也不与别人搭腔，兀自走自己的路。我那时不明白他的地位为什么那么高，及至成年以后才了解到，上世纪 40 年代，他曾以"中国人脑沟回模式等同于欧美白人"的医学事实，回击了帝国主义分子污蔑中国人种低劣的谬论。新中国成立以后，他出任全国人大常委会委员，官至中国医学科学院副院长，但他本质上永远都是一位大医学家。他是协和医学院解剖学系的第一位中国籍系主任，都说只要上过一次他的课，会终生不忘：老爷子上课时也是一副不苟言笑的面容，不怒自威，令人生畏，不但学生怕他，就连助教们也都诺诺。他的语言逻辑严谨，没有废话，又精通中、日、德、英四国语言，讲课时不仅表达自如，而且旁征博引，深入浅出，把十分枯燥的解剖学等课程讲得妙不可言。最惊倒学生的是他授课时从不带挂图，讲到什么地方需要图像演示时，马上就在黑板上画，有时两手各持一根粉笔，同时发力，左右开弓，几秒钟就画出来，真是大神啊！

大院里还曾住有一位"奇人"，即30号楼的王善源（1907—1981）教授。他是1956年携荷兰籍夫人回国定居的，带回来40余箱精密仪器，周恩来总理都在百忙之中接见了他，中国科学院院长郭沫若也多次宴请这位大神。中国医学科学院流行病学微生物学研究所聘他为一级研究员，中国科学院增聘他为学部委员（中科院院士）。

他怎么有这么大的"范儿"？原来他真的是一个厉害角色：精通美、法、德、日、荷兰、意大利、西班牙、马来亚等8国语言；分别毕业于荷兰莱登大学医疗系、法国巴黎大学物理数学系、英国伦敦电子与音乐工业公司学院电子仪器系，先后获医学博士、物理学博士、电子工程学学士学位；精通医学、物理学、数学、电子学、化学等，研究工作涉及很多学科领域（让我联想到多学科巨神达·芬奇）！从1948年至1956年归国前，他先后受聘担任过荷兰生物物理试验所所长、荷兰结核病门诊部主任、荷兰生物物理学会委员、万国生物气象学协会委员等；在全世界发表有关医学微生物学、生物物理学、胶体化学、统计学等方面的著作和论文70余部（篇），成就非一般科学家可企及。

回国后，王善源研究员确定了"流行性感冒、肺结核及肿瘤的发病机制、防治对策及有关基础理论的研究"等科研课题，对各项实验都亲自参加配液、实际操作、记录整理和论文撰写的全过程，始终把握着第一手材料，每天都要工作到深夜。他还在国内较早建立起小白鼠肿瘤模型，发现了肿瘤在一定条件下可以产生，亦可消除，不是"不治之症"，从而为进一步深入研究打下了基础……这么介绍着，倒让我模模糊糊想起，当年似乎见过这位大神。但更有印象的是他的荷兰籍太太，像苏联老大妈一样胖胖的，金黄色头发，穿宽大的长裙子，基本不独自出门。还有就是他们家经常来一大帮外国客人，女的比较多，也都是穿长裙，也都是金黄色头发，那时候北京的外国人还非常少，老外都属于可堪远观的"西洋景"。

我没见过顶着内科学、传染病学、微生物学、病毒学专家4个专家头衔的张学德（1916—1981）教授，上世纪50年代他居住在33号楼。据说在上学期间，他还有一个让同学"羡慕嫉妒恨"的头衔，就是年年的各科状元，只要他不毕业，别人就甭想拿第一，这学霸当的，真让人绝望啊。难能可贵的是，他自幼家境贫寒，靠慈善金和奖学金一路读书，1936年考入北平协和医学院，在全国尖子生中继续当状元，每年都以各科成绩第一而获得学费全免的奖励。1942年任北平协和医学院住院医师。太平洋战争爆发后，协和医院停办，张学德拒绝与日寇及汪伪政权合作，离开协和，出走北平，表现出中国知识分子的民族傲骨。1950年张学德返回北京协和医院，后组建传染病专业组兼任主任。1956年作为专家，参与对包括731细菌部队在内的日本战犯的审判工作。1957年奉命入伍，组建全军第一所传染病专科医院（解放军302医院）并任第一任院长。在上世纪60年代，张学德对鸟疫进行了病原分离和血清学调查研究，研究鸟疫在我国的流行和存在的隐性感染；又指导全国及全军防治痢疾、传染性肝炎、钩端螺旋体等传染病的工作。

33号楼位于8栋联排小洋楼的中央位置，这楼里还住过中国核医学之父王世真（1916—2016）院士一家，除了他的夫人儿女，还有他母亲林剑言老人，大院人皆称为"王奶奶"——说来这是属于市井小民的称呼，对于她老人家实在是太不合适了，这老太太可是一位不得了的"人物"，她是民族英雄林则徐的曾孙女，其诗词、书画、酒量俱佳，说话直率爽利，很有"女侠"剑气；老夫人还好客，她的一大堆朋友说出来也吓人，比如梅兰芳大师、齐白石老人、何香凝、廖梦醒等，这些大名人以前曾多次到33号楼造访，令我们大院蓬荜生辉。

王院士是生命科学家，中等个儿，戴一副细边的金丝眼镜，文文弱弱，一副书生模样，却是世界上最早参与研究放射性核素的科学家之一，是中国核医学事业的创始人和掌舵人，被尊称为"中国核医学之父"。他在甲状腺素的研究中开拓了结构和功能关系的研究新领域；在国内合成扑疟母星；研究、合成并生产了多种标记化合物，比如早年广泛应用的杀虫剂DDT，还有用于抗肺结核的特效药"雷米封"。王院士的两位弟弟也都不是凡人，说起来如雷贯耳：一位是著名文物专家、文物鉴赏家、收藏家、文化学者王世襄先生，文化圈内没有不知道、不敬仰这位大神的；另一位是公路工程专家王世锐先生，曾主持参加中国及境外多条公路和一些永久式桥梁的测设施工，并开辟了中国对外公路工程承包事业，也是"中国XX之父"式的大神——瞧这一家子，令人高山仰止啊！

协和大院除了16栋美式小洋楼之外，还有一座风格迥然不同的英式灰楼，胡懋华（1912—1997）大夫生前居住在该楼西侧。这位了不起的女大夫是中国第一代放射学专家，中国临床放射学奠基人之一。1953年起就担任了协和医院放射科主任，创造性地将放射科的诊断工作，按解剖医学划分为神经、骨骼、胸部、胃肠等专业组；还首创了"临床放射讨论会"。这些模式的建立，对中国放射学的发展起到了示范作用。

每次与胡大夫路遇时，我都会停住脚步，恭恭敬敬地唤一声"胡阿姨"。我很早就听到过关于她的两则"神话"：一是她出身名校，当年还是燕京大学女子排球队队长。二是多年后已做了放射科大夫，某次会诊，一屋子协和名医，只有她一位女性，所有人皆认为那是一例恶性肿瘤，最后，一向低调的胡大夫慢悠悠表态，却语出惊人，否定恶性肿瘤的判断，事后证明了她的判断是正确的。

从我孩提时代到后来我长成青年、中年的几十年间，胡阿姨给我的印象一直是6个字：朴实，低调，慈和。除非参加重大外事活动，她的衣饰从不华丽，日常穿着就像一位中学老师，整洁端庄大方就好了。她的语速一贯徐缓，声音不高，像茉莉花一样暗自吐芬芳，从不出风头和喧哗炫耀。她待人平易和气，对我们这些不相干的小小晚辈，也从来都是专注和善，认真倾听。很晚了我才知道，这么朴实无华的胡阿姨，却原来是一个"官二代"呢，她父亲曾任职江苏省教育厅长，但她和哥哥胡懋廉都没有躺在家世上声色犬马或是风花雪月，而是发奋读书，终于双双成就学业，哥哥亦成为中国耳鼻喉科的一代宗师。

百年协和史，滚滚长江水。前浪带后浪，后辈逐前贤。浪花腾飞处，代代尽英杰。

（作者：韩小蕙，系本报原领衔编辑，中国散文学会副会长。近著有《协和大院》，人民文学出版社 2019 年 12 月出版。）

（原载《光明日报》2020 年 06 月 05 日 13 版）

何
建
明 作者

六十年的准备只为了今天

"五一"假期，我刚从上海回到北京，朋友便带我到颐和园内的一个茶室见一位医学科学家——中国医学科学院研究员王以光教授。在上海抗疫一线采访时，我就知道，在3月26日的一次国务院新闻发布会上，科技部领导介绍了三种治疗新冠肺炎有效药物，其中就有中国自主研发的"可利霉素"，发明人就是王以光。现年84岁高龄的王以光教授，在接受我近三个小时的采访之后，指指坐在她身边的那位看上去依然相貌堂堂的"老帅哥"，悄悄告诉我："昨天是我俩的'钻石婚'日子！"

"啊！你们太幸福和了不起了！来来，祝贺！"于是，茶室里许多认识的和不认识的人都向这对"科学爱人"表示庆贺。

"60年前你们在原苏联留学时结的婚，俄语一定挺棒，给大家唱一首俄文歌曲吧！"已经知道王以光教授和她爱人杨厚的一些不平凡"往事"的我，现场提议。

"那就来一首《小路》吧。"一曲略带轻缓和沙哑的悠扬歌声飘荡而出。

"一条小路曲曲弯弯细又长,一直通往迷雾的远方。我要沿着这条细长的小路,跟着我的爱人上战场……"

这一刻,我仿佛看到 60 年前在列宁格勒(今圣彼得堡市)的一所大学里,一对中国留学生在隆重而简陋的婚礼上引吭高歌的情景。婚礼那天,王以光是独自一人搭乘 40 多分钟的电车跑到杨厚所在的铁道学院的。为这般"嫁"法,60 年后的今天,银丝满头的王以光仍对丈夫略带一丝"怨气"。

"你那天都没来个人接我!"她对杨厚先生说。

"是吗?可我一直在学校等你呀!"杨厚老先生憨厚了一生,似乎仍不明白 60 年前所犯下的"错误",很茫然地向站在旁边的我们"求教"。

"你是男方啊,是不该让女方自己跑老远去嫁人嘛!"

杨厚老先生眨眨眼睛,似乎这才明白过来。于是,他亲昵地伸展双臂,将耄耋之年的妻子搂在怀里……茶室内响起一片掌声,许多人的眼里闪着感动的晶莹。

新中国第一代生物工程专家的青春往事

青春时代,多数人并不知道自己的一生能成就什么。然而对有志之士来说,确立人生的奋斗目标至关重要。王以光就是这样一个人。

在 60 多年前填报大学专业志愿时，她的心头就一个字——"医"。身为江苏常州省立中学优秀学生的她，填报了"大连医学院"。

1956 年，正在读大一的王以光，被组织安排到原苏联的列宁格勒制药学院专攻"抗生素"医学专业。用她自己的话说，从此她由"医生"变成了从事"医学"的人士，开启了身为中国第一代生物工程学研究者的"抗生素人生"……

"要用一种药，治好一批甚至一代人的病。"六十多年前，王以光作为新中国第一批接触"抗生素"概念的学者，在异国他乡学习时暗暗许下如此夙愿。

60 年代初，在经历长达 5 年的刻苦学习之后，王以光以 37 门学科全优的成绩毕业回国。那是一段极其难忘的岁月，她学到了世界医学前沿的专业本领，也收获了甜美的爱情。回到祖国的她，被分配到中国医学科学院抗菌素研究所，成为我国抗生素奠基人张为申教授的得力助手。

抗生素除了发生菌种外，学科的关键在于如何让菌种发酵按照人的意志所控制的方向进展，因此研发抗生素的工艺环节特别重要。王以光在 5 年的刻苦学习中，创造性地掌握了全套抗菌生物发酵工艺，所以当中国抗生素生物工程全面开启时，年轻的她成为国家"主力队员"，每每新药进入研发和生产时，她就得到现场。

"小王，咱们明天又得往石家庄走一趟了，你还行吗？"所长张为申又一次来询问王以光。此刻的王以光已有身孕数月，行动不太方便，而新药的每一次试验都得到华北药厂所在地石家庄。

"没事！我走得动……"丈夫远在青海西宁铁路局工作的王以光双手叉在腰间，挺着肚子，不知第几次登上北京开往石家庄的列车。"那时恰逢困难时期，食堂里每顿饭就一个窝窝头和5分钱的白菜，大儿子出生后，我的奶水极少，我只好用糨糊喂孩子。当时单位安排不了住房，我们母子俩被安置在生物制品检定所一间废弃的小屋子，4平方米，除了一张双人床和一只小木柜，啥也没有。"王以光对那段艰苦岁月记忆如新。

一个新药研发出来，就需要去药厂和各地医院做实验。产后56天，王以光就开始出差，每回出差只能把尚在哺乳期的孩子带在身边。有一回到外地药厂做实验，可幼小的儿子无处安置。站在药厂门口，怀里的孩子"哇哇"啼哭，王以光急得边掉眼泪边跺脚。她犹豫了十几分钟，最后心一横，抱着孩子朝药厂附近一条深深的小弄堂走去。她找到一户人家，问对方能不能帮她看一天孩子。

"晚上我一定来接！"她恳切道。

"行嘛，你去上班吧！"对方是户善良人家。

"谢谢！谢谢！"王以光连鞠三个躬，飞快地向药厂奔跑。

新的发酵实验到了关键时候，王以光怕值班的工人粗心，晚上就带着儿子一起睡在发酵罐旁看守。这样的"出差"在年轻的女科学家生活中是常有的事。"那会儿我也不觉得苦，反倒蛮有乐趣：既能让儿子跟着我一起睡觉，还能把实验做得安全圆满。"这是新中国第一代生物工程专家的青春往事。

4年后，王以光又有了第二个儿子，而她的科研工作也更加繁重起来。好在单位此时有了全日制的托儿所，老家的母亲也被接来"管家"，王以光从此可以全身心地投入抗生素药物研制。

女科学家的"抗生素人生"

我们知道，90年前英国科学家弗莱明发现青霉素后，造福了全世界亿万患者，也引发了一场生物工程革命的前奏曲——抗菌素、抗生素研发。中国在这一领域一直是空白。《1956-1967年科学技术发展远景规划》明确要建立自己的抗生素事业的任务，王以光恰逢其时成为第一代抗生素专家，她深知肩负的使命。

回国第一年，王以光便和其他同事一起完成了第一个抗生素药物的课题——治疗皮肤真菌感染的灰黄霉素。她在此项研究中发现发酵过程中搅拌器对菌丝损伤有着很大影响，并提出改进发酵罐搅拌器工艺等4项关键性工艺。灰黄霉素早已成为中国百姓的常用抗菌药，于1978年获得全国科学大会成果奖。

然而，即便王以光等"抗生素人"百般努力，在相当长的一段时间内，我国的抗生素药物主要还是靠进口。面对这种局面，王以光内心一直"不服气"，她立志要搞"中国自己的抗生药"。1974年，一个叫作"麦迪霉素"的抗生素药物被列入王以光所在研究所的科研项目，她是这个项目的试制组组长。在她的带领下，团队连续研发出了几个仿制新药。

当今世界生物工程界有句很流行的话：一个生物新药，一般需要十年、二十年研发时间，十亿、二十亿美元的投入。自然，它更需要一批顶尖科学家数十年的呕心沥血。我今天之所以要书写王以光，就是因为在这场抗击新冠肺炎疫情的战斗中，她所研发的可利霉素成为我国公开宣布的三种用于治疗新冠肺炎的"有效药"之一，而且此药是世界上第一个利用合成生物学技术研发的抗感染药物，我国拥有完全自主知识产权。从90年代初开始研发，到去年正式获得国家颁发的新药证书和注册批件，可利霉素的成功用了近30年。这一生物新药从诞生那天起，就在许多研发技术和药理功效上处在世界同类药的最前沿水平。

王以光研发可利霉素的历程，印证了她在60多年前所立下的誓言：为了治愈患者和造福人类，哪怕耗尽毕生精力，也要研发出一种有用的药物！

在漫长而崎岖的生物工程之路上，王以光以中国女性特有的坚韧和毅力、细腻与聪慧，披荆斩棘，一路拼搏。

她说1976年盛夏时刻，她在无锡制药厂的房顶上搞实验时，每天都在40多度的高温下"烤"。"头顶上不停地有往北的飞机过去，那是支援唐山大地震的解放军……"

她说在主持开发螺旋霉素的数年中，她几乎是在"出差"中度过春夏秋冬的。"做一个女科学家不容易，做一个药物研发的女科学家更不容易。"王以光自嘲常常忘了自己的性别。这个被命名为"乙酰螺旋霉素"的药品研制成功后，不仅结束了我国大环内酯抗生素依赖进口的历史，而且相继扶持了全国 300 多家抗生素制药企业的创建，一举改变了临床抗感治疗，让亿万患者解除了疾病痛苦。

她说 20 世纪 80 年代，世界发达国家又掀起了"生物工程热"。"那时我已经 40 多岁，单位问我愿不愿出国深造，我毫不犹豫地说：去！必须去！还必须要去生物工程研究最前沿的美国。这一去，前后就是 5 年……"在美国威斯康辛大学的实验室里，这位"坐得住"的中国女科学家再次显示了她对科学的执着与韧劲。

大洋彼岸五载研究，世界生物工程革命的耀眼曙光深深地吸引着王以光。她说："那时我感觉到自己的事业仿佛才刚刚开始……"再度回国的王以光，从此专注于医学生物工程技术研发，而且一直在探求新突破口。用她的话说："我不想再走模仿别人的路子了！"

何意？

"以往的生物工程包括抗生素研发，通常是我们在先进国家的技术上进行一些改造，然后变成自己的。这当然是必须走的一段路程，但我们中国人口如此之多，保护和维系十几亿人的生命健康及安全，是国家的重中之重。没有自己的新药、特效药，一定是一种潜在的危机。"她这样告诉我。

科学家的目光总是深邃的。他们的行动更加执着。

王以光所瞄准的生物医学工程，是一门新兴学科，对提高人类生命质量、挽救人类生命危机具有巨大价值，因而也吸引了全球科学家们争相投身于此。然而真想有所突破，绝非易事，何况是在生物工程技术几乎尚为空白的中国。专家告诉我，传统的医学抗生素研发技术通常有两种方式：一是从微生物中找到菌种，再使其产生新的化合物，如红霉素、青霉素、土霉素的发现都属这一种；另一种则为半合成方法，它借助一些微生物来源让它产生母核，如头孢类抗生素便是这样的发现原理。

"人类从开始抗生素研究至今，已经有无数人在寻找和发现地球上存在的各种新菌种，几乎极尽所能。再想通过传统老路发现一个新菌种，简直就是靠运气。而科学仅靠运气是不行的，必须寻找新的方法……"作为国家863计划中的"生物工程技术"研究项目课题组长，王以光从一开始就把研发目标定位在"前无古人"的新方向上——通过基因重组，实施新菌种的研发。

王以光说她一生有两大"业余爱好"：音乐舞蹈和绣花。年轻时，她与爱人相识相恋，就是两人都在留苏学生合唱团的缘故；退休之后，王以光特别喜欢到公园去跳"广场舞"。由于绣花的爱好，80多岁的她，双手依然可以毫不抖动地挑取菌落，操作实验。

然而在科学的征途上，浪漫所带来的仅仅是激情，坚韧不拔的钻研精神和一丝不苟的研究方法，才是获得成功的通途。

在"科学是第一生产力"的空前宽松环境下，王以光的定力和聚焦点放在变得更加细微的各种物质分子式上……那些无法用钟点和日月来计数的日子里，她在实验室的显微镜和堆积如山的瓶瓶罐罐里，寻找和探索着每一种可能。最后，方向终于找到：她和助手们运用同源重组技术，将异戊酰基转移酶基因整合至螺旋霉素生菌的染色体上，成功构建了稳定的可利霉素基因工程菌。这种用于特殊呼吸道感染疾病的可利霉素，其药效学研究表明它的抗菌活性及治疗效果优于乙酰螺旋霉素、麦迪霉素和红霉素。

拯救生命，这是一生的至高荣耀和回报

"可利霉素从确定研发方向的一开始，我就力图让它成为中国生物制药方面的独创，而非仿制他人之药，而且它在抗击各种感染性病毒方面与众不同。也就是说，一般的盾总是为了抵御一般的矛，人类常常在完全不同的病毒出现时显得无能为力，所以可利霉素的独特之处，就在于它能对付那些特殊的病毒感染菌……也正因它的这一机理，当新冠肺炎疫情暴发之后，我就注意到该病毒的与众不同，向有关方面提出了运用可利霉素治疗新冠的建议。"王以光说，做了60年的准备，竟然在当下一场人类大劫难中看到了自己的研究成果终于被证明在拯救人类生命的严峻战役中"有效"，这是她一生的至高荣耀和回报。

"药跟其他东西不一样，你发明和研制成功了它，只能算万里长征走完了第一步。如果不把后面的每一步走完，前面的路等于没走。"这"后面的路"，她又走了整整30年。

可利霉素新药立项时，王以光已经 60 岁。在这别人安享晚年的岁数上，她拍拍身上的尘埃，又开始带领团队到制药厂和医院进行一次次实验。那过程才真正称得上"繁琐"二字，通常又极其乏味，且还需要巨大的资金投入。因为资金匮乏，王以光只能找些破旧工厂的发酵罐做研究。在那样的地方工作，难免坑坑洼洼。有一天晚上在撤离工作现场的路上，王以光觉得脚脖子一软，重重地倒在了地上——骨折。

"求求医生快帮我好好包扎一下，我还要去工作呢！"医院门诊室内的王以光，着急得不行，因为她的新药已进入发酵这一关，她必须在操作现场。就这样，受伤的王以光依旧每天一瘸一拐地来到发酵罐前看护与坚守……

"现在制药厂和搞试验用的都是不锈钢罐桶，不会染菌。但当初只有铁罐桶，几天不用就生锈。开始的几批新药都染上了菌，大家压力大啊，差点要放弃了！"王以光说，最后她不得不带领十个年轻学生，轮流爬到铁罐里面去一次次清洗，然后再进行发酵试验。当年，第一代的中国生物工程科学就是这般"土法上马"。

搞药的人都知道，一个新药能走到市场，为患者所用，最难的一步就是药审这一关。从一项科学发明成果到临床运用的成药产品之间要经历的过程，业内人士戏称为"恰似登天"。20 多年前可利霉素研发成功后，我国还没有相应的检验标准。"可利霉素药品审评可以说是历经了中国药审制度建立以来最严格的评审。"王以光这样评价。

"可利霉素能有今天，我得感谢姜恩鸿先生，他功不可没！"王以光跟我说了好几回这样的话。

"此人现在何处？"

"就在上海呀！我们的可利霉素的药厂就在上海松江……"她的话让我不由"哎呀"一声。从新冠肺炎疫情开始至"五一"前，我一直在上海参与战疫，刚从上海赶回北京。

欲想知晓今日之"可利霉素"，必须到药厂和姜恩鸿见上面。于是我再度返回上海。

在松江的那片绿荫下，占地 115 亩的"上海同联制药厂"，就是可利霉素生产地。

在技术人员的带领下，我有幸进入迷宫一般的制药车间，领略了啥叫"现代化生物制药厂"的神经中枢：那种精密的机械和检测设备，那种密封又密封的生物制作现场，那种一道又一道神秘的境域，似乎让我这个外行人多少知晓了一点儿"生物工程"的复杂性与特殊性。

"它涉及人的生命基因改变，涉及到生命物质革命。王以光教授发明的可利霉素，是中国人完全依靠自己的技术所完成的世界上首个合成生物抗感染新药，它创造的不仅仅是简单的一枚新药，更是打开了一个'生命小宇宙'，在这个'生命小宇宙'里，有着无限已知和未知的关乎生命的新天地，这是我对可利霉素最痴迷的原因所在……"姜恩鸿是位北方汉子，他说在 1997 年到一家世界著名药业巨头访问时，就被深深吸引。"中国的人口是全世界第一,我们从小接受的是'全心全意为人民服务'的教育,中国也应该有这样的大药业啊!无巧不成书,回国后,我就遇到王以光教授和她的发明成果。"豪爽的姜恩鸿,说着豪爽且幽默的话。

"'可利'的名字起得好!"第一次听说中国的第一个合成生物药名,我就在闻味寻意。姜恩鸿听后有些得意地笑道:"王教授最开始起名为'生技霉素',也就是生物技术的简称。2003年我创业的沈阳同联制药集团已经是国内重要制药企业了,当时也正在关注生物工程科学。与王教授相遇,可谓一拍即合。在申请专利时我想,中国人自己研发成功的这一生物基因新药,应该让全世界所有人都可以获利受益!脑子里突然蹦出'可利'二字——可利霉素的'官名'就这样诞生了!"

一个有故事的人,与一位科学家的邂逅与携手,让故事变得更加奇妙与精彩。姜恩鸿的"同联药业"团队,与王以光教授合作十几年,在开发可利霉素生物新药过程中,已在14个国家及地区(含中国)取得25个专利。

"能介绍一下可利霉素在此次治疗新冠过程中一举成名的传奇史吗?"老实说,这是我最想了解也最想核实的事儿。

"可以。"姜恩鸿随即让助手拿来一堆材料,在正式介绍之前,长长地感叹了一声:"知道吗,从准备到成功,王以光教授整整用了60年。我是站在她的巨人肩膀上开拓和挖掘可利霉素的药效潜力,也从满头黑发人,变成了今天你看到的一个大秃子……今年我也正好60周岁。"姜恩鸿用手摸了摸光秃秃的头颅,自嘲起来。

顷刻，他话锋一转，声调高高的："可我值得！我骄傲，我们的可利霉素在此次新冠肺炎疫情暴发之后，崭露头角，成为国家认可的一种可成功抑制病毒的新药！"

可利霉素，如同在一场敌我生死存亡大决战时突然出现在我方阵地的可以制敌取胜的"新武器"一般，迅速被投入"前沿战场"。

"可利霉素！"

"可利霉素能救命啊！"

在生与死的现场，"可利霉素"在战疫中迅速扬名四方，远传海外。2020 年 6 月 7 日，国新办举行新闻发布会，会上提到中国在抗击新冠肺炎疫情中取得的一系列重要科研成果，可利霉素名列其中。

"我们作为中国制药企业，目前正加速可利霉素在国际上的相关注册准入工作，力争尽早为拯救疫情中的他国人民生命尽一份力量。"姜恩鸿这样表态：可利霉素，对国内新冠肺炎患者一律免费；也将优惠提供给其他所需要的国家。

"为什么？"对我的疑问，王以光和姜恩鸿异口同声："研发新药就是为了拯救生命和治疗疾病，'可利'是中国精神的一分子，我们乐意这样做！"

这话格外悦耳，犹如站在黄浦江边，沐浴的一阵清风……

（作者：何建明，系中国作协副主席）

（原载《光明日报》2020 年 06 月 02 日 14 版）

李琭璐 作者

追光者

又迟到了。我不着急。这于他是常态。况且，还有两人也在等他。

电梯响了，我们不由自主张望。他来了。白大褂，文质彬彬，风尘仆仆，一如既往。他就是首都医科大学附属北京同仁医院（以下简称北京同仁医院）副院长魏文斌。从医 35 载，他荣誉加身，"全国医德楷模""白求恩奖章""最美医生"……疫情期间，他还是国务院联防联控机制新闻发布会上为人们介绍科学用眼知识的专家。在眼底病患者眼中，他是光明的守护者。

他的目光落在我们身上一秒，然后向我点一下头。

我跟他进了那间略显拥挤的办公室。两位同候者也赶紧跟了进来。

魏文斌刚坐定，其中一个立刻递上咖啡。"我不喝咖啡，谢谢。"

另一个忙不迭呈上一张纸，"我们有个大会，想请您当主席。"魏文斌定睛看了一下，"我不当主席，没时间。另请高明吧。"语气坚定得不容置疑，但还是笑面相迎。

接连碰壁的年轻人只得恭恭敬敬退出。

"还有个会诊。"他一边语带歉意望向我，一边打开电脑，一场远程会诊开始了。

采访魏文斌那天，他忙得忽略了午饭。早上八点出门诊，下午四点结束，看了约 60 位患者。他推掉了各种名目的会议，但拒绝不了患者渴求的目光。他们有的攥着其他医生写的小纸条，有的来复诊。无一例外，这些人的眼病都称得上"疑难杂症"。门诊结束，又是查房。直到五点，我们才有机会面对面聊起来。

办公室地上，各式"加餐"：两箱牛奶，两盒巧克力，一箱八宝粥，一盒点心。谁让他常常吃不上正餐呢？

已近耳顺之年的魏文斌还是常常被病人打动。2017 年 9 月，来自全国各地的 204 位眼部恶性肿瘤患者聚集在北京同仁医院。他们展开一幅三米长的锦旗，就是为了表达对魏文斌和他的团队的感激。

"眼病患者是我们的老师。我们要发挥自己的专业优势，不辜负患者期待，与他们一同'追光'。"魏文斌说。

——引言

在双目濒临失明的孩子眼中，0.03 就是光明和黑暗的分界线

孩子家长一定要做这个手术。"做了，即便孩子还是看不见，我们也算对得起他了。"

术前，魏文斌对孩子父亲说："哪怕孩子有一只眼有一丝视力，我也不会给他做这个手术！"

"我看见你啦！"术后第三天，魏文斌轻轻为孩子打开纱布，孩子雀跃的表情让他一惊。做完检查，视力 0.03。

"在旁人看来，0.03 的视力所起到的作用微乎其微，但在双目濒临失明的孩子眼中，0.03 就是光明和黑暗的分界线。有了 0.03 的视力，孩子的人生道路也许会大不一样。"魏文斌说，不是只有 1.5 的视力才叫光明，哪怕是 0.01 的视力，也会给很多眼疾患者带来希望。

周二上午，是魏文斌出门诊的时间。迎接他的，是桌子上摞起来的五六十份病历。

十平方米的诊室时常挤满病人。对每位患者，魏文斌都会耐心解释药物的用法用量，虽然他已经写得很清楚。"有的患者文化水平不高，或年纪偏大。你不跟他们讲清楚，万一药物用法错了，后果很严重。"

门诊结束后，护士王晶雪发现，给魏文斌沏的那杯茶，又原封不动放在那儿。"再忙，您喝口水的工夫不能没有吧？"魏文斌说，水喝多了，去卫生间的次数就多了。一去一回就得耽误三五分钟，腾出这工夫，就能多看病人。对于挂不上号的病人来说，就有可能让他们少排一两宿队。

出门诊苦了膀胱。做手术则比较费脖子。眼底手术，医生需要头戴 1.5 斤重的眼底灯。一台手术下来，魏文斌的脖子往往僵硬得无法动弹。这时，助手就要及时给他按摩颈椎，他才能开始下一台手术。常年如此，他的颈椎比实际年龄要老二十多岁。

魏文斌给自己定了一个目标：新近发生的视网膜脱离病人等候住院时间不能超过两周，病人住院等候手术时间不能超过三天。"那些千里迢迢赶来的患者和家属，少在北京待一天，就少一天的花费。"这也是他对团队医生的告诫。

魏文斌的心里有患者。患者也念着他的好。

一次，魏文斌腿摔骨折了。湖南的老张从护士王晶雪那里打听到消息后，连夜坐火车赶到北京，赶到同仁医院。将背篓卸下，是两条一尺多长的黑鱼。他嘱咐王晶雪，务必把他现捞的黑鱼交给魏大夫，让他补补身体。

5年前，老张第一次来同仁。他知道这里有全国最好的眼科，又听医院旁边包子铺的老板说，看疑难杂症得找魏文斌，但是他的号不好挂。

老张就跟着护士"闯"进了魏文斌的诊室。他想让魏文斌看看他儿子的眼睛。老家医院的医生都说要摘眼球，老张急得掉眼泪。同仁是他最后的希望。接过老张手中已经翻得掉页的病历本，魏文斌从头到尾看了一遍。做了一系列检查后，他说："虽然现在还看不到肿瘤，但我初步诊断是肿瘤的前期症状。别太紧张，但一定不要大意，坚持定期复查。"

一切正如魏文斌的判断。在两年的密切随诊后，孩子的睫状体真的长出了肿瘤，魏文斌立刻安排了手术，效果很好。手术后老张每半年就带孩子找魏文斌复查，肿瘤没有转移。渐渐，一个素不相识的大夫，在老张心里成了放不下的亲人。

老张送鱼后第 10 天，魏文斌上班了。那几天的门诊比平时还要拥挤。有好多熟面孔，都是魏文斌的老病号。8 点刚到，不知道谁说了声"魏大夫来了"，人们立刻围了过来。

大家焦急地往前涌，挤在前面的，看到拄着双拐、吃力行走的魏文斌，突然止住脚步，拦着后面的人，生怕把他挤倒。分诊台上，除了病历本，还有小米、鸡蛋，还有内蒙古的患者扛来的一麻袋自家种的土豆。好多人跟老张一样，不为看病，只为看看他们的恩人。

一位追光者的三个"十年"

距离肿瘤只有 0.1mm 了，肿瘤表面是视网膜血管，魏文斌正在将其与周围组织充分分离……

以往的手术公开日，魏文斌无须亲自上台，他的学生足可以做出一场无可挑剔的手术。2019 年 8 月 30 日，他被科里的年轻人从幕后推到台前。这是同仁医院首次进行全球眼科手术直播。

眼球直径 23mm，手术刀直径 0.6mm，在角膜缘外 1mm 做切口分离肿瘤，既要切除肿瘤，又要保证患者视力。手术室外，世界各地的 8886 位医生在观看直播。此刻，魏文斌成为全球眼科同行的焦点。两小时后，肿瘤成功摘除，患者视力恢复到 0.2。

后来，魏文斌收到一位外国年轻医生的邮件，信里写道："我特别喜欢你做的手术，你在眼科干了多久？要练多久，才能到这个程度？"

这让魏文斌想起他的三个"十年"。

他刚做医生时，手术录像极少，一个医院也只有几台手术显微镜。魏文斌不仅找各种机会看身边大师们的手术，还跑到全国各地的医院拜访名医，观摩手术。上海复旦大学眼耳鼻喉科医院的王文吉和陈钦元教授，上海第一人民医院张皙和吴乃川教授，都曾热情邀请魏文斌观看手术；在中山大学中山眼科中心，他第一次看到吴启崇教授在直接检眼镜下做巩膜扣带手术……无论是在国内还是国外，白天只要手术室一开门，魏文斌就会进去，从早上站到晚上，直到手术室关门，他缓缓抬头，转了转僵硬的脖颈，才觉察到真累了。

他也遇到过个别专家，真不让年轻大夫看，手艺绝不外传。"本来费了老鼻子劲儿联系年轻大夫进手术室，可到了一看，这位教授今天停手术。白跑了。"他不甘心，下次不打招呼直接进，结果主刀教授立刻把手术停了。"医生应该是包容的，我的手术，任何医生都可以来观摩。"魏文斌说。

这是他"勤学艺"的十年。

1995 年，魏文斌在法国学习时，学到了一个白内障术后疑难问题的解决办法。从法国回来不久，他遇到了同样的病例——当主任让他负责病人时，他竟有一丝窃喜："我有办法，我在国外学了一招！"手术该怎么做？哪儿可以放灌注？哪儿做切开放血？什么时候做玻璃体切除？魏文斌给了病人一个惊喜。

1998年，在第二届中华医学会眼科中青年医师大会的优秀论文擂台赛上，魏文斌题为《脉络膜上腔出血的手术处理》的论文获得优秀论文一等奖第一名。

为了探寻眼底肿瘤的奥秘，魏文斌恨不得钻进眼球内从睫状体后面一探究竟。每切除一例眼肿瘤，魏文斌首先要搞清肿瘤病理。他细数着曾在他手上经历过的罕见肿瘤：脉络膜平滑肌瘤、脉络膜畸胎瘤、视网膜的色素上皮肿瘤、脉络膜神经鞘瘤、脉络膜神经纤维瘤、错构瘤……视网膜色素上皮肿瘤，教科书上介绍的都甚少，可魏文斌已经局部切除病理证实了27个病例。

"那是真着迷啊！"他不禁感叹着，"着迷以后，遇到问题时你才会去想尽办法。"

这是他"真着迷"的十年。

做医生愈久，魏文斌愈发现，即使他和同事经常无休止地加号、没日没夜地出门诊、做手术，对于全国的眼科医疗需求而言，依然杯水车薪。

"只有在全国培养更多的眼科医生，才能解决看病难的根本问题。"为了把同仁医院的经验传播给更多的基层医生，多年来，他将工作的经验、体会进行总结、整理，主编了29部专著。

"魏老师，终于见到您了。我读过您写的书。"2014年，魏文斌和同事们去贵州毕节做公益扶贫项目，有位医生一边热情地说，一边拿出一本《同仁玻璃体视网膜手术手册》，书中记录了魏文斌几十年做玻璃体视网膜手术的经验。

曾经有人对魏文斌办学习班表示不解。"你把人家都教会了，你吃什么？"

魏文斌笑了笑。把手艺当成自家宝贝秘不示人，那是旧时代医生的思想。掌握技术的人越多，得到规范治疗的病人就越多，怎么能只想着自己的一亩三分地呢。魏文斌想，况且，要把自己钻研几十年积累的医术全学会，也并非易事。

最近十年，他组织同仁眼科讲师团专门到边远地区为当地医务人员授课，"他们需要什么，我们就讲什么。需要开展哪些手术，马上对口安排。"现在，在同仁医院的重点专科医联体中，全国各地医院累计已达100多家。

魏文斌难以忘记同仁眼科前辈的教诲。他还记得，一次张淑芳教授出门诊，看到一例 ICE 综合征（虹膜角膜内皮综合征），她"蛙泳"般穿过拥挤的眼科门诊，来到魏文斌身旁，"小魏，这个病你没见过，你仔细看一下。"魏文斌因此记住了 ICE 综合征。"如果一个人走完一生，还把你的技术也带到棺材里去，那是没意义的。"

这是"再传承"的十年。

"造福盲人，让光明充满人间"

2014 年初，北京同仁张晓楼眼科公益基金会正式成立。这是北京市第一家眼科公益基金会，以国际著名眼科专家张晓楼的名字命名。

60 多年前，张晓楼与著名微生物学家汤飞凡合作，在国际上首次用鸡胚分离培养沙眼衣原体成功，震撼了世界眼科学界和微生物界。他与同事一起率先把利福平应用于沙眼治疗，让沙眼这个流行几千年、致盲率极高的难治性眼病终于搞清了致病原因，也有了解决办法。在研究中，张晓楼还与汤飞凡冒着失明的风险，将沙眼病原体接种到自己的眼睛里做验证试验。

晚年时，张晓楼看到我国众多因角膜病失明的患者对眼角膜的迫切需要，积极倡导建立死后志愿捐献眼角膜的眼库，1990 年 6 月 12 日，北京同仁眼库成立，张晓楼实现了夙愿，强撑病体为眼库题字："造福盲人，让光明充满人间。"

3 个月后，这位奉献半个世纪的国际著名眼科专家去世了。当时有媒体报道，他的同事和学生怀着崇敬的心情，强忍悲痛，遵照他的遗愿，取下了他的角膜，移植到了北京顺义化肥厂、义利食品厂两位患者的眼睛上。为张晓楼取下眼角膜的同事和学生，正是年轻的眼科医生魏文斌。

同仁眼科，正是有像张晓楼这样一大批闪亮的名字，让追光的事业代不乏人。

1952 年，郑邦和在国内首先开展角膜移植手术；20 世纪 70 年代以来，金秀英在实验室证实利福平杀灭衣原体作用，并首先应用于临床治疗；王光璐在国内率先开展眼底病激光手术治疗，并开展了眼底荧光造影技术；傅守静等在国内率先开始使用双目间接眼底镜。80 年代刘磊、张淑芳在国内首先开展了显微镜下青光眼小梁切除术。1988 年，世界卫生组织确认北京市眼科研究所为世界卫生组织在我国的防盲合作中心；同仁眼科开始施行人工晶体植入术，采用激光治疗早期闭角型青光眼和青少年白内障……

黑暗中修炼光明，再让光明照亮黑暗

成立第一年，作为基金会秘书长，魏文斌就带领包括青光眼、眼底、角膜、眼外伤等专业的 19 位专家深入西部偏远地区，帮助当地医生提高眼科专业水平。

多年来，基金会不间断组织眼科专家走入老少边穷地区，关爱留守儿童眼健康，开展眼病筛查，为青少年验光配镜，针对基层常见病和多发病，给基层医生进行系统授课培训。"在基金会帮助下，西藏眼科医生从 20 多名增加到 70 多名，能力得到极大提升。"魏文斌说。

有一次，魏文斌带团队来到云南的学校为学生筛查视力。临走时，班主任突然想起班上有个学习优异的孩子，总是把脸贴在书上看。团队医生王聪在检查仪器下发现，孩子的两眼裸眼视力只有 0.04、0.02，根本没有合适的眼镜让他矫正视力。临走，王聪悄悄给他留下了 300 块钱，建议他来北京进一步检查。

在北京，魏文斌团队医生为他配了高度数助视器，戴上后，眼前的字迹清晰了，走路再也不用弓着腰，他终于可以挺起胸脯了。时隔多年，现在，坐在大学图书馆里的少年仍能回忆起第一次见到魏文斌团队医生时的感觉，"遇到高人了"。

20 年前，张红言第一次参加扶贫工作时还是个年轻大夫。在西藏日喀则市，她协助老大夫给病人做手术的手术室是检查室改造的，手术床是两张检查床拼凑的，窗户要用窗帘挡上，屋外刮大风，屋内刮小风，几天时间他们做了上百例手术。

20 年后，张红言作为医疗队主刀医生再次进藏。她发现，藏区人民生活水平提高了，标准的外科手术大楼，层流手术间里有两台显微镜，一台蔡司、一台徕卡，这让张红言很吃惊，"很多东西都不用从北京再带了"。但她又发现了新的问题，设备虽然是顶级的，但医生都不会使用。

西藏的高血压糖尿病病人较多，随之带来的眼病问题也多。2017 年，魏文斌带着从北京托运去的仪器设备在西藏开展微创玻璃体手术，机器娇贵，每次托运要很费事，2019 年，魏文斌协调设备公司为西藏地区捐赠了第一台价值 300 万元的微创玻璃体设备。

后来这台设备帮了大忙。那年，西藏自治区藏医院眼科中心大楼盖了起来，科室内眼科医生越来越多，医生不仅可以用顶级设备做手术，还能帮助大部分眼科疾患在藏区解决问题。魏文斌带领团队编写了各种诊疗常规和治疗指南，巴掌大的书，随时就能翻开看看，这些书被送往基层医生的桌前，作为他们临床治疗的指南。

"高度近视为什么会导致视网膜脱落？""为什么糖尿病会导致失明？""为什么视网膜脱落前眼前会有飞蚊和闪电影？"这几年，魏文斌团队做了不少公益科普。一次一位患者听了讲座后对应症状去医院一查，在眼底发现了裂孔，避免了视网膜脱离。

魏文斌办了十几期玻璃体手术学习班，他发现，很多人不爱提问，往往听完课就结束了。后来，他改变了策略，每次讲座后让学员写纸条提问，最多的一次收到100多张，每个纸条上有三四个问题。讲课一小时，回答问题竟要三小时，"一天下来，都失声了"。

一次，魏文斌在兰州讲学时，听课的人群中有一位80岁的老人。魏文斌从早9点讲到晚5点，老医生也从早9点听到晚5点，一丝不苟记笔记。他两次到西宁讲学，这位老人都跟到西宁。同年，魏文斌的一本眼底病学新著出版了，他恭恭敬敬签上自己的名字，给这位年逾古稀仍扎根基层的老医生寄了过去。

追光者自身也是温暖的发光体。魏文斌常说："眼科医生，就是要在黑暗中修炼光明，把光明带给那些生活在黑暗中的眼病患者们。他们，是真正的追光者。"

（作者：李璨璐，系中国作协会员）

（原载《光明日报》2022年01月14日14版）

唐湘岳
侯晓慧 | 作者

境　界

万里挑一。

在我国目前注册的两万三千多家民营医院中，只有一位院长同时获得了"全国劳动模范""中国好人""全国最美志愿者"和"中国优秀医院院长"称号。

他叫刘习明，我国不孕不育领域首批拓荒者，湖南省政协委员，长沙市药学会会长，长沙生殖医学医院、宁儿妇产医院、湘西宁儿妇产医院院长。

2021年11月5日，"德耀中华——第八届全国道德模范颁奖仪式"在京举行。刘习明又被授予第八届全国诚实守信道德模范荣誉称号。

万里挑一，为什么会是他？

呐喊

1959 年，刘习明出生在湖南省汉寿县。小时候，他经常听村里老人讲故事，送子观音的形象在幼年的刘习明心中留下了神秘感。

17 岁，他光荣入伍。部队培养他当军医，刘习明如饥似渴攻读《药理学》《解剖学》……

从部队转业回来，他分配进了一所公立医院。

一对对夫妇脸带愁容，一窝蜂地涌进泌尿科。进了科室又遮遮掩掩，说不清，道不明。

这是上世纪七八十年代泌尿科科室的场景。让患者说不出口的是不孕不育。

每当看到这些面露尴尬的患者，刘习明脑海中总能浮起童年的记忆：邻居家嫁人的姐姐因为生不出孩子，被夫家嫌弃，怕被邻里说闲话，总是三更半夜回娘家。

这样的案例见得多。为治病，听信江湖野仙吃坏身体的；因为生不出孩子，女性被家暴的，家庭分崩离析的……不孕不育问题，最终受伤害的都是女性。

那年代，医院没有不孕不育科，患者更找不到一家治疗不育症的专科医院。不孕不育研究领域几乎是空白。

刘习明不顾周围人的反对，毅然辞去公立医院工作，开始不孕不育的研究。

那时候，无处求医的患者都是跟着民间偏方"跑"。民间偏方是否有理论依据？是否真的有效？世上是否真有"送子观音"？刘习明苦苦寻觅着答案。

四处搜集民间偏方、秘方。拿到方子后，一头扎进中药典籍，寻找方子的合理性。翻烂了《本草纲目》《黄帝内经》等医药典籍，丹参、狗肾、菟丝子、紫河车……刘习明的大脑里装满了各种中药材，从原产地到功能主治，刘习明背得滚瓜烂熟。

拜访全国有名的老中医，寻觅单方验方、反复比对。综合多种配方的药理研究，经过多次筛选、比对，最终，刘习明精挑细选出几味中药材，结合中药"十八反十九畏"原则，开始药材的配备。

中药温和，很难立竿见影。刘习明仔细研判每一个病例，根据不同患者的临床表现，匹配相应的中药类型、服药剂量，从诊断到服药再到疗程结束，刘习明和他的医药团队全程跟踪记录，从患者的年龄、病因、服药剂量、疗效观察，每一项指标都做详细记录，积累了几百份临床病历。

经过几年努力，刘习明和他的团队研制出3种治疗不孕症的中药制剂。这些中药制剂效果显著，很快引来学界的关注。

1991年，我国著名医学家、中国医学科学院院长吴阶平亲笔致信刘习明，"关于开展不育不孕的研究和治疗是一件很有意义的事……"，鼓励他继续做下去。

1995 年，刘习明拿出全部积蓄创办了湖南省第一家治疗不孕症的专科医院——长沙生殖医学医院。

2012 年，刘习明聘请中国科学院院士、我国生殖生物学泰斗刘以训为医院首席专家。2013 年 11 月开始筹备建设院士专家工作站。2013 年 12 月，长沙生殖医学医院被湖南省卫生厅下文批准正式开始运行试管婴儿技术，成为长沙市属医疗机构中首家正式运行试管婴儿技术的医院。

中医敲门，西医引进，刘习明带着他的医疗团队经过 30 多年的拓荒、摸索、学习，目前已形成中医中药、康复理疗、西医手术、宫腹腔镜微创手术、人工授精、试管婴儿的不孕症治疗体系，自建院以来已为近 3 万个不孕不育家庭送去拥有孩子的希望。

刘习明的话——

"只要有一颗活精子，就能做爸爸。"这是 1995 年我们发出的第一声呐喊。第一声呐喊被制作成巨幅广告放在人来人往的长沙火车站火炬下面，当时不被人理解，可我们坚持呐喊。我们明白，孩子对家庭来说是多么重要，孩子对于民族对于国家又是何等重要。研究与治疗不孕不育不是见不得人的事业，而是播种希望、延续人类文明的事业。世界上总有些话是要有人第一个喊出来的。喊出来了，就得去做，再难也得做。

台阶

每天六点十分起床，快速整理内务。被子叠成豆腐块，牙刷牙膏固定摆放……身材瘦高的他总是身披一件袖口磨破了边的深蓝色西装，脚踩一双手工做的老式黑布鞋。一年 365 天，除去大年初一，364 天刘习明都奔走在去医院的路上。

喊口号容易行动难。办一所专治不孕不育的医院不容易，办一所受老百姓欢迎、爱戴的医院更不容易。他总是在琢磨一些有针对性的制度来管理医院。

质控小组监察制。女性在做试管婴儿时，经常出现各种并发症，任何一个环节出错都有可能造成医疗差错或不能达到预期治疗效果。为此，刘习明全程规范医疗行为：从病历的书写、会议会诊记录的书写到技术的管理、人员的配备乃至手术时间都有严格规定。

每周都会派质控小组去查病历，检查是否存在前后书写矛盾，信息错写、漏写情况，甚至年龄书写前后有误都会被扣分。每周一的下午还要开"失败病例研讨会"，回溯病例，找原因，做总结。这个惯例雷打不动。

疑难病例研讨制。2019 年，医院来了位北京的患者。该患者卵巢功能衰退，在其他医院做了 6 次试管婴儿均未成功，来长沙生殖医学医院本想做供卵试管婴儿。

通过对患者之前治疗过程的认真研判，刘习明组织专家会诊，大家分析前几次失败的原因可能是未掌握好用药、取卵的时间……会诊结果：让患者再试一次取卵手术。

经过医生的前期中药调理、调整扳机时间、改变取卵剂量，最终成功让患者怀上了宝宝。刘习明对医院职工说："这次试管婴儿的成功，并不是说我们医院的技术远超其他医院，而是我们对患者的精诚服务产生了效果，我们要坚持这一点。"

消灭"红包"制。医务人员如遇患者送红包、赠礼品，必须拒绝，实在无法拒收的，要将红包如数交给财务冲抵患者治疗费用，礼品上交院办公室统一处理。拒收患者的红包可获得医院的奖励，刘习明要打造"无红包医院"。

"一对一意见反馈"制。培训每一位医护人员，在患者出院之际要与患者进行一对一意见反馈，他说，他要打造医疗界的"售后服务"。

"年度亲子嘉年华"活动制。让那些不孕不育治疗成功的家庭带着孩子"回娘家"。他说，医患不应该是冲突，而应该是情义。

医药费减免制。刘习明时刻践行"不让患者多花一分冤枉钱"的承诺。严格规范医疗项目收费，"因病制宜"制定经济有效的治疗方案：能不住院的尽量不住院；必须住院的也只收必要的住院治疗费，尽量让患者带药回家治疗，最大限度减轻患者的经济负担；对经检查确诊无法治愈的患者，耐心劝导，不做无谓的治疗。特困患者家庭可以提出减免部分医疗费。建院以来，他为4000多名患者减免治疗费用达 1000 余万元。

刘习明探索的这些制度对于打造一个受老百姓欢迎的医院很有效果，但他深知，管理的最高境界并非是管人，而是管心，是"以文化人"。

上台阶，靠文化。

从手术室通往行政楼的必经之路上有个石梯，是刘习明亲自设计的。石梯每层台阶高约 50 厘米。踏上去有登山的感觉，踏下来有向下冲的感觉。石阶中间刻着"不偏不倚，青春向上"8 个大字。

他要建一个产学研中心，可是董事会上，很多人都不支持。反对的理由是，一来资金有限，二来产学研中心短时间内无法创收，建设产学研中心"费力不讨好"。刘习明力排众议，卖了房，贷了款，建成了产学研大楼。

湘女文化广场是他的杰作。

湘女有名，但是湘女的内涵是什么呢？刘习明携手国内著名的设计、雕塑、辞赋大师在 26 亩商住用地上打造出湘女文化广场。

湘女广场位于宁儿妇产医院产学研中心前坪，由湘女——东方女神雕像为主雕，辅之以古今杰出湘女图雕。有上古时期泪成斑竹、跃江而化的湘水女神；有辨识灵药，为百姓医疾的灵秀仙姑；有齐家有道、教子有方的革命母亲葛健豪；有西上天山，屯垦戍边守江山的八千湘女；有军民鱼水情、半条被子赠百姓的女红军……湘女忠贞、坚韧、智慧、勇毅。

　　刘习明提炼的湘女精神是——拥湖湘文化之底蕴，摄三湘四水之灵气，聚万千巾帼之智慧。

　　在湘女广场，他还设立岐黄问答、童子采莲、五福童子等多个石雕，意图将绵延千年的湘女文化与传承生命的医院文化融合在一起。

　　对于游走在医院的医护人员与患者，刘习明像个导游不厌其烦讲解着湘女文化。

　　刘习明的话——

　　26年前，个别社会办医院搞厕所医院、电线杆医院（在厕所、电线杆上贴广告），当时有职工问我是否也尝试这个宣传模式，我很生气。医院是实践医学知识的神圣殿堂，这样搞岂不是在侮辱医学。魏则西事件出现后，民营医院经营遭遇"冰期"。我的看法是，民营医院与公立医院应该拥有相同的价值观，就是救死扶伤，不让老百姓花冤枉钱。要用我们的良好示范消除老百姓对民营医院的偏见。我们医院里有个档案馆，里面存放着1000多封患者自发写来的感谢信、500多面锦旗、100多块牌匾，还有新生儿照片墙。每年年末，我都会带新老职工参观档案馆，讲它们背后的故事。一个医院成功的标志，不是赚多少钱，而是老百姓满不满意，有没有创造社会效益。老百姓喜欢的医院，一定是有人情味的医院、有文化内涵的医院、每个职工都有高境界的医院。

责任

贺志国，株洲市茶陵县枣市镇村民，一位身患尿毒症的年轻人，是刘习明参加湖南省政协"三个一"结对扶贫的帮扶对象。

第一次去贺志国家走访，刘习明到镇子上转了一转。他观察到，枣市镇很少有打印店，若是小贺能开一家打印店，不仅能服务周边百姓，还能赚钱养活自己。

刘习明派车将贺志国接到长沙生殖医学医院，免费提供食宿，为他制定了 48 天的学习计划，由院办主任丁丽娜当老师，教他系统学习电脑操作及设计技能。同时由医院出资安排他到临近医院做透析。

等贺志国熟练掌握文印技能，刘习明将全套文印设备、耗材送给了贺志国，帮助他在枣市镇开了一家"志国文印社"。如今的文印社年收入达七万多元，有了工作后的贺志国整个精神状态也好了不少。

"真的感谢刘院长，没有他，我至今还是个病重的无业游民。"贺志国说。

1997 年 12 月，刘习明当选为长沙市第八届政协委员，2007年 12 月，刘习明当选为湖南省第十届政协委员。

刘习明先后提交了 80 多份提案：《加强有效干预控制我省人口出生缺陷的建议》《关于加强基层医疗卫生人才队伍建设的建

议》《提升医疗卫生机构服务质量，提高人民群众生活质量和幸福指数》《关于促进民营医院健康发展的建议》……

26 年来，他在湖南师范大学、吉首大学、南华大学、湖南中医药大学设立"刘习明奖学金"；向湖南"一家一"助学就业·同心温暖工程捐款；为汉寿县东岳庙乡、望城区雷锋镇等贫困乡村建桥修路；疫情期间他带领全体医护人员自制口罩、煎煮药汤……捐赠总金额达 1850 余万元。

刘习明的话——

古人说，大道之行，天下为公。公平公正共享的社会环境需要我们共同去努力、去营造。提交《加强有效干预控制我省人口出生缺陷的建议》的提案，我想为提高出生人口素质贡献点力量；设立教育基金，我想为贫困孩子争取些受教育机会；为贫困山区建桥修路，我想为乡村振兴争取些发展机会。当医生是为患者看病，当政协委员是为社会尽些责任，为国家分忧。两种身份，有共同的责任。一个人也好，一个医院也好，不只考虑自身需求，自身利益，自身安危，还要考虑他人，考虑大众，才是应有的境界。

（作者：唐湘岳，系光明日报原高级记者、湘潭大学文学与新闻学院特聘教授；侯晓慧，系湘潭大学 2019 级硕士研究生）

（原载《光明日报》2021 年 11 月 26 日 14 版）

李英 作者

家国良医

2009年3月，浙江衢州市柯城区人民医院医生万少华，与12名同事组成"万少华团队"，为日军细菌战中受害的"烂脚病"患者开展救助。

10年过去，他们依然坚守。为了那些老人的健康和尊严，他们，用大爱抚慰战争创伤，践行医务工作者神圣的职责。

沉重的历史不曾远去

万少华清楚地记得，2009年，他第一次开始详细了解细菌战受害老人"烂脚病"史。

那年，感动中国人物王选女士等志愿者到衢州进行日军侵华细菌战受害老人情况调查，并为救助这些"烂脚病"患者奔走呼吁，引起各界高度重视。随即，浙江省民政厅在衢州开展救治试点工作，柯城区人民医院领受重任。

时任柯城区人民医院外科主任的万少华，和郑新华、毛晓伟、戴云刚、余志斌、柴腾蛟、占倩颖、祝黎昕、韩继红、徐丽芳、徐宏景、叶圣忠等 12 名医护人员组建"万少华团队"，开始了救助行动。

万少华团队开始走近那段难以忘怀的历史。他们多次来到位于柯城区罗汉井 5 号的侵华日军细菌战衢州展览馆，这里的一石一木、一图一文，向人们默默诉说着深重的战争创伤。

在万少华团队之前，衢州的三位老人为细菌战受害者付出了毕生心血：原衢州市卫生防疫站站长邱明轩、原衢州市体委副主任杨大方、原衢州市水泥厂党委书记吴世根，正是他们多方搜集史料、奔走呼号，建起了衢州细菌战展览馆。

早在 1990 年冬天，邱明轩在编写《衢州市卫生志》时发现，1940 年到 1946 年这 6 年时间中，衢州地区人口骤减，这让长期研究细菌战历史的邱明轩心生疑虑，经过进一步考证，果然与日寇在衢州实施细菌战有关。

1940 年，邱明轩年仅 9 岁，战争与死亡的阴影笼罩着他的少年时代。多年后，在他主编的《莫忘历史——抗日战争在衢州》一书中记下了这罪恶的一幕。

1940 年 10 月 4 日，时任 731 部队长、少将的石井四郎下达命令："令 731 部队按计划派飞机一架，携带鼠疫菌（带菌跳蚤）、霍乱干燥菌对衢县进行攻击。"上午 9 时许，一架日机从杭州筧桥机场起飞，入侵衢县城区上空，旋转一圈后，便快速俯冲下降至

200~300 米低空，沿着城西的西安门、下营街、水亭街、上营街、县西街、美俗坊等一带居民区撒下大批麦粒、黄豆、粟米、麦麸、碎布片、棉花、白色粉末、跳蚤、小纸包及宣传单等。日军飞机往返撒播两次后，于 9 时 30 分左右从原方向飞离衢县。此后，衢城爆发大面积鼠疫。

幼年苦难的记忆，让邱明轩立志行医济世，并致力于研究侵华日军衢州细菌战历史，积累了细菌战文字资料 100 多万字，编著《罪证——侵华日军衢州细菌战史实》《菌战与隐患》等专著。

2001 年 1 月 24 日，邱明轩随侵华日军细菌战中国受害者原告团团长王选，参加中国民间对日细菌战诉讼一审第 19 次开庭，他以流行病学专家的身份，在日本东京地方法院出庭作证，首次披露了触目惊心的事实：1940 年至 1944 年间，侵华日军曾三次在衢州实施大规模细菌战武器攻击，造成衢州连续 8 年发生传染病大流行，累计发病 30 多万人，有名有姓的死难人数高达 51407 人。邱明轩的举证，使尘封的细菌战真相终于昭然天下。

杨大方 8 岁那年，日军细菌战在衢州城蔓延，他的父亲杨惠风染上鼠疫，一周后去世。杨大方和母亲被送到城外衢江的木船上隔离，半月后返回家中，家园已被日寇烧成废墟。祖母含恨而逝，逃到乡下的叔叔也因鼠疫而亡。杨大方跟随王选，四次赴日本参加细菌战诉讼，勇敢地站在东京的法庭上。

吴世根的父亲死于侵华日军刺刀下，他的弟弟妹妹也被惨绝人寰的细菌战夺去宝贵的生命。他退休后长期从事细菌战受害者调查和对日索赔活动。早从 2001 年开始，他和邱明轩、杨大方一起筹建侵华日军细菌战衢州展览馆。历时五年，2005 年清明节，展览馆终于正式开馆，不少展板都是由老人手工制作而成。2015年，衢州细菌战展览馆跻身第一批国家级抗战纪念遗址名录。

时至今日，三位老人都已驾鹤西去。但王选、邱明轩、杨大方、吴世根等老人的正义行为，给万少华和他的团队以心灵的震撼和深刻的影响。就这样，万少华团队开始了一段不平凡的历程。

用大爱抚平创伤

山路弯弯，满目青葱。有一群穿白大褂的医护人员常年穿行在衢州市柯城区偏僻的山村。

万少华和队员们进村入户，筛查与日军细菌战相关的受害者。由细菌战引发的鼠疫爆发流行，使很多人患上了"烂脚病"，双脚溃疡，肿痛流脓，几十年久治不愈，痛不欲生，而今，这些受害者大都已是风烛残年。万少华团队确定了 39 名"烂脚病"患者作为救治对象。此后，他们利用双休日下乡，开着私家车进村入户，上门救治烂脚病人，十年不曾间断。

沟溪乡碗东村的巫双良、巫福建是堂兄弟，从小一起长大，都是一辈子烂脚，是对苦大仇深的"难兄难弟"。他们的脚长年肿胀着，黑乎乎的，脓水流下来，恶臭难闻，周围人避之不及。

巫双良终生未娶，战争的阴影、疾病的痛苦使他孤僻易怒。

2009 年的一天，万少华他们第一次上门就遭遇了尴尬。住在村敬老院的巫双良看到万少华他们，拉着脸，闭着眼睛发火："天下会有这么好的事？城里来的骗子我见得多了！"他拿起桌子上的簸箕甩向万少华。

万般劝解，巫双良这才将信将疑地把那臭不可闻的烂脚伸了出来。

万少华给巫双良清洗创面，又细语安慰，巫双良终于放下戒备心理，脸上挤出了第一缕笑容。

以后，万少华每月都会来给巫双良免费治疗，特别是大热天，臭味熏天，但万医生和护士们毫无嫌色，蹲下身子仔细清洗伤口。巫双良的伤口慢慢愈合。以前总钻在家里的他像换了一个人似的，大模大样地出门，跟大家聊天，性格也开朗了很多。

万少华和他的团队风里来，雨里去，为巫双良服务了整整 8 个年头，直到巫双良去世。

万少华在调查中曾了解到一件痛心往事：老人杨春莲于 1942 年秋天感染炭疽，烂脚 60 余年未愈，2003 年春节前，老人因不堪病痛折磨而选择结束了生命。活着，饱受煎熬；逝去，死不瞑目。这就是细菌战受害者的生存境况，万少华被深深地触动了。万少华想，我们一定要尽可能帮助老人疗伤，即使无法治愈，也要尽可能提高他们的生活质量，让他们活得更有尊严。这不仅仅是治疗老人们肉体上的病痛，也是在抚慰他们精神上的创伤；不仅仅是在做一件好事，更是在抚慰一段不能忘却的民族伤痛。

航埠镇姚家村 90 多岁的姚贵土老人，经过万少华团队多年的护理治疗，伤口逐渐好转，和医护团队结下了深厚的友谊。2017年，姚贵土去世，万少华团队驱车赶到村里为老人送葬，村民们和姚贵土一家深受感动。

青春激扬的万少华团队

万少华团队里有很多 80 后、90 后。他们参加工作后忙得连轴转，从来没有静下心来思考、感悟今天的幸福。加入团队后，他们变得成熟起来。这些年轻人，在奉献和磨砺中成长；在救助和护理中觉醒；在工作和生活中收获幸福和快乐。

出生于 1993 年的祝黎昕看起来有些腼腆。2014 年毕业后，她成为柯城区人民医院的护士。2014 年 8 月 1 日，祝黎昕正在清洗医疗器械，护士长李芳芳拽住她，问："今天万医生要去为烂脚病患者治疗，你要不要跟去学习学习？"

祝黎昕一阵惊喜，连声答应。她在学校读书时就听说过"万少华团队"的事迹，深为敬佩。

一行人开着私家车，在蜿蜒山路上朝大山深处行驶。万医生告诉她："我们要去治疗的这位老人，十岁时和大人一起下田干农活，被日本人空投下来的细菌弹感染，得了烂脚病，平时躲在这小房子里，不怎么出来见人。"

祝黎昕的心情登时沉重起来。跟着万少华和李芳芳在村里拐来拐去，他们终于来到一幢低矮的老房子前。刚走到房子拐角处，一股腐臭怪味袭来，祝黎昕以为这是屋边的垃圾堆飘出来的味道，没想到，他们一步步走近房子，腐臭味却越来越浓。祝黎昕忍着臭气走进房子，这才看清，在一个黑乎乎的角落里，瘦小干巴的崔菊英老奶奶正蜷缩在一张竹椅子上。

老奶奶见到万医生时，浑浊的眼睛居然一下子亮了起来，脸上露出微笑，紧紧抓住万医生的手。

"来，我扶您到亮一点的地方。"万医生慢慢地把老奶奶扶到门边在亮堂的地方坐下，蹲在老人身边。当万医生帮老人一层层解开腿上那些纱布时，恶臭扑面而来。

祝黎昕再一次震惊了。老人的腿一部分地方已经是煤黑色，小腿上巴掌大的伤口，皮肤已经烂没了，新长出的肉和溃烂的肉模糊地连接在一起，到处是猩红的斑点和脓液凝结的斑块。这比她在手术室里见过的任何伤口都更可怕！

其实，在这之前，崔菊英的整条小腿几乎都快烂掉了，甚至露出了骨头。经过万少华团队的治疗，创面得到有效控制，老人的心情也轻松开朗了许多。

万医生一边帮老奶奶清洗创面、上药、包扎，一边笑着对老人说："这次伤口有些渗出，以后要是严重了，您可以叫您侄儿打个电话给我们，我们就过来。"

万医生一直蹲在那里，小心翼翼地给老奶奶清洗伤口、换药、包扎，白大褂早已被汗水浸湿，汗水顺着脸颊直往下流。

那一刻，祝黎昕深受感动，也为自己的脆弱而羞愧。

整整一天，她跟着万医生和护士长，驾车从这个山头开到另一个山头，从这个村转到另一个村，直到夜幕降临，才回到城里。由于山路颠簸，天气闷热，她回到家难受得连饭都吃不下，还发起了高烧，反反复复持续了一个星期。

护士长打趣："小黎昕八成是被'烂脚病'吓倒了。"

万医生故意说："你这么娇嫩，我再也不敢带你去了。"

祝黎昕却坚定地说："我请求正式加入这个团队！"

从那以后，祝黎昕开始认真了解相关的历史背景，学习烂脚病的有关知识。她知道，是70多年前那些泯灭人性的日本侵略者发动了细菌战，害死了衢州很多老百姓，也让这些善良无辜的老人，承受了一辈子的痛苦。

这位从没有遇到过什么坎坷的90后女孩，第一次认真思考：作为一名年轻人，我应该为这些老人做些什么？

就这样，她一次又一次地跟随团队，踏上征程。祝黎昕迅速成长为一名优秀的医务工作者，并获得了"浙江最美90后"等荣誉。2018年6月，她被推选为第十八届共青团中央代表。如果不是亲身经历，她也许永远无法感受到这种苦难与美好的强烈反差，也许不知多久才能真正懂得什么是正义和仁爱。

2016年5月2日晚上，柯城区沟溪乡余西村文化礼堂灯火通明，热闹非凡。这里正在举办一场特殊的婚礼，余志斌、姜好携手走进了婚姻殿堂。"余志斌、姜好都是柯城区人民医院万少华'细菌战受害者'救助团队成员，一起去救治烂脚病人，很不容易。"当司仪这样介绍的时候，宾客们爆发出热烈的掌声。柯城区人民医院院长亲自为这对新人证婚，万少华团队的队员们一起见证了他们的幸福时刻。

2018 年暑期，我去柯城医院采访，正赶上余志斌、姜好这对小夫妻到乡下出诊。

汽车沿着弯弯的山路朝九华乡坞口村开去，一路上绿水青山，风光旖旎。这次要去治疗的老人叫魏洪福，他们已经为这位年近九旬的老人整整服务了十年。

汽车在老人家隔河对面的空旷地停下后，我们沿着小溪步行了一段，穿过石拱桥，再沿石阶走到山坡上的农舍。最先迎出来的是摇头摆尾的黑狗，老人魏洪福也早已等在门口。

姜好最初来老人家时，小黑狗狂吠不止，把姜好吓得一愣一愣的，而现在，小黑狗俨然已经把他们当作好朋友，友好地在姜好身边来回走动。十年间的救助治疗，让万少华团队和老人结下了深厚友谊。魏洪福干脆把医疗卡都放在万少华团队那里，每逢有个头疼脑热，直接给他们打电话，第二天队员们就把药给捎了过来。

治疗结束，魏洪福老人颤颤巍巍地从椅子上站起，送我们到路口，小黑狗早早蹿到河对面的汽车旁，在那里吐着舌头，摇着尾巴。

冬去春来，寒暑更替。10 年来，万少华团队为细菌战受害老人上门换药 2000 余人次，发放药品、电话随访 2200 余人次，回收销毁医疗垃圾 1100 余公斤，团队行程 6 万公里，相当于绕地球一圈半。团队队员从最初的 12 名发展到 77 人，平均年龄 31 岁。以万少华命名的衢州志愿者医护团队已经达到 700 多人，"万少华团队"精神，正在更为广阔的大地上传承、接力和弘扬。2016 年，中共中央宣传部授予万少华"时代楷模"光荣称号。

这是一场跨越时空的善恶之战。十年前确定的 39 位"烂脚病"患者，如今已经有 20 多位去世。最让万少华揪心的是，每年都有细菌战受害老人离他远去。那些他们曾经朝夕相处救治过的老人们的身影总是在他的脑际浮现，而每次给他们换药都可能是最后一次见面，都可能是一次不期的诀别。万少华他们每一天都在和时间赛跑，他们总想为受害老人们多一次治疗，多送去一份温暖，让老人们有尊严地走完人生最后一程；他们在和死神作战，哪怕这些老人只剩下最后一位，他们都将坚守。

（作者：李英，系中国作家协会会员，中国报告文学学会会员）

（原载《光明日报》2019 年 08 月 23 日 13 版）

李春雷 | 作者

心缘

　　她不知道自己睡在哪里，也不知道已经睡了多久。没有颜色，没有光亮，没有声音，没有时间……

　　混沌中，悠悠然飘来几缕曦光。她想睁开干涩的眼睛，可一丝儿力气也没有。光影慢慢飘摇、膨胀，她恍恍惚惚的感觉好像是睡在一片无边无际的沙漠里。嘴唇干裂、嗓子发烫，好想喝水。可是，黄沙漫漫，连一株小草、一条小虫也没有啊。她想爬起来，但全身似乎被一道道绳子捆绑着，动弹不得。她只能用力地吸唱双唇，像沙滩上一条翕动的金鱼……

　　忽然，有水滴进嘴唇，润入喉咙，温温的、软软的、香香的、甜甜的，像妈妈的乳汁。

　　"叮当……"是钢勺与瓷杯的合唱。

　　她用力睁开两扇石门般沉重的眼皮：乳白色的灯光里，一位高个子护士阿姨，坐在床前，一手端着水杯，一手握着小勺。洁白的燕尾帽下，是一抹温柔的笑。

护士阿姨轻轻地抚摸她的额头，欣喜且坚定地说："手术特别成功。今后，你就是一个健康孩子了！"

声音好甜美，微笑好温馨。如果说世界上真有天使，那么，此刻，这就是天使的声音，天使的微笑。

她缓缓闭上眼睛，泪水麻麻辣辣。

这是发生在 2008 年 1 月 17 日深夜的一幕。

地点：河北医科大学第一医院心外科监护室。

一

先心病，是胚胎时期心脏和大血管发育异常导致的各类心血管畸形。

小儿先心病与生命进化史相伴而生，但人类进入文明社会的几千年来，对此既无认识，更无治疗，统统将之归结于命运和不幸。太多幼小的生命，就这样无声无息地夭折了。

20 世纪 40 年代，随着外科手术治疗心脏病在西方科技发达国家取得进展，小儿先心病治疗终于实现突破。

新中国成立后，我国医务工作者开始了对先心病手术治疗的研究探索，并逐渐向世界先进水平靠近。

我国是人口大国，也是先天性心脏病发生率最高的国家之一，每年约有 30 多万先心病患儿出生。长期以来，由于贫困和懵懂，患病的农村婴儿大多未能及时诊断和治疗，其中有近三分之二在两岁左右夭殇，其余者也将会在未来的人生路上较早地凋谢。历史的悲剧，惨痛却无奈。

改革开放之后，我国先心病诊治取得长足进展。到 21 世纪初，已经形成了一支具有相当规模的外科治疗队伍。

河北医科大学第一医院在 2002 年正式更名重建之初，就把治疗小儿先心病列为重要内容，尤其是面对广袤农村地区的贫困儿童，更是仁心炽热。

2004 年 2 月，他们免费为当地农村一对罕见的胸腹连体女婴进行分离手术。7 月，又成功为其中一个女婴陆续进行了房缺室缺修补、主动脉骑跨矫正、肺动脉狭窄加宽和右心室流出道肌肉部分切除等一系列高难度手术，展现了高超的儿童先心病治疗水平，填补了多项国内空白。

消息传出，引起社会强烈关注。

"喂！医大一院心外科吗？我想咨询一下孩子先心病的事。"

"听说你们那里可以免费治疗儿童先心病，是吗？"

"我是先心病孩子的母亲，想带孩子去你们那里治疗。"

电话天天被打爆，患者众多，却大多是贫困家庭。

怎么办？

二

1995 年，付艺明出生在河北省柏乡县一个偏僻农村，家境贫寒。

在她的记忆里，自己从小就和别的孩子不一样。小朋友们都像活蹦乱跳的小兔子，跑得飞快，而自己总是气喘吁吁；人家玩得兴高采烈，自己只能静静地站在旁边，像一只怯怯的小猫。她还容易感冒，常常浑身无力。家人总是怀疑她营养不良、发育迟缓。

一天，乡卫生所医生把冰凉的听诊器放在她的胸口，谛听，竟然有"呼呼"的杂音。再到县医院检查，居然是先天性心脏病！

只能做手术，可费用需要十多万元。

父母瞬间石化。全家全年的总收入，也不过几千元呀。

2004 年 8 月，河北医科大学第一医院主动与省妇联、省儿童基金会联手，正式启动"河北省救助贫困危难儿童爱心工程"，公开宣布对贫困先心病儿童实施救助治疗。

与此同时，他们专门成立了一支由时任副院长赵增仁（现任院长）牵头，包括心脏内科、外科、超声科和护理专家等 20 多人组成的"先心病救治团队"，开出了全国第一辆"先心病救助普查车"，普查车配有当时最先进的心脏彩超机等仪器。

普查车的第一次出行目的地，是位于太行山深处的唐县。这里，正是白求恩当年转战行医和长眠的地方。

"省医大一院来为我县儿童进行心脏免费检查了！"消息迅速传遍村村寨寨。

"免费检查？是真的吗？"

"是真的，俺去看过了！"

人们抱着孩子，骑着自行车，赶着毛驴车，甚至步行着，从四面八方来到检查点，排起长长的队伍。

心脏彩超又名超声心动图检查，是准确诊断先心病的最有效方法。

"那时候，我们使用的还是老式彩超机，个头儿特大，笨重，一个人根本搬不动，需要两三个人抬。"现任心脏超声科主任何小梅回忆说，"我们前往普查的都是偏远山区，因为那里的医疗条件最落后，贫困孩子最多，先心病的发病率也高。"

普查队员们爬山岭、蹚溪流、踩泥路，风餐露宿。为了节约经费，他们睡过澡堂子，吃过路边摊，矿泉水、榨菜和面包更是家常便饭。

三

2007 年，付艺明升入初中一年级。

正值花季的小姑娘，脸上层层忧郁，心底重重块垒。与那些亭亭玉立的女孩儿相比，她的身材格外瘦小，学习成绩也靠后。她总是感到浑身无力，还经常感冒发烧。

已经初谙世事的她，知道自己是一个先心病患者，与别人不一样。

常常地，她凝望着黑黑的夜，叹息命运的悲凉。酸涩的泪水泛滥成灾，淹没了梦想的嫩芽。

2008年1月的一天，正在教室里呆坐的她被老师喊了出来。

远远地，姑姑冲自己招手。姑姑说，听说省里有一家医院可以免费给穷家孩子施行先心病手术。咱们去一趟石家庄，看看是不是真的？

麦田的残雪开始消融，在大地上勾勒出黑黑白白的图案。付艺明抬头看看路边冬眠的柳树，暗褐色的枝条上，仿佛已经透出一抹嫩绿……

她清楚记得，给自己做心脏彩超检查的是一位姓何的阿姨。检查结果："先天性室间隔缺损"。因为已耽搁太久，必须尽快手术！

付艺明恐惧极了。阿姨微笑着说："孩子别怕，睡一觉，就好了。"

后来，付艺明得知，这位和蔼的阿姨叫何小梅，是著名超声诊断专家。

2008年1月13日，付艺明住进心外科病房，手术安排在第四天下午。

真要做手术了，她瑟瑟颤抖，坐在床上抽泣。一位医生伯伯走过来，看看她发紫的嘴唇，捏捏她冰凉的手指，说，孩子，这只是一个普通手术，我做的多了。

"慈祥伯伯"王军，是著名心外科专家。这次手术，由他主刀。

2008年1月17日下午，手术时间到了。付艺明躺上手术床，护士阿姨用酒精棉球在她的手背上轻轻擦拭，凉凉的、痒痒的。接着，手背刺疼一下，她就深深地睡着了……

采访时，我问王军教授，还记得为付艺明做手术的事情吗？

他想了想，摇摇头，做过的手术太多太多了。

是的，这么多年来，他每天的工作就是做手术，从上午 8 点进手术室，一台接一台，团队成员轮流上，主刀只有他一人。最多的一次，连续工作十几个小时，做了 7 台手术。结束时，双腿浮肿。

虽然王军教授无暇记录，但医院的病例记载清清楚楚：2004年之后，他们每年免费救助治疗的贫困儿童都在近 1000 名。

采访中，王军多次重复这句话："先心病，几岁可根治、十几岁则难治、再大就不可治。早确诊，早手术，孩子就能得救。"

说到这里，王军有些动容。作为心外科医生，他见惯了生与死，但无论如何也接受不了那些可爱的孩子因家庭贫穷或无知耽误而"被死亡"……

2009 年，河北医科大学第一医院先心病爱心团队被评选为"感动河北"唯一群体，并连续多年荣获"河北省关爱儿童贡献奖""河北省儿童慈善奖"和"河北青年五四奖章"等等。

随着时代发展，河北医科大学第一医院在先心病筛查、诊断、治疗技术上又取得了诸多突破，特别是逐步掌握了最前沿的介入治疗。专家们还走出国门，在吉尔吉斯斯坦、塔吉克斯坦、哈萨克斯坦、乌兹别克斯坦、越南、印度、意大利、俄罗斯等"一带一路"沿线国家进行小儿先心病治疗和技术指导，为当地培养了一批批技术团队。

四

2008 年 2 月 1 日，付艺明出院了。

虽是深冬，但蓝天白云，丽日高照，她的身上暖洋洋。心脏消除了"呼呼"的杂音，跳得"咚咚"有力。走到医院大门口，付艺明停住脚步，恋恋不舍地回头观望。"河北医科大学第一医院"几个红红的大字，深深地印在了她焕然一新的心底……

休学一年，重回课堂，付艺明好像变了一个人。去掉了"心病"，她的心灵异常明媚，身体格外轻盈，学习更加刻苦。过去，她的成绩在班里排名后几位，但第二年，跃升到年级前 10 名。

初中毕业，付艺明以优异成绩被一家省级示范高中录取。

2014 年高考，付艺明填报的第一志愿是河北医科大学护理专业，未被录取。面对另一所大学的录取通知书，她决然放弃。

第二年再考，老师和同学劝说换一所院校，但她坚定地再次写下这个名字。她心里说，这是我重生的地方，这是我生命的福地！

这一年，付艺明终于如愿以偿。

入学的那个傍晚，付艺明走出学院大门，左行不远，来到一个大门口。她慢慢地抬起头，"河北医科大学第一医院"几个闪亮的大字，便兴冲冲地扑进了她的眼帘。

"天哪！这是真的吗？"付艺明怔怔地站在那里，如若梦幻。

入学后不久，付艺明就加入了"青年志愿者协会"，主动参与各种公益活动。第一医院心外科病房需要志愿者。得到这个消息，付艺明第一个报名。

8 年前，她是这里的一个患儿，今天竟然能来这里为患儿服务！

她怀着极其复杂的心情，轻轻推开了病房的门。她把漂亮的玩具递给孩子们，挨个儿拥抱他们，给他们喂水、洗脸、洗手、剪指甲、讲故事……

穿上重重的射线隔离服，戴上手术帽和无菌手套，王震又一次走进吉尔吉斯斯坦米拉黑莫夫国家心脏病治疗中心的手术室。

手术室不到 50 平方米，有五六名吉方医护人员正在忙碌。黑眼睛、黄皮肤的王震在这里格外引人注目。

2012 年 4 月 16 日，这是王震第五次前来吉国首都比什凯克。

王震是河北医科大学第一医院心内二科主任、国家卫生部心血管病介入诊疗质控专家。他多次受邀到吉尔吉斯斯坦、塔吉克斯坦、越南等"一带一路"国家开展先心病介入治疗。这次，他是应吉国国家心脏病治疗中心院长珠玛古洛娃教授邀请，前来参加心血管疾病国际研讨会。在 4 天会议期间，他挤出时间为当地 25 名先心病患儿成功实施了介入治疗。

在吉国先心病治疗界，传颂着王震的一段传奇：一次，一位外国专家在为吉国患儿实施介入治疗时发生意外，把封堵器掉入患儿的肺动脉。千钧一发之际，王震赶到手术室，沉着冷静地用抓捕器轻轻将封堵器抓回，使手术得以成功完成。

吉国同行们被王震的医术折服，委婉地恳请他采集并保留介入治疗过程的影像资料，以便随时学习。

要保留介入治疗时的影像资料，就必须使用一种被称为"踩电影"的特殊操作法，不仅屡屡遭遇 X 射线，还会给自己的手术带来许多不便，但王震毫不犹豫地答应了。他在手术的同时，不得不频频用右脚踩下一个"录像按钮"。一帧帧清晰的图像，被采集了下来。

当王震把这份宝贵的影像资料交给吉国同行时，他们激动得紧紧拥抱，高喊"Рахмат！Рахмат！（吉尔吉斯语：谢谢！谢谢！）"

在吉尔吉斯斯坦，王震被称为"中国白求恩"！

五

那一天，上护理学理论课，一位个子高高的女老师走上了讲台。

"同学们好，我叫申红，是一院先心病治疗中心护士长。今天，我给大家上课……"

付艺明突然瞪大了眼睛：这不是那位亲手将我推入手术室并

全程陪伴的护士阿姨吗?

她鼻酸眼热。8年前的那一幕幕,千万次地在眼前和梦中浮现,今天终于见到您!

在以后的教学日子里,何小梅、王军、王震等医生纷纷登台,现身讲授。

采访期间,王震带我参观了他的介入治疗导管室。进门后,他把一件射线防护服递给我。我伸出手去,竟然一下子没能拿住。其重量,超出了我的预料。

王震把厚重的围脖、上衣、围裙一件件穿在身上,俨然一位浑身铠甲的古代武士。

"'全副武装'有多重?"我问。

"整套防护服由含铅材料特制,30多斤。"

"穿这么重的'铠甲',站着做手术,很累啊!"

"呵呵,习惯了。"

这是他的"战场"。他穿着几十斤重的防护服,去做最精细的手术,这分明是"穿着盔甲绣花"呢!

"对,我们的确要有武士的身体和绣娘的手指。"王震笑了。

这些年来,王震先后16次应邀赴吉尔吉斯斯坦指导先心病诊疗工作,成功治愈了530多名吉方先心病儿童,被该国聘为国家心脏病医院名誉教授。

2018年12月6日,河北医科大学第一医院与吉尔吉斯斯坦国家心脏病医院正式签署协议,挂牌成立"中国—吉尔吉斯斯坦先天性心脏病研究中心"。

六

2019 年 5 月，大学毕业的付艺明参加河北医科大学第一医院的护士招聘考试。

距离梦想如此之近，她兴奋又紧张，握笔的手都在发抖。

发挥失常，名落孙山。

付艺明下定决心：今年不行，明年再考！

幸运的是，不久之后，由于医护人员紧缺，医院又组织了第二次公开招聘。上千人报考，只有 20 多个招录名额。

这一次，她努力平复心情，笔试、面试、操作、试工……一道道关口，顺利完成。

6 月 17 日深夜，付艺明突然接到同学的电话："付艺明，恭喜你！"

她猛地跳起来，马上登录医院官网查询，果然看到了自己的名字。泪水滴落纸上，洇成桃子般大小的心形图案……

2019 年 9 月 19 日，吉尔吉斯斯坦总统热恩别科夫在总统官邸举行盛大授奖仪式，授予中国医生王震教授吉国最高荣誉奖章——吉国国家丹克奖章。

这是该国第一次为医疗卫生领域外国专家颁发国家最高荣誉，而王震，是唯一获奖的中国医学专家！

现在，河北医科大学第一医院"先心病诊疗中心"已扩展到近百人。他们的爱心，也点燃了社会上更多的爱心，越来越多的基金和企业家加入到救助行列。曾经担任过10年先心病救助办公室主任的王保中如数家珍：15年来，先后免费为23万名贫困儿童进行心脏健康检查，筛查出16000多名先心病患儿，并对其中11000多名进行免费救助治疗……

七

世界真是奇幻。

付艺明的工作岗位，竟然就是她当年住院治疗的地方——先心病诊疗中心心外监护室，而她的指导老师，居然就是护士长申红——8年前那位陪护自己重获新生的护士阿姨！

在这里，她每天都能看到自己当年重生的手术台。

在这张手术台上，王军教授仍然在每天做手术，而手术对象，依然大部分是像她这样来自贫困农村的患儿。

她还经常见到王震教授，穿着铅衣，像一位威风凛凛的大将军。

她每天的工作，紧张而充实。

患儿们一个个醒着走进来，睡着推出去。而她，身穿天蓝色护士服，头戴雪白色燕尾帽，就像当年申红阿姨守护自己一样，精心、耐心地守护着每一个患儿，给他们带去温暖的微笑，带去生命的信心，带去晴朗的明天……

常常地，为患儿喂水后，她会舞动小勺，轻轻敲击瓷杯。那清脆而简单的音响，在她听来，却不啻是一首欢快、热烈的钢琴曲。这时候，她会情不自禁地笑出声来。

她，真是这个世界上最幸运、最幸福的人！

（作者：李春雷，系中国报告文学学会副会长、河北省作协副主席）

原载《光明日报》2021 年 03 月 19 日 14 版

李琭璐 作者

"贾立群 B 超"炼成记

几乎很难有人理解贾立群的这些"怪癖"——

一件白大褂、一台 B 超机,他的一天从早上七点开始,下班时间定然是无法保证的,经常有值班的医生看到,前一秒还在电脑前写讲稿,后一刻可能已经赶到了诊室或手术台。

他很少吃午饭,也不怎么喝水,学生们甚至没见过他的杯子。

"见过他特别累的时候吗?"同事和学生不假思索地摆摆手,"没见过。"

他脾气好,检查时,有患儿家长提出"特殊要求"——

"大夫,您能把白大褂脱了吗?我们家的孩子一看见白的就害怕。"白大褂脱下后,露出里面的羊毛衫,可孩子还是哭个不停。

家长又说:"您那毛衣上还有白色的条块,您能不能把毛衣也脱了呀?"好在里面还有件衬衣,正好是蓝色的,孩子这才安静下来,做了检查。

北京儿童医院原副院长穆毅还记得,10 年前,一个两岁的孩子被诊断为恶性肿瘤，贾立群每年都帮他做复查，10年后，孩子考上了重点中学，那次赴京并不是为了检查，就是想和"贾爷爷"说声谢谢，汇报学习成绩。

每位受益于"贾立群B超"的孩子，都会谈起善良二字。他如何冒着风险，为患儿解决疾苦，通过仁心仁术获得自我实现，也让公众看到当下纯粹的医者风范。

这些不知何时被很多人遗忘的专业素养，敬业精神，肯为一件事钻研的态度，在贾立群这里找到了。

有这样的前辈是什么感觉？

——"一方面你很佩服，感觉他医术真高。另一方面也会觉得自惭形秽，和这么优秀的人一起共事，更需要努力啊！"

一次，年轻医生参加考试，被问到"阑尾炎的诊断标准"时，第五点实在想不出来，就写下了"贾立群B超"。

——引子

一

贾立群25岁就做了医生。

那时候，科里医生少，小病人多，空闲时间当属晚上，晚上八九点，他抱着白天B超"没看明白"的新生儿，回到科里继续检查。周边安静，有时，"突然就看明白了。"

他学的是儿科，但毕业时却分到了很多人不愿意去的放射科。

定了科室，他有些顾虑："在这儿，我能干出什么呢？"带他实习的老师说："你可别小瞧放射科大夫，本事大，本事小，全凭一双眼。练出来了，病人得福，练不出来，病人跟着你一块遭殃。"

做超声医生的第3年，贾立群练出了"火眼金睛"——

那是个还在襁褓中的孩子，被外院诊断下腹部囊性肿物。门诊，贾立群足足看了半个小时，"确实有囊，但没看到膀胱，肿物会不会是膀胱？"贾立群觉得，自己判断得没错，但需要复查再证实。门诊结束，他和病房打了招呼，抱着孩子又来到B超室，在屏幕上找证据。画面一帧一帧掠过，他发现了囊下方有小尖状凸起，这意味着外院诊断为占位性病变是错的，"这就是胀大的膀胱，一根导尿管就可以解决问题。"

后来，年长的管床医生私下问他，你是怎么判断的？贾立群腼腆地笑笑，说："我超声超出来的。"

成为医生之前，贾立群的梦想是当一名无线电工程师。1974年，他被推荐上了大学，可学的不是无线电，而是从未接触过的医学。在北京第二医学院，贾立群成了每天学习到最晚的人之一。一次，他把人的头颅骨借到宿舍，抱着它反复琢磨。不知不觉睡着了，再睁眼时，他发现头颅骨正和自己躺在一个枕头上。

贾立群也承认，学医是件苦差事。改行做超声医生的很长一段时间，他大部分的休息时间用于观摩手术，将手术中切下来的标本拍成照片，晚上到家与B超图像对比分析。同事胡艳秀记得，遇到看不懂的疑难病例，贾立群会从头到尾旁观外科医生做手术，这种坚定支撑着他走过早期的迷惘岁月。"我笔下的每一个字都是有根据的。"他的手在桌子上点着，很认真地说。

如果你见过贾立群最初工作时的状态，就不难理解这份底气背后吃的"苦"。北京儿童医院肿瘤外科主任王焕民愿意将时间倒推 30 年，一台超声机一间房，贾立群弓着身子写报告，笔端详尽地记录着超声检查所见、肿瘤大小，甚至是肿瘤性质，"什么部位容易长什么样的肿瘤，贾主任能具体报出肿瘤的病理诊断。"王焕民觉得，这早已超越了超声科医生能力范畴。

随之而来的，是贾立群在圈内的好名声。不少医生遇到"看不明白"的病例，会不约而同地在 B 超申请单上注明做"贾立群 B 超"。做完了，有的家长还用手指着 B 超机问他："大夫，您做的是'贾立群牌 B 超'吗？"

这被贾立群称为温暖的误会。最疯狂的时候，他可以连着 48 小时不睡觉，"如果第三个夜里还有病人，我就坚持不住了。"那次，贾立群熬到了凌晨 4 点，等病人的间隙，他很快睡着了，头一舂拉，笔杆就戳到了眼睛。

一次，他在外地开会，回京航班取消。为不影响第二天上班，贾立群改飞石家庄，连夜转坐绿皮火车，一路站到北京。赶到科里，正好早上 7 点 30 分，"一宿没睡觉，但我心情特好，没迟到，也没耽误工作。"那天上午，贾立群一共约了 20 多位患儿做 B 超，当日下午两点，才结束上午病人检查。

这样的作息时间，贯穿贾立群的整个从医生涯。他承诺，只要患儿需要，24 小时，他随叫随到。一个休息日，他正理发，刚理了左边，右边还没动，医院急诊电话来了，贾立群立刻往医院赶。最多的一天，他夜里被叫起来 19 次。

北京儿童医院外科手术室，主刀医生王焕民在手术台上犯了难，这是一个腹膜后的肿瘤根治术，腹膜后血管和肿瘤紧紧地交缠在一起，深部的地方看不到，下手一摸，无从下刀。

"贾主任呢？"

"快叫贾主任吧！"

午夜 12 点，电话铃刚响一声，贾立群就接了起来。65 岁的贾立群一直在家等着没睡觉，他知道当晚手术很复杂，也许"用得到"自己。

这样的默契更多发生在手术过程中。一位患有脂肪母细胞瘤的孩子，第三次手术，在场的医生都感到了压力。术中，主刀医生发现瘤体边界不清，无论如何也探查不到。怎么办？答案还是"贾立群 B 超"。

手术床前的王焕民一脸严肃。"把腔镜再往前伸两厘米吧。"不露声色的贾立群，用超声探头引导着腔镜。

两个小时，腹股沟部的肿瘤被切除干净。B 超探头向右一转，贾立群发现了新目标：这是一处新的肿瘤病灶，环绕包裹着血管，要想完整切下它难极了。

"您先走吧，剩下的我们慢慢弄。"王焕民有些不好意思，挂钟已指向夜里 3 点。

"不着急，我陪着你们做。"多年来，贾立群和外科团队达成了这样的默契：手术不结束，超声科医生不下（手术）台。

北京儿童医院普通外科主任陈亚军还记得，一位3岁儿童坠楼重伤，从张家口坐直升机送到北京儿童医院。之前一直按常规治疗，直到贾立群发现患儿一处极隐蔽的消化道穿孔，才及时对症治疗。"一般人判断不出来，但贾主任B超就能查出来，孩子从楼上掉下来时，把肠子摔破了。"

不足12平方米的小屋子，就是贾立群的诊室。一次性床单是刚换的，耦合剂安静地"站"在B超机旁，摸上去是温热的。桌子、椅子上放着吸引小朋友注意力的玩具。任凭躺在那儿的孩子有多焦躁，贾立群始终不紧不慢，不放过任何蛛丝马迹。

有时把家长都看着急了。

"贾主任，您看到底有没有问题呀？"

来自山西的男孩因偶然咳嗽出血，外院CT回报在胃后方有肿物。

"我在超声上看不到东西（肿物）。"贾立群拿着探头在孩子的肚皮上看了又看。

孩子父母还是不放心，又去外院做了经食道彩超，报告仍然有肿物。

家长执意手术，"开"出来的结果证实了贾立群的诊断。

二

每位新进科室的年轻人，都曾被贾立群请到办公室，回答两个问题——

"为什么选择这行？"

"你喜欢超声这行吗？"

这是国家儿童医学中心，身处金字塔顶尖，竞争是残酷的。大学刚毕业，王玉就成了贾立群的学生。之前，他只在书上、某个讲座上，或者电视上见过贾立群。近距离接触后，王玉发现，贾老师就像父亲一样慈祥。有时，因为患儿数据报错了、论文写得不深入，他又能体验到贾老师弓着腰、板着脸，瞬间"发火"的一刻。

王玉刚进超声科时，团队只有 5 个人，很多人不知道儿童超声也能做得如此有声有色。进修的大夫越来越多，"最早科里一年一两个进修医生，现在是一个大夫带一个两个。""如果你说出的诊断结果，恰巧和他的答案一样的时候，主任会给你一个特别的眼神，以示赞许。"王玉就曾被这个眼神鼓励过。

远程会诊是诸多基层医院的选择。绿色通道应运而生，复杂病例在超声科的微信群里会诊讨论，受益的医生和小患者愈来愈多。后来发生的事情，颇具戏剧性，有些被治愈的孩子立志学医，他们的人生故事，或许刚刚开始。

这些每年都在上演的故事让贾立群深深藏在心底，很少被挂在嘴边。在王玉眼里，贾立群是顶着众多光环的一个普通得不能再普通的大夫。检查前铺床单，检查后打印超声报告，这样的辅助性工作，有不少大专家往往交给助手来做，而贾立群从来事必躬亲。

北京儿童医院超声科主任王晓曼提供了故事的另一面。有一次，贾立群身体不适，问他怎么了，他也不说，坚持到下午把所有患儿B超检查完。"找我们的外科大夫一看，发现是急性阑尾炎，切下来的阑尾都坏成一小节一小节的。"

同行不理解，甚至在私下问："贾立群这么拼，图什么？"

这个问题在 2008 年 2 月有了答案。贾立群连续检查出几十例"肾结石"患儿。同年 9 月，"三鹿奶粉事件"曝光，# 三鹿奶粉 #的词条很快登上了微博热搜第一名，后面还缀着"沸"字。贾立群凭借对这类患儿超声检查经验，和临床医生一起，在短短 3 小时内制定出了"毒奶粉肾结石"的全国诊断标准，并带领团队在此后数月中共筛查 3 万多个儿童。

那时，全国很多地方筛查出患有肾结石的儿童，贾立群忙得整宿整宿没法睡觉，同事胡艳秀记得，那段时间贾立群几乎透支了身体，"不是在去机场的路上，就是在去各个医院的路上。"

那些质问"图什么"的人，渐渐少了，最后消失了。

同事辛悦一直难忘贾立群那句玩笑话："你还小，正长身体呢，快去吃饭。"她刚毕业时，超声科人手少，上午做完全部病人常常是一点以后，贾立群都会让年轻大夫去吃饭，自己接待随时再来的急诊。

许多县市级医院的年轻医生喜欢听他讲课，讲B超技术、儿科发展。曾多次听过他讲学的医生王四维说，"不同层级医院的医生都能从他身上学到东西，"基层医院的医生在贾立群身上看到了"儿科超声医生的无限可能性"。

除了有些驼背、白发多了，贾立群的精神头似乎比十年前更加丰沛。胡艳秀记得，60岁生日那天，科里同事给贾立群过生日，祝福的卡片密密地插在蛋糕上，几乎盖住蛋糕。

同事拿着苹果问他："主任，你吃苹果吗？"贾立群摇摇头，"我的牙不能咬，很松了，一直想治，但没时间。"

有人问他："主任，您在东北兵团那么多年，后来回去过吗？"他又摇摇头："回京以后就没去过，没时间啊。"

时间从来就不是秘密。40余年来，贾立群与"医"字为伴，渐渐成长起来的年轻医生如今独当一面，传道授业，念着他的好，也陪着他，从年富力强到双鬓斑白。

三

终于到了退休年纪，但贾立群的社会头衔仍不见少，重新平衡工作与生活后，他依然选择了前者。

从许多生活细节来看，贾立群都是失职的。比如妻子生病，他不能陪伴左右；比如儿子的学习，他几乎很少过问；比如，他很不"爱惜"自己，阑尾炎穿孔手术、腰椎间盘突出无法躺着睡觉，宁可拄着拐上班，也不请假休息一天。

讲述这些的是妻子，"一辈子都在等他，等他吃饭、等他回家，哪怕等他陪我去趟超市。"碰上一个人在家，贾立群的三餐就是妻子走前准备的：写好日期的包子饺子，热热就能吃。

生活，也是有趣的。家里冰箱坏了两次，贾立群找来图纸自己修，维修的范围很广，包括洗衣机、汽车、手机，"但一切都要等他的时间，现在家里的水龙头还坏着呢。"贾立群特别喜欢汽车，在北京购车限号前一周，他买了辆手动挡轿车，一直开到现在。只是因为工作的缘故，贾立群的活动范围多为两点一线（家、医院），"家里的汽车年年没时间打理，九年跑了1万多公里。"66岁的他轻轻地叹了口气。

贾立群"宠"孩子，上学时，儿子想要一副耳机，很贵，妻子不同意买，贾立群看儿子喜欢，就偷偷买了送他。理由只有一个：弥补愧疚。"生病了，我只有他煮方便面的记忆，或者中午他穿着白大褂，端着从食堂买来的鱼香肉丝回家，放下，然后又走了。"

实际上，儿子还有很多尴尬的回忆。"我爸每年春节都是在医院度过的，就因为我们住得近。放假过节家里聚会，经常因为突然来了病人，他参加不了。"

也有脆弱的时候。一次去理发，有个小伙子问他，"你儿子多大，在哪儿上班？"贾立群没忍住，双眼里含着欲滴的泪珠。他学着年轻人的样子，在聊天软件上给儿子留言，通常是稀松平常的几句："吃了吗？最近学习忙吗？要注意劳逸结合。"

"我爸平时话不多，大多都是以行动支持我。"儿子说。

他是节俭的，贾立群几乎不打车，一件穿过多年的 T 恤缝缝补补，又成了他的打底衫；他亦是大方的，每年"七一"医院组织党员爱心捐款至少是一千元，同事重病需要救助一拿就是几千块。尽管结婚超过 35 年，贾立群的言语间仍有一丝笨拙感，那就是妻子口中的，做丈夫、做父亲时"笨笨的"形象。当他切换到医生时，你又能看到那个有着专业素养的聪明人。

儿子上小学时，贾立群接他放学总是迟到，通常的理由是快下班了，又来了病人。"他上来就跟我道歉，然后说着相同的理由。"儿子在学校门口一等就是两个小时，"我和学校门口小卖部的人熟极了。"印象里的几次陪伴，是贾立群带儿子去中关村攒电脑，他深谙孩子的兴趣，"这也直接影响了我现在的工作，与计算机有关。"

贾立群目光垂下，开始说起了自己的理想："不漏诊、不误诊，让每个孩子都远离疾病困扰。"他指着自己的老花镜，低头笑了起来。

仿佛打开了某个开关，贾立群的倾诉欲在这之后变得顺畅。窗外是北京的初冬，暖阳和煦，每一阵微风拂过树叶的响声，像是回应着他的心愿。

（作者：李琭璐，系中国作协会员）

（原载《光明日报》2019 年 12 月 06 日 14 版）

黄亚洲 | 作者

陶医生的豁达

　　陶医生豁达，豁达里不乏幽默。他一边吃饭，一边就达尔文的进化论发表一些佐证的意见，说其实人啊，有返祖现象，你看我的耳朵就是，我的耳朵会动。

　　陶勇医生在饭桌上表现出的幽默，让我想起一年在网络上看到的那些报道。被砍伤之后，他没有哀怨，没有愁苦，没有咬牙切齿，只说一句："幸好被砍的是我，我年轻，跑得快，如果砍的是另一个医生，后果更可怕。"

　　这种豁达与幽默，是一种底气。

　　我问他，一年了，左手恢复得怎么样。此刻，他就坐我右侧。他受我女儿之邀，来我女儿家里吃饭，恰好挨着我坐。我要是动作幅度大一点，会触碰到他受过刀伤的左臂。所以我无论是夹鱼块还是舀水饺，都会留着点神。陶医生动动左臂，说现在好多了，曾经很长时间自己摸上去都像是摸着一块冰，因为手臂神经断了，没触觉。

那么，将来还能不能上手术台为病人做手术呢？他想一想说，可能会，会做一些简单的手术，但太复杂的手术可能有困难。

这话题显然沉重了，所以我想来点小幽默，说兴许手臂神经完全恢复以后，接合的部位格外粗壮，这样一来，神经反应会更灵敏，更复杂的手术也能做了。

一饭桌的人都没笑。是的，一点都不好笑。

现在想来，那是多么惨烈的一幕。手持菜刀的"医闹"——应该叫歹徒，就那么恶狠狠地冲进诊室，以"疗效不彰"的荒诞理由行凶报复，没找到自己要寻的那位医生，便退而求其次，朝着最后一次为自己做手术的陶医生，狠狠地砍了过来。

让我扼腕的是，一个理性社会竟出现了这样丧心病狂的偏执狂——人性里总有无法消亡的恶。偏偏，那一柄罪恶之刀，相逢了一个好医生的鲜血。

我在网络上读过他的很多事迹。

他毕业于北大医学部，是留德博士、首都十大杰出青年医生、中国医师协会眼科医师分会葡萄膜炎与免疫专业委员会的副主任委员。他是一位出类拔萃的眼科医生，还是一个众所周知的好人。

他谢绝留德做研究，只想全心全意为中国人医治眼睛。他将每天的出诊任务排得满满的，最高的纪录是一天86台手术。有位患者因患视网膜脱落和白内障，急需手术，但拿不出那么多钱，陶勇说，不够的钱我自己贴，总不能眼睁睁看着他瞎。即使不少人避之不及的艾滋病人的眼科手术，他也尽心尽力去做。他说他们也是患者啊，也渴望光明啊。

他又是豁达的。

他在长篇自述《目光》中这样说："慢慢地，我开始不再纠结这个人为什么要杀我，我为什么要遭此厄运。砍伤我的人，我相信法律会有公正的裁决，我没有必要因为他的扭曲而扭曲自己，我选择客观面对；碰伤我的石头，我没有必要对它拳打脚踢，而是要搬开它，继续前行。奥地利著名心理学家弗兰克尔用其一生证明绝处再生的意义：人永远都有选择的权利，在外界事物与你的反应之间，你可以做出不同的选择。我想如今我有此遭遇，也许就是生死边界的一次考验——把这件事当作我的一段独特经历，让我从医生变成患者，真正体会一下在死亡边缘的感受，对患者的心态更加理解，对医患之间的关系更加明确，对从医的使命更加坚定。爱因斯坦曾说：'一个人的真正价值，首先决定于他在什么程度上和在什么意义上从自我解放出来。'上天为我关上了一扇门，必定会为我开一扇窗。"

他的这种豁达，是常人难以做到的。他思考问题的站位很高，他甚至把弗兰克尔与爱因斯坦的言论，都垫在了自己的脚下。

确实，一个真正的智者，是不屑于对碰伤自己的石头拳打脚踢的，而是冷静地想办法搬开它。陶医生所使用的工具里，还有诗歌。他躺在病床上的时候，写诗鼓励千万个被病痛折磨的人。我当时是在网络上读到那些诗句的："我把光明捧在手中，照亮每一个人的脸庞"，"我们的世界充满形形色色的苦难，病痛也是其中的一种，它构成了我们生活中重要的一部分。上天从来不吝惜雪上加霜，可是没有苦难，便没有诗歌。"

我问他，你是抄录别人的诗句读给他人听，还是你自己写的？

陶医生说，是我自己写的啊。又大笑起来，说你不知道呢，我小学三年级的时候，就得过我们江西省抚州市一次作文比赛的一等奖。

这就明白了，陶医生是一位标准的文学青年。

文学叫人豁达，也叫人幽默。

后来，话题就无所不包了，陶医生始终保持着他的儒雅与豁达，谈吐幽默，不温不火，如他的手术刀那样稳健。

陶医生已经是我的微信朋友了，如果读到我写下的这些文字，他或许会一笑，说不过吃了顿饭，写那么多字干吗呀；或许会说，那就托这篇文字的吉言，让我的左臂神经真能恢复如初甚至更加结实灵敏，以便让我胜任为人们带来光明的本职岗位吧。他是个豁达而幽默的人，他会这么说。

然而我写到这里，又有些心酸。

（原载《光明日报》2021 年 03 月 12 日 15 版）

第三辑

一颗工匠心，万里报国情

梁彬 作者

新中国第一枚国印诞生记

1949 年 9 月 30 日，第一届中国人民政治协商会议第一届全体会议选举产生了中华人民共和国中央人民政府委员会。在新中国创建初期，中央人民政府委员会对外代表中华人民共和国，对内领导国家政权，是行使国家权力的最高机关。"中华人民共和国中央人民政府之印"是行使国家权力时钤印公文的凭证信物，也是国家权力的象征，堪称"第一国印"。

如今，新中国第一枚国印珍藏在中国国家博物馆。国印印章方形圆柄，印面边长 7 厘米，章体厚 2 厘米，柄长 9.3 厘米，为制作精良的黄铜铸造。"中华人民共和国中央人民政府之印"15 个宋体印文，搭配对称严谨，镌刻隽秀端庄。

第一枚国印在设计上处处彰显着以人民为中心的理念。古之国印，比如皇帝玉玺，是至高皇权的象征，往往采用上等玉石制作，奢华靡费。而新中国成立初期，国家百废待兴，本着勤俭节约的建国理念，国印的制作与中央政府所属各院、委、署以及地方政府的印信一样，一律都为价格低廉、结实耐用的黄铜铸造。"中华人民共和国中央人民政府之印"15 个字的字体，一改印章字体多为篆体的传统，采用宋体，就是为了求其简易明了，能为更多人民群众所认识。据说国印的字体是由毛泽东主席亲自选定的，并经政协筹备会最终确定。可见，新中国的初建者们用心良苦，以人民为中心，一切从人民出发，一切为了人民，这是国印设计制作时的最高依据和考量。

第一枚国印到底是由谁铸造和镌刻的？当年的历史档案并没有详尽的记录。20 世纪 90 年代末，经多方考证，确认国印的篆刻者是当时北平刻铜艺术名家，有着"铁笔圣手"之称的张樾丞先生。关于国印的铸造者，由于相关史料缺如，一直湮没在历史的风烟中，不为人知。有人猜测，国印是中国人民印刷厂铸造的，但中国人民印刷厂铸造的印坯，都是印柄与印体一体浇铸，而国印的印柄、印体却是分开铸造，再套螺丝扣旋接而成的。据镌刻家张樾丞的儿子张幼丞回忆说，国印是在北京琉璃厂一个小厂现铸的。

2021 年 4 月 1 日，当年北京琉璃厂谢平铜铺的掌柜——谢平的子女，带着相关档案、回忆材料，以及知情人士的证明材料，来到中国国家博物馆，证明新中国第一枚国印就是在父亲的店铺——谢平铜铺铸造完成的。至此，一段尘封七十余年的往事才得以展示在世人面前。

　　谢平，1904 年 10 月出生在北京房山磁家务村的一个贫苦农民家庭。家境的艰难让他从小养成了吃苦耐劳的品质。20 多岁时他进京到前门同发盛，学习铜制文房铸造手艺。出徒后，在琉璃厂附近开了一家铜铺，取名"谢平铜铺"，承接各种铜制图章和文房用品的制作。20 世纪 30 年代，在谢平兢兢业业的不断经营下，铜铺的规模得以扩大，搬到皈子庙 19 号，现在的樱桃胡同 8 号院内，徒弟也增加至十几个人。由于手艺精湛，做工精良，谢平铜铺在琉璃厂渐渐站稳脚跟。解放前，它是琉璃厂附近唯一一家铜铺，长期为荣宝斋等京城各大商铺供应图章、笔帽、笔架、墨盒、镇尺、仿圈等铜制文房用品。不仅如此，铜铺的产品还远销到山西、沈阳、呼和浩特、西安等地。

　　国印以及中央人民政府所属和下属机构的治印事宜，早在 1949 年 6 月就在周恩来的亲自指示下，邀请各方专家讨论制定各项镌铸细则。但是由于兹事重大，经过多方征询，并不断讨论修订，直到 1949 年 10 月 27 日上午，镌铸印信的批示件才最终送至毛泽东、周恩来处，并得到他们的亲笔批示。批示件明确了包括第一枚国印在内的 45 枚政府印信的具体镌铸细则。档案显示，第一枚国印的启用时间是 1949 年 11 月 1 日，也就是说，国印从交付镌铸到铸刻完成并上交启用，只用了短短的五天时间，真可谓是时间紧迫。

　　刻印首先要完成的就是铜胎铸造任务，作为政府印信筹备成员的柴峻沛，第一时间想到的就是谢平铜铺的掌柜谢平师傅。

柴峻沛在新中国成立前，长期在北平从事党的地下工作。他在前门廊坊头条劝业场后门开了一家刻字店，用给人篆刻图章，作为身份掩护。与谢平的相识，起初是缘于图章篆刻的业务往来。

谢平的子女回忆说，母亲曾经告诉他们，抗战时期，柴峻沛遭到日本兵追捕，受到敌人的严刑拷打，是父亲出钱参与了对柴峻沛的营救。谢平的徒弟们说，柴峻沛是彭真线上的人，是地下工作者。师傅曾经救过他。

此后，两人的关系渐渐亲近起来。谢平的徒弟周脉禹回忆说，柴峻沛和师傅的关系极好，他就像长在铜铺里一样，经常待在谢平铜铺。

与谢平相处久了，柴峻沛发现，谢平不仅有民族正义感，危难时刻敢于挺身而出施以援手，而且他为人随和善良，对待徒弟和街坊四邻都是很好的。他从来不以掌柜自居，总是和徒弟们干在一起。因为经常要处理一些杂事，他常常吃在最后，虽然是掌柜，却啃徒弟们掰剩下的窝头。街坊邻居谁家有了难处，谢平也总是尽力帮衬，而且从不张扬。

谢平是街坊邻居眼里的好人，是徒弟眼中的好师傅、好掌柜。柴峻沛信任谢平，对他的人品从心底里认可，再加上谢平有一手制铜的好手艺，因此，在筹划国印铸造人选时，柴峻沛毫不犹豫地推荐了他。

谢平的长女谢淑珍回忆说，她亲眼见到父亲浇铸国印的方章和印柄，国印是正方形的，是黄铜做的。

浇铸国印的材质和尺寸要严格按照中央人民政府的镌铸要求。铜铺接到任务后就紧锣密鼓地干了起来。先做出印章章体及印柄的模具。国印虽为铜制，但并非纯铜，而是以黄铜为主的合金材料。这种材料并无具体配方，都是谢平根据对硬度、亮度、颜色的要求，凭借多年经验，一点一点勾兑出来的。为了使国印更加坚固耐用，谢平特意多兑了一些铵，这样会增加印章的密度和黏度，浇铸出的印坯质地更为坚硬。他亲自将合金铜料送入熔炼炉中高温熔化，浇筑出印体和印柄的毛坯。毛坯浇铸完成后，再和徒弟们一起反复打磨成型，并精心地将印体和印柄套螺丝扣旋接成完美的一体。这样，一枚铜胎精细，制作精良的国印铜坯就制作完成了。

铜坯完成后，迅速交到同古堂的篆刻名家张樾丞的手里。这位曾经给末代皇帝溥仪、鲁迅等名人篆刻过图章的刻印名家，把自己反锁在工作间里，用整整两天的时间完成了写字样印底、执刀镌刻等各道工序，并在刻印阳文的细节打磨上下足了功夫，刻出的"中华人民共和国中央人民政府之印"15个宋体大字隽秀清晰，舒展大气。

国印上交前，按照特殊规定，不能打样留底。铜铺在铸造时，在印章的四角都留有高台，待上交国印那天，才磨平、开封。新中国第一枚国印就在这种秘密的状态下镌铸完成了。

谢平的徒弟们回忆说，当时，铜铺不仅承接了国印一枚印章的铸造，从中央到地方，包括中央首长的印章铜胎，都是在铜铺制作完成的，一共四十多枚。每一枚印章都套在一个白铜盒子里，做工十分精美。

以后的日子里，谢平的儿女们时常听到父母，以及父亲的徒弟们说起，铸造中华人民共和国国印、中央首长们的印章，尺寸、重量都不一样……然而，他们听到父母和叔叔们说得最多的却是——"保密"两个字。

新中国成立后，谢平积极投身社会主义建设。1954 年，谢平铜铺承接了苏联展览馆（今北京展览馆）顶端五角星及周围大小星球的制作。它们都是用黄铜板经由模具敲打成型，再用手工焊接并镀金。谢平的手艺严谨娴熟，五角星和大小星球完全看不到焊接痕迹，既美观又坚固，显示了老一辈匠人的高超技艺。谢平不仅技术了得，还善于思考和钻研。他研发了财务部门用来显示年月日的转轮。转轮的发明为每天需要填写日期的单据免去了手写的麻烦，不仅提高了工作效率，还减少了差错。这项发明受到政府嘉奖，谢平也因此荣获先进工商业者的称号。

1954 年 9 月第一届全国人民代表大会制定了《中华人民共和国宪法》，宪法规定，全国人民代表大会为最高国家权力机关，国务院为最高国家权力执行机关。至此，包括新中国第一枚国印在内的 210 枚政府印信完成了历史赋予它们的使命。1959 年 5 月，这些印信交由中国革命博物馆永久珍藏。如今，新中国第一枚国印作为国家一级文物，藏于中国国家博物馆。

第一国印作为国家最高权力的象征，见证了新中国成立初期关乎国计民生的重大决议的诞生，它一次又一次行使神圣的使命，在国家生产生活中发挥了重要作用。如今的第一国印由于使用频繁，已经磕损、生锈、变旧，铜制的印面早已染成了红色，连印体侧面和背面也有印泥残留的痕迹。看到国印，就仿佛看到了共和国初创期火热繁忙的建设历程。

（作者：梁彬，系《新华文摘》编审）

（原载《光明日报》2021 年 05 月 14 日 14 版）

凸
凹 | 作者

从空间到时间的三条路线

——"中国制造"一日见闻

过了明天，就是"五一"劳动节。工业企业中的劳动者们，都在怎么劳动、劳动些啥？来到龙泉山西坡下，我走进了国家级成都经济技术开发区航天工业园。

采访三线航天人，他们嘴里会不时蹦出三个词：军品，沟里，航二代。即便此行的采访对象干的是民品，亦如此。

因为保密，说到军品，他们既骄傲又警惕，往下，再不说一字。

沟里，指的是三线地区大山里他们工厂的所在地。

响应好人好马上三线号召，放弃北京、上海等地户口，迁往沟里的航天人，称航一代，入职航天的儿女称航二代，再下，航三代。航天人有一句壮丽得堪比誓言的话：献了青春献终身，献了终身献子孙。

今天，4月29日。阳光灿烂。8点半不到的航天地盘，在我的采访本上，响起了沙沙笔声。

上午的成都生产线

因航天工业园属国家保密单位，自驾车入，手续繁复，模塑公司安排了车来接。途中跟师傅聊天，得知他叫陈宏，以前在沟里是注塑工，调到公司后成为专职司机，这一开就开了 23 年。

坐落在航天工业园里的模塑公司，全称成都航天模塑股份有限公司。来到公司总部二楼总经理办公室，见到了总经理徐辉。之前有做功课，便谈起了自己对模塑二字的理解。我说，通常的理解应该是用模具生产塑料制品的意思吧？但对你们公司而言，模塑二字中的模，还有生产模具的意思。

徐总笑了，说基本是这个意思。并说，在全国既生产汽车塑料件又生产模具的企业中，他们排名前五。公司系高新技术企业，从业人员 4526 人，在成都、青岛、天津、武汉等 15 城设有 20 家分公司，建有相关生产线 50 余条。2020 年，冲破疫情困境，营业收入 42.71 亿元。

出公司大门，一个右转，到了公司的成都分公司内饰件车间。分公司总经理吴建军介绍说，分公司内饰件总成和外饰件总成两个大型车间，设置有三条生产线。内饰车间，一个厂房是仪表板生产线（含注塑、搪塑、发泡、装配），另一个厂房是门板生产线（含注塑、阴模成型、包覆、装配）。保险杠生产线（含注塑、喷涂、装配）在外饰车间。因某车企 5 月 2 日上班，配套的车后杠总成要得急，这次五一节就在喷涂环节安排了一天加班。吴建军像他的产品一样不苟言笑，说话做事又有一种争分夺秒的生产线的急切。

吴建军要去公司参加周例会，接着介绍的是长得颇知性的分公司副总范雅萍。她说，分公司占地 2 万平方米，员工 200 多人，三条生产线已具备年产 50 万套产品的能力。在沟里时，她是军品车间的电缆工。

在公司党群部副部长魏小兰和分公司综合部长尹佳嘉导引下，我顺着生产线，在高大宽阔、响着微微机器声的厂房穿梭。

门板生产线，一位白皙、瘦小又很干练的戴眼镜的女孩，正在调试一台庞大的专用设备。她叫闫佳荣，28 岁，山西吕梁人，大学毕业入职航天三年，岗位为工艺工程师，承担机器人编程等工作。手头正在干的活儿，是给某家用车门板上装饰件，她负责工艺过程稳定性、设备参数调试和工艺巡检。之后，产品周转到包覆和总成装配环节。交谈中，我看见还有 6 位操作工，4 男 2 女，在各自的设备前忙碌。

不远处，一中年男子在设备间走动、查看。他叫徐强，设备维修工，负责内饰件生产设备的点检、维修保养、抢修等。早上 8 点来的，晚上 7 点回家。这项工作由两个人干，轮值者手机 24 小时不关机，不分白天晚上，只要设备运行，人就跟着运行。由于侍弄的是机电一体化设备，所以两人皆是多面手，钳工、电工等一揽子技术都得胜任。在沟里时，他是注塑工，干的军品活。

从内饰车间出来，北行七八百米，到了外饰车间生产线。

何元中是内饰车间仪表板装配组长，此刻，却在外饰车间忙保险杠装配的活。见我好奇，便说，分公司不少人都属一人多岗，哪里活急，就到哪里支援。他干航天已 30 春秋，在沟里时是司炉工。

在涂装厂房一边巡查一边拿着对讲机说话的，是公司劳模张建聪，分公司制造部副部长，之前为质量工程师。他是甘肃庆阳人，大学毕业不到两年，跳槽三家单位。入职航天，一干十多年，再没挪窝。他今天在生产线派的活，是生产某家用车型的后杠和下本体。顺着他手指的方向，我看见这两种产品，有的闪白光，有的闪黑光，向我表达劳动的问候。

身穿天蓝色短袖工装的男女操作工，在庞大的自动化设备和像用众多旗幡一样的蓝色防护巾半隔离的抛光、装配工位上，飞快调动着自己的眼睛和手脚。

从生产线上取产品、检查是否有缺陷、对有缺陷的用笔勾画位置、用点磨机处理缺陷颗粒、涂上镜面处理剂，再用抛光枪抛光、用专用毛巾擦拭、喷稀释酒精检查无缺陷后，将合格产品放入转运小车扫码入库，这是抛光工陈清富手上的活。生产线一天转三圈半，一圈产品 143 车，是他今天的计时计件量。

刘春林，注塑组长。组长日课，是备料、点检、处理问题、顶岗等。所谓顶岗，就是班组任何一位操作工因生病、吃饭、上洗手间等事离岗，组长这个备胎都得顶上去，别人干不了的活，组长都能示范。20世纪70年代初，他家从北京来到沟里，父亲是厂子第一位技师级车工。

　　喷涂环节在厂房二楼。在涂装工艺工程师杨浚珑指导下，我平生第一次穿上了防护服。跟着杨工，通过狭小风淋室除尘后，出现在眼前的是一条长长的玻璃廊道，左有一排6个布列整齐、纪律性强如工人阶级的机器人，正挥动有力手臂。一路走过去，我看见每个机器人手掌都发出一道呈扇形的高达1000多度的蓝色火焰，扫射在产品上。杨工，河南济源人，他幽默地说，喷涂会产生有害气体，所以我们就邀百毒不侵的机器人来干。说话间，两位戴防毒面具的维修工，进去对一个机器人做卫生。一楼有淡淡的油漆味，这里更浓些。

　　因为机具自动化程度高，生产线虽然繁忙，但人数却远没想象的多。

中午的大三线

　　一晃，到了中午饭点。保险杠生产线厂房一侧，有个职工食堂，因塑料、漆水易燃，故供应的是外卖。我跟魏小兰、尹佳嘉，一人一个餐盒，边吃边唠嗑。魏小兰，1988年生人，入职航天已十年。尹佳嘉，航三代，20世纪90年代中期，沟里塑胶车间刚迁来成都时，第一张订单，轮毂罩，是她外婆从二汽揽的。提到模塑公司背后的"大老板"四川航天工业集团有限公司，二人聊得更起劲。

在集团党工部协调下，利用午休时间，我走进了戒备堪称森严的四川航天总部大楼。2004年春，进入太空的首位中国人杨利伟来这里，题写了"向四川航天人致敬！"

集团总经理肖辛忠向我介绍了四川航天工业发展历程。隶属中国航天科技集团的四川航天，是创建于1965年、其厂（公司）所院校遍布巴山蜀水、集科研与生产于一体的大型三线央企。那些牵动祖国和世界目光与心跳、中国制造的太空飞翔，有它的智慧和汗水。56年来，从深山铸剑到戈壁扬帆，从"神舟"圆梦飞天，到"嫦娥"九天揽月，从一箭定乾坤到受阅天安门，四川航天为祖国航天事业和国防现代化建设，作出了不可磨灭的贡献。

我不禁想起自己七八年前，以四川航天为原型创作的长篇小说《大三线》。

《大三线》有一条线采取非虚构笔法，梳理了四川航天工业与中国共产党军工史的血脉联系。瑞金时期，位于龙岩、永定、上杭三县交界处虎岗村、堪称中共首家兵工厂的"闽粤赣军区兵工厂"，系毛泽民受毛泽东委托创建。兵工厂到延安后，其主脉抗战时期设在八路军五师供给部生产社所在的鲁南费县抱犊崮黄山口村，解放战争时期设在粟裕部军工厂所在的淮安大陈庄。北平和平解放后，迁至北京南苑飞机修理厂——四川航天的重要一支，即发源于此。

从四川航天总部大楼出来，上车，别航天工业园，穿龙泉山隧道，向航天模塑公司模具分公司驶去。

下午的模具生产线

车行四十分钟，到了。一路滔滔不绝介绍情况的公司邹书记，是位老航天，当过燎原无线电厂厂长助理，干过多年军品。他说公司成立以来，经过多次重组升级，其企业精神也有过阶段性调整，但千变万变，永远不变的精髓是"自力更生，艰苦奋斗"的航天精神。

模具分公司坐落在龙泉山东麓，简州新城工业园。人说，人生最大的幸福，是工作和爱好一致。按这个说法，正忙着节前安全检查的分公司总经理许春晓，就是一位幸福的人。干模具、爱模具，40岁以前是军品，40岁以后是民品。这位获过国防科技奖、中国航天科技进步奖，眼瞅着就退休的人，谈起模具，热情飞扬，如数家珍。在头顶密布大行车、地面铺设铁轨的厂房，模具生产线长长的下料、热处理、粗加工、精加工、装配、试模等工艺流程，都没有他的陕西普通话长。

分公司厂房建面1.75万平方米，员工300余人，拥有全套国际领先水平的模具制造设备。汽车注塑模具企业中，全国排名前十，西南翘楚。展厅正壁，挂满了金、银二色的牌子：中国大型注塑模具重点骨干企业、全国模具标准化委员会委员单位……令

我没想到的是，许总这样一位模痴，曾经还是一名文青，在模具一样结实、好看的笔记本上，写过两本诗集、一本散文集。

还令我没想到的是，正在合模区手拿一把锉刀向几名钳工讲解如何处理一道工艺难题的总经理助理程宝欣，居然是一位闻名遐迩的工匠，获过中国模协"卓越模具工匠""成都工匠"等荣誉。他同时也是川航劳模。老家河北高阳、长得精瘦高挑的他，用肺活量超足的声音告诉我，公司与龙泉驿区总工会明天在这里举办模具工匠大赛，他忙了一上午，做好了准备工作。

正在生产线安排假日备料的分公司制造部副部长邓伟，向我介绍了五一的加班部署。因要给好几家汽车厂交货履约，时间紧、任务重、标准高，制造部好些人只放"五一"一天假，2号52人，3至5号110人。加班报酬，执行《劳动法》。

王伟鹏，陕西咸阳人，装配钳工，手头正在干的产品是汽车前杠下层模具，模具重28吨，16吨的行车只能一次吊半边。他要做的事，是拆卸、修理、装配，干掉试模发现的问题。分公司已设计生产过45吨重的模具，下一步的"模具王"85吨。

EDM区，操作电火花线切割机床，加工汽车后杠下层模具的是刘金权。一个人将重达五六吨的产品，从粗加工区用行车和轨道车搬运到机床上，安装、电加工、拆卸，吊运至下一工序。这件活儿已干两天了，人休机不休，白天晚上，两人轮班连轴转，今天下午必须完成。

隔着两台机床，与刘金权干同样工作的，是女操作工吴红蓉。

她百十斤重的身体，与被她玩于股掌之上的好几吨重的铁疙瘩相比，呈现出的大反差、大张力之美学逻辑，让人惊叹不已。我问她，产品加机床，那么重，地基能承起？她说，没问题，下面打了2米深的水泥方。丈夫张晚路，生产线钳工。两个女儿在绵阳老家乡下，老人带着。她的活，与刘金权走的工艺流程相同，不同的是产品，她干的是汽车前杠模具。

被誉为工业之母的模具制造有个特点，就是单件生产。每天都是新的，永远都在攻关。生产线上，我看见好些床榻大小的汽车注塑模具，有的像城堡，有的像小区楼盘，有的像大海军舰，透出仿若皎洁月光的金属光辉。至于我的名字，更是在凸模凹模严丝合缝的交流与嵌扣中，获得了一种神秘而奇妙的冲动与对位。

下午，手机响了两次。一次是中国作协打的，了解我在"中国一日·工业兴国——中国作家在行动"活动中的行动情况。一次是新华社消息，说今天11时23分发射成功的中国空间站天和核心舱，其用于姿态控制的控制力矩陀螺、惯性测量单元等重要系统部件，系四川航天燎原科技有限公司制造。

为核心舱贡献过制造力量的航天燎原公司，正是燎原无线电厂的今名。

我注意到，今天采访的一二十名劳动者，无论男女，不论高矮胖瘦，他们的身体都蓬勃着一种力量，像流动在他们掌纹里的设备，和设备里的编程与电。而他们眼睛透出的阳光，模塑着劳动的自信、尊严和对幸福生活的沉迷与追求。他们中，许春晓、范雅萍、程宝欣、陈宏、何元中、徐强、刘春林等，是航二代。

还注意到，从这一天时空的转切中，空间技术正在时间的模具里，成型为更具体、更广大、也更辉煌的劳动者的荣光。

安徽卫视"诗·中国"4月25日晚9点30分播出的节目，主题为劳动。节目中，主持人蒋昌建捧着我的诗集《劳动万岁——为129名中国工匠造像》，朗诵《焊接太空的人——致大国工匠、航天焊接特级技师高凤林》："让大地升起，穿越天空，与太空焊接在一起 / 将人类的空间小念头，与美好的时间大远方 / 焊接在一起……"

（作者：凸凹，系诗人、小说家，成都市作协副主席）

（原载《光明日报》2021年05月14日14版）

铁流 | 作者

破壁记

——山东港口青岛港"连钢团队"科技创新的故事

楼道里忽然有人一声喊:"又打破世界纪录了!"坐在办公室里的山东港口集团高级别专家张连钢脸上绽开了笑容。自亚洲第一个自动化码头——青岛港自动化码头建成以来,至今已第七次打破自动化码头的装卸世界记录。

这一切来之不易。连钢团队的每一个人,都还记得领下任务那天的情景。张连钢拖着疲惫的身体走到窗前,扶了扶架在鼻梁上的眼镜,像是对自己又像是对着大家说:"外国人想在技术上卡我们的脖子,没门。我们要是跟在他们屁股后面跑,到头来不是碰得头破血流,就是死路一条。我们自己干,干好了为国争光,干不好死了也光荣!在座的同志大都是党员,我们一定交出一份合格的答卷!"说着,他指着码头上那架最高的桥吊:"如果咱们干不好,就站在桥吊上排队跳海,我张连钢第一个跳下去!"

大家心底陡然生出一股豪气,寂静的会议室犹如响起一声声战鼓。

欧洲某著名电气公司的老外专家，一边喝着咖啡，一边给连钢他们"上课"，大家如听天书

2013 年开年之初，在家养病的连钢接到了时任青岛港总裁成新农的电话，让他第二天早上来开会。放下电话，连钢想，往常开会，都是办公室通知一下就行了，看来不是小事。5 年前，连钢患了癌症，一直在与病魔做斗争。前些日子成总就时不时来电话问起连钢的病情，每次听到说"好多了"，他都格外高兴。联想到这些，连钢觉得，或许组织上又要交给自己什么大任务了。

连钢是"技术大拿"。有一年酷夏，他跟着领导在码头上转，转来转去到了轮胎吊前。码头上机器轰鸣灌耳，排气管在司机室上方，一股股黑烟直冲过来。领导趴在连钢耳朵上喊："你得想个法子换掉这些嗡嗡叫的家伙。"连钢也趴在领导耳朵上吼："这家伙每年一台就能吃掉 10 万多升燃油，还要排放 300 吨二氧化碳，更别说噪音了。"领导使出"激将法"："能不能把这些家伙改成电的？要是把司机的耳朵震聋了，他们的老婆还不闹脾气？"连钢接招："无论从节能减排还是家庭的安定团结考虑，咱们都得'油改电'！"说到做到。连钢和同事们合力攻关的"油改电"成功，不仅降低能耗，还实现了污染"零排放"。从此，"油改电"叫响并推广到全国。

连钢的直觉是对的——确实又有大任务了。那天，会议刚开始，成总就宣布："我们要建自动化码头！"他看着连钢，"这项任务非同一般，还是你当领头羊。"连钢愣住了。"我一定参加，但别以我为主。建自动化码头，是我做梦都想的事，可我现在这个身体，万一半途倒下了，怎么对得起组织？"成总点点头，环视一圈，最后目光还是落在连钢身上："我看还得是你。"连钢坐直身子，沉吟不语，会议室里，寂静无声。片刻后，终于听到连钢缓缓而坚定的声音："我是一名党员，我无条件服从组织决定！"

建自动化码头，离不开 IT、设备、土建、操作等一干人才。连钢干过技术科科长，对遍布青岛港各个角落大大小小的人才都了如指掌，他思忖片刻，写下几个名字：李永翠、李波、张卫、吕向东、周兆君、潘海清、修方强、王延春。这些人中，只有李永翠、修方强加上连钢是正规本科毕业，其他人大都读的是专科、职高。

2013 年深秋，这个新组的团队在青岛港综合楼会议室集合，连钢的开场白颇具诗意。他指着窗外远处的 8 号码头："那里，是当年我们集装箱码头出发地。"大家展目远望，夕阳的余晖把海面映得一片斑斓。连钢又指着墙上的俯瞰图："这里，将是自动化码头的起点。我今年 53 岁了，你们也都 40 岁左右，如果这件事干成了，那是一辈子的光荣！大家想一想，当一辆辆无人驾驶的车辆穿梭在堆场的时候，那该是一个什么样的画面？当我们率先建起亚洲第一座自动化码头的时候，那该是一种多大的满足感！虽然我们有着世界最大的码头，也干出了不错的成绩，但只有我们再建成自己的自动化码头，那才标志着我们真正摘取了世界码头高科技的'皇冠'！"

可冷静下来之后，大家马上被理想与现实的差距狠狠打醒。

1993 年，世界上第一个自动化码头在荷兰鹿特丹港诞生。到 2013 年，自动化已历经三代，可整个亚洲尚无一家。核心技术都牢牢地掌握在欧美"四大联盟"手里，对青岛港技术骨干来说，一切都是一张白纸。

欧洲某著名电气公司听说青岛港要建自动化码头，立马就来推销"电气控制"系统。就是在这间会议室，老外一边喝着咖啡，一边给连钢他们"上课"，大家如听天书。李永翠他们也都是有几把"刷子"的人。比如人高马大的张卫，竖起耳朵一听就知道机器毛病出在什么地方，为了不耽误生产，他先恰到好处地拍一巴掌，机器就乖乖运转，等停工了再对症修理。脸膛黝黑的周兆君一看就是土建人，从内蒙古草原走出来的姑娘李永翠，在软件开发上有一套。其他几个人，也都各有所长，如今为啥都不灵了呢？

会后复盘，理工男修方强先开腔："咱们就是'小白'呀！只有听的份，可还听不明白。"张卫也打怵了："俗话说'没吃过猪肉，还没见过猪跑吗'，可咱们连自动化码头的影子也没见过呀。"连钢见大家像霜打的茄子有点蔫，给大家打气："人家是带着 20 多年的成功经验来的，谁生下来就知道个子丑寅卯？他们从零开始的时候也是我们这个样子。"

在这个市场上，作为买方，没有"货比三家"这一说，只能看人脸色。可仰人鼻息处处受限，不如一切都自己来！连钢团队做出了重大的决定

面对技术上的"卡脖子"问题，连钢是有切肤之痛的。多年前，电控系统用的是瑞典大牌公司的，安装后外国专家来调试，连钢想要一点数据，要不然，万一哪天出了故障，还得等外国人千里迢迢来修，既耽误生产又增加开支。可这位专家耸耸肩，不仅分毫不给，调试的时候还把连钢关在了门外。连钢趴在小窗上"偷看"，可专家很警惕，用宽大的后背挡住连钢的视线。当年，连钢他们一个月工资连百元都不到，这位专家一天就是 3600 元，还得住好宾馆，喝红酒品咖啡。干了 12 天，拿走 4 万多元。连钢想掌握技术，也心疼公家的钱。他咽不下这口气，拿着线路板对着窗子看线路，又找来两个灯管，上面压上块玻璃，再把电路板放上边。强烈的光线下，毛细血管一样的线路毕现无遗，再加上测试仪检测数值，最后愣是绘出了电器原理图。

大家听了连钢的故事，心里都憋了一股劲，搜集起有关自动化码头的知识。过去上下班，永翠提着个漂亮的女士包，有时还踩着高跟鞋走一走猫步，女儿夸"妈妈真漂亮"。后来工作越来越忙，也越来越没时间打扮，干脆换成电脑包，高跟鞋也不穿了，走路一阵风，在家的时间也越来越少，女儿生气地说："妈妈不漂亮了，妈妈被自动化码头抢去了。"一个月后，外国专家又来，他们吃惊地发现，一个月前这群听到自动化码头术语目瞪口呆的人，不仅能对话了，还能提出一个个专业问题。

殷健听到建自动化码头的消息比别人晚一些。20 世纪 90 年代开始，海运船舶变得越来越大，青岛港码头受自身条件的制约，桥吊的高度和前伸距装卸能力捉襟见肘，老外称此为"艰难的一吻"。这有些伤青岛港人的心。殷健受命负责加长加高改造，最开始他是"监工者"，后来直接成了"施工者"，在工艺制定上出了不少金点子。进入新世纪，青岛港集装箱业务突飞猛进，可老港区"肚量"太小，青岛港决定整体西移，殷健又受命去开辟新码头，他们一个月建成 100 米的岸线，9 个月完成集装箱码头的西移，令外国股东大为吃惊。

就是在那次开辟新码头时，殷健第一次在屏幕上看到自动化码头的场景。一位交通部来的专家带着神秘口气招呼殷健："老伙计，给你看个东西。"专家打开电脑，点开一段视频，一个自动化码头的场景出现在眼前，殷健觉得神奇又震惊。"什么时候咱们也建成自动化码头就好了。"可想归想，这一切似乎遥不可及。后来，殷健的妻子张建云身患绝症，他不得不卸下一些担子，带着妻子四处问医求药。当听到建自动化码头的消息后，他再也坐不住了，心事重重。得知情况的妻子选择了支持："我病情已经稳定了，你报名吧。要不，比杀了你都难受。"

连钢最初也瞒着妻子王晓燕。直到有一天妻子问连钢："你最近回来得越来越晚，话少了，心事多了。刚才谁来的电话？鬼鬼祟祟的。"连钢看瞒不住了，才把自己接过帅印的事告诉了妻子。晓燕一听，很久没说出话来，憋了半天，她终于开口："连钢，知道你得了癌后，天都快塌了，你进手术室的时候，我觉得你再也回不来了，手术室的红灯一亮，我和闺女抱在一起大哭一场。我愁得头发大把大把地掉，怕被你看见难过，都悄悄收拾了。现在你身体刚刚稳定，就要出去拼命？"妻子嘤嘤地哭了起来——自从自己有病后，连钢还是第一次看到妻子流泪。他把妻子拥在怀里，轻拍妻子的后背，不禁鼻子一酸："晓燕，我拖累你们了。"沉默了很久，连钢又说："人这一辈子做不了很多事，我如果在技术上能解决一项被外国人卡脖子的事，就是少活几年也满足了。"晓燕睁着一双泪眼看着丈夫。作为妻子，她太了解丈夫了。

2014年夏天，连钢带着部分成员出国考察自动化码头。连钢对大家道："你们不是都说没吃过猪肉也得见见猪跑嘛，这次就让你们去看看——但不能白看。"

第一站先到荷兰。老外见连钢他们一副如饥似渴的样子，马上对中方随行的张翻译嘀咕了一番话，张翻译对连钢说："人家对咱们约法三章了：不准下车，不准拍照，不准询问任何数据。"连钢一下子又想起了当年自己的经历。他对队员说："每个人都要像一块海绵，就是吸一滴水也好。"这次行程，他们虽说开了眼界，但收获不是很大。

回国不久，一家世界航运巨头企业派来一个专班。外方带队的叫约翰，一脸傲慢，连钢他们进会议室的时候，对方竟然连招呼都不打。在约翰看来，中国的港口建自动化码头，买技术买设备非他们不行。连钢团队知道，作为买方，在这个市场上，没有"货比三家"这一说，他们必须要看这群气势夺人的专家的脸色。软件是自动化码头的大脑，约翰道："这是我们最完美的软件，你们照搬就行了。"负责导引车的费兰克，也是同样的口气，"用他的，自然也得用我的。"两项费用加起来，7900万美元。真是狮子大开口啊！连钢对这种捆绑销售很愤怒，他压着火，说："你们的导引车，用的是铅酸电池，我们引进来，不仅要建充电转换站，耽误工期，一年还得淘汰500多吨废电池，污染太严重。我们经过论证，觉得用锂电池节能环保。"约翰、费兰克面露惊愕，他们没想到这群对导引车一无所知的"土专家"，竟然提出了一个前瞻性的问题。费兰克怔了一下："想法很好，但不可行，你们还是要走前人走过的路，这前人就是我们。"说完这话，他们都低头喝起了咖啡，不再理会连钢他们。约翰一行人走后，向来颇有淑女范儿的李永翠忍不住拍起了桌子："到底他们是买家还是我们是买家？"

约翰回国不久，外国股东很快就派来女监理玛丽。玛丽说世界上很多自动化码头都是她监理的，言下之意她很有权威性。连钢问玛丽工期，她道："最快也得4至5年。"连钢说："我们打算两年内拿下。"玛丽笑了，像是听到了一个笑话。随后她话锋一转，提出了要求：要住五星级宾馆，往返头等舱，一年报酬40万美金。连钢粗略算了算，四年下来，光用在她身上的钱就是一笔巨款了，关键是工期还遥遥无期。

仰人鼻息处处受限，不如一切都自己来！连钢团队做出了重大的决定。他们深知，这是把压力全扛在自己肩上了。但是，大家又说，树靠一张皮，人靠一口气，不能老是让老外牵着咱们的鼻子走啊！

"只要有创新精神，往往就能一举数得！"亚洲第一个全自动化集装箱码头，在青岛港诞生了。连钢团队创造了自动化码头的多个世界纪录

这可真是兵置死地呀！

连钢联系了多年的合作伙伴上海振华，振华也是一腔热血，双方一拍即合。团队的每个人，也都打起了百倍的精神。张卫每天开车拉李永翠、李波、王延春、修方强等人到项目组集合，汽车就成了会议室，大家每日争论得面红耳赤。国外设计自动化码头，每个门类都各管各的，互相之间几乎不通气。修方强对李永翠说："咱们每人管好自己的一摊，你的系统给我指令我执行就行了。"李永翠不这么看："咱们不能各自为战，自动化码头就像一个人，鼻子、眼睛、耳朵，都互为依赖、互为配合。"

"车上讨论会"从 2013 年 10 月持续到 2016 年 1 月，从争论到融合，融合到争论，慢慢合为一体。修方强设计的轮胎吊锚固就有 20 多稿，都被大家一一推翻。轮胎吊锚固的重要性非同一般，台风来临之前，既要抢时间，还得固得牢，否则设备可能毁于一旦。几年前的一次锚固经历大家说起来还后怕：上百号人大战近一天，100多台轮胎吊才得以锚固。虽然台风有预报，可瞬间风力令人猝不及防，由此造成的损失在世界很多码头都很常见。因此，自动化码头必须在短时间内实现自动锚固。修方强问连钢："短到什么程度？"连钢道："眨眼工夫。"修方强听了，直摸脑门。

这些日子，连钢身心疲惫。一个问题解决，几十个问题又冒出来，就像个装满了难题的泉眼。连钢还担心自己的身体，要是自己真半途倒了，60多亿元的投资万一打了水漂怎么办？他每天早上到了单位，需要先到沙发上卧一会儿，接着就开讨论会。修方强还在为锚固的事挠头，连钢道："你们老是憋在一个圈子里反而走不出来了，要换换脑筋来思考问题。"张卫遇上了机器人自动解锁的难题，晚上总说梦话，一惊一乍的，吓妻子孩子一跳。一次下班回来，家人在打扑克，他看着看着一声喊："你们停下！"家人知道他又来灵感了，就按照他的指令翻转纸牌，又移到相应的位置。推演到下半夜，张卫得到了答案，高兴得一下子跳了起来。类似这样的讨论会，李永翠说他们举行了3000多次。

就在连钢他们顶着各种压力甚至非议潜心研究的时候，外国股东又派专家组来了，与其说是说服连钢他们放弃自主研究，还不如说是下最后通牒的——一切后果由青岛港自负。有一位专家每说一句话，就用双手比画一个"心"形，殷健以为外国专家要和他们同心同德，后来翻译说："老外的意思是，你们无论怎样努力，最后都是零。"

春去秋来，外国人需要三年多才能完成的码头设计方案，连钢他们仅用了一年三个月。光是流程测试就超过 7000 个，实验高达 10 万多次。殷健的父母见儿子白天忙着研究，晚上还得照顾病重的妻子，有时还要来照看自己，干脆卖了房子住进了养老院。AGV 死锁的情况时有出现，李永翠急得满嘴起燎泡，她带着同事比对上万条工作日志，直到深夜才找出了规律，成功解锁。丈夫半夜打来电话催她回家，却听见永翠上来就叫："活了！活了！"

水平式锚固这项世界上独创的技术也终于"活了"——70 余台桥吊，一键锚固，仅用两分钟。导引车上用的是锂电池，循环充电，打破了外国人必须用铅酸电池、建换电站的"金科玉律"。自动化双小吊自重 2600 吨，再加上轮压 100 吨，是个超级大胖子。自动化码头桥吊承轨梁早就完工了，码头能承载得了吗？张卫犯了愁，说这样只能改造土建了。周兆君头摇得像拨浪鼓，说动土建得上千万元，成本就大了。连钢点点头："那咱们就降低桥吊轮压。"大家一时不知所云，连钢循循引导："主小车后大梁减少 3 个的话，对其他能有多大影响？"一句话点醒大家。后来王延春与大家反复论证，终于有了良策：把桥吊伸缩距减少 12 米，这样桥吊重量一下子减去 50 多吨，不仅节省 60 多万元成本，还带动了一些系统优化。

"只要有创新精神，往往就能一举数得！"连钢如此说。屈指算算，连钢团队创造了自动化码头的多个世界纪录：第一个自动导引车循环充电技术及系统；港口大型机械"一键锚定"自动化防风；机器人自动拆装集装箱旋锁；氢动力轨道吊；非等长后伸距自动化桥吊；高速轨道吊双箱作业模式；无人码头智能监管系统；码头物联网可视化运维平台……

2017 年 5 月，"中远法国"轮缓缓靠在指定泊位上。自动化码头上，没有汗津津的安全员，没有喊哑了嗓子的指挥者。自动化码头"大脑"开发者李永翠他们，在生产控制室轻轻按下指令键。刹那，那些看似冰冷的桥吊、轨道吊、导引车等，好像一下子有了生命的律动，都有条不紊地运转起来。仿佛是在偌大的舞池里，虽然空间有限，可一对对舞者，踩着节奏舞得行云流水。亚洲第一个全自动化集装箱码头，在青岛港诞生了。几个月后，青岛港单机平均效率每小时就达到了 30.8 自然箱，而发展了 20 多年的外国自动化码头，每小时最高还不到 25 箱。

14 年前，青岛港靠着"振超团队"精神，用的是"人海战术"，创造了集装箱装卸效率的世界纪录。2019 年，为推进海洋强国战略，建设世界一流海洋港口，山东省整合省内港口资源，成立了山东省港口集团。连钢团队站在了全省港口一体化改革的大平台上，再次创造了世界纪录，"氢 +5G"自动化码头二期工程顺利投入运营，三期工程也已开始推动。连钢团队被中宣部授予"时代楷模"称号。放眼世界，他们致力于打造世界一流的智慧、绿色港口，正研究使用氢燃料电池利用工业副产氢发电和空轨集装箱集疏运系统，为建成世界上第一个低碳港而努力。

这将又是一次"革命性"的创新！

（作者：铁流，系山东省作协副主席，曾获第六届鲁迅文学奖、全国"五个一工程"奖）

（原载《光明日报》2021年11月12日14版）

李英

作者

"在延安生活的人都忘不了马兰纸"

中国的印刷史，如同一条绵延不绝的大河，悠远深厚，多姿多彩。在这条历史长河中，除了雕版印刷术、活字印刷术等传统印刷文化之外，红色印刷文化也是珍贵的印刷出版文化遗产。在领导中国革命走向胜利的历程中，中国共产党结合不同的历史现实，因时应势，因地制宜，开展了形式多样的印刷出版工作，谱写了一首可歌可泣的红色印刷诗篇。本文所记录的，就是延安时期，关于"造纸"的记忆。

"当你读着党报，当你拿着《生活与美学》，或是《战争论》而沉潜于里面一些章节的研究时，你可曾如中国一句古话'饮水思源'而想及印成那些书的纸张的来源么？而我们，当把马兰草变成纸张时，我们是知道为着什么的。我们知道：我们是被敌人封锁着，我们现在较过去更难从外面得到一些纸张。而出版物是不可或少的。可是出版物是依靠纸张的……（我们工厂俱乐部）墙壁上又写着：'多出一张纸，多印一份报，就多给敌人一些打击！'"

1942年6月23日《解放日报》第四版，刊登了一篇《我们的纸厂》，作者高亮。

纸张是精神食粮的生产原料，所以"纸的作用比子弹还要重要"。党中央在延安时期，延安作为抗战的"心房"，对于纸张的需求量极大，因此，造纸工业在那一时期被列入国防工业。当时，在极其困难的情况下，党中央高度重视并大力发展造纸业，保障了各方面的用纸需求，为党的宣传工作的成功开展奠定了基础。

"哪怕一张最普通的纸都是最奢侈的东西"

在中共中央到达陕北以前，陕甘边区一带是工业洼地，造纸业几乎是空白。对于普通陕北民众来说，纸张是非常稀罕的东西，仅在瓦窑堡、保安一带，绥德、葭县（今佳县）有家庭作坊制造麻纸。1936年4月，当时担任中华苏维埃工农民主政府国民经济部部长的毛泽民在《陕甘苏维埃区域的经济建设》中指出："陕北过去不仅不产纸，因国民党的愚民政策，教育经费又被国民党拿去作军费，当然要不了什么纸，影响到纸的供给。"

中共中央进驻延安后，纸张主要依赖购买，所以非常紧俏。美国记者海伦·斯诺于1937年春夏之际到延安采访，她在《续西行漫记》中惊叹："哪怕一张最普通的纸都是最奢侈的东西。"随着中央机关办公和各种学校的创办，纸张更加紧俏起来。在纸张最困难时，有些单位用桦树皮记笔记、出墙报，甚至连医生开处方也用桦树皮。在纸张资源相对可以调配的情况下，机关干部和学校工作人员按每人每月 5 张纸的标准供给。这样纸张匮乏的窘况是今天的人们完全无法想象的。

1937 年，边区政府通过与一位当地手工造纸作坊主李双全合作，开办了一家手工造纸作坊。1938 年 5 月，在这个作坊的基础上，成立振华造纸工业合作社，纸张生产纳入规划。不过边区的纸张仍然主要依赖从外地购买。1939 年 1 月，国民党加大了对陕甘宁边区的经济制裁和军事封锁，原本可以从外面买进的造纸原料及纸张均被禁止向边区输入，使陕甘宁边区的造纸原料也出现紧张局面，严重影响了纸张的生产和供给。边区军民被迫开展自力更生的生产运动。

1939 年 12 月 30 日《新中华报》第 93 号第三版《振华造纸工合社日出报纸一万张》一文中介绍："安塞振华造纸工业合作社，过去因原料缺乏致产量日出只两千余张……现不但出品质量提高，且每日产量亦增至一万余张，闻该社最近又在外买到碾纸机 2 架，不久即将运来边区，想边区制纸工业在工合延安事务所诸同志的领导下，定能获得更进一步的发展。"

但这样的产量还是远远无法满足宣传文化战线的需求。以延安为中心的陕甘宁边区，是中共中央机关驻地和中共领导的抗日战争的指挥中心，兴办了许多学校，同时在日用办公方面，纸张的需求也是很大的。最最重要的是，要尽快建立起共产党的宣传网络，生产更多的精神食粮，兴办各种报纸杂志、出版书籍、印刷传单。

1940年1月，陕甘宁边区文化协会第一次代表大会召开，边区文协负责人艾思奇的报告中，特地对纸张缺少造成的印刷出版困难及刊物供不应求进行了说明。他指出："边区出版上所有的困难和缺点，主要地是在于纸张困难，不能不限制印刷份数，因此供不应求。又因此，文艺方面的出版物没有力量印刷。"1941年皖南事变之后，由于国民党对边区的经济制裁和军事封锁进一步加大，纸张匮乏的艰苦雪上加霜，严重影响了当时的新闻宣传和出版发行。《解放日报》于1941年5月中旬创刊，不到一个月，便在6月12日刊出缩减印数的启事："本报发刊以来，订阅者日益增加，惟因边区造纸厂之产量尚极不足，以致影响本报的印数不能不大为减少。因此，本报自即日起本市订阅暂时停止外，对本市及边区内机关、学校、部队、团体等已经订阅之户，亦决定照减份数。"启事表达了"不得已"的苦衷："此实属不得已之举，区区苦衷，尚祈读者谅。"一周之后，6月19日，延安新华书店也登载了由于纸张不足，《解放》和《中国文化》等刊物缩减发行量的启事。

纸张的大量生产成为迫在眉睫的政治需要，也成为摆在延安自然科学界面前一项重要的政治任务。

"青年化学家的尝试成功了，边区满山遍野的马兰草，却变成丰富的造纸原料"

1940 年，边区政府安排延安自然科学院化学教员华寿俊到振华纸厂兼任工务科长，委派曾在德国学习化工的留学生刘咸一担任厂长，会同其他专业技术人员进行攻关。华寿俊曾就读于上海大同大学数学系、杭州之江大学化学系。卢沟桥一声炮响，日本人的魔爪伸入华北腹地，华寿俊开始参加抗日宣传报道工作。1938 年到延安抗日军政大学学习，随后留校任职训练部编译科。1939 年 9 月，他调任新成立的延安自然科学院，开始为延安的工业生产深入调查研究，开拓新天地。

用一匹骡子驮上供试验用的两只 50 加仑金属空汽油桶，华寿俊等同志便扎根到了当时唯一的纸厂——振华造纸厂。经了解，其时扩大产能的最主要瓶颈是缺乏原料。由于地域所限，这里的原料还和近 2000 年前蔡伦造纸所用的一样，以废麻绳头为主，来源有限。而其他能做造纸原料的树皮、麦草、稻草又是牲畜的主要饲料，本来就不够吃，更谈不上做造纸原料。于是华寿俊等人便把从延安带去的空汽油桶砌成蒸煮锅，用边区的各种植物做试验。

陕北以黄土高坡为主，可以说相当贫瘠，并没有什么引人注目的植物。但是，有一种野草耐旱、耐寒，在陕北的田间沟壑里顽强生长，它便是人们耳熟能详的马兰草。"马兰开花二十一"，这首20世纪流行的童谣的主角就是它。陕北民歌兰花花女主角的名字也是源自这美丽的马兰花。马兰草学名叫马蔺，别称马莲，是白花马蔺的变种。满山遍野的马兰草是一种多年生植物，年年割，年年长，取之不尽用之不竭，是可持续利用的原料，如果能用来造纸，那便是陕北的天赐宝藏。

华寿俊之所以会把目光转移到马兰草上，是源于不久前参加开荒生产劳动时，锄头时常会被马兰草密布的根须所困扰，比遇到荆棘还要费力。这种植物丰富而发达的根须，是纤维工业生产的好原料。于是，华寿俊抱着试试看的态度，采集了一捆马兰草带回工厂试验。但自古以来，从没有关于用马兰草造纸的历史记载，大家对试验结果或多或少有些怀疑。为适应原料的特性，华寿俊、刘咸一等专业技术人员不断探索创新。通过增加打浆和洗浆次数，用钢丝帘代替竹帘捞纸，用土碱代替烧碱漂白，用火墙烘干代替自然晾干等等工艺，不断地试验、研究，华寿俊最终成功了，实现了能用10万斤马兰草造出20万张纸的生产力。

1940年12月8日《新中华报》第186号第六版《马兰草——一位青年化学家发明的故事》报道了这个振奋人心的成果："青年化学家的尝试成功了，边区满山遍野的马兰草，却变成丰富的造纸原料，现在已用了十万斤马兰草造成二十万张纸印成各种书报刊物，边区的新闻事业，获得极大的帮助。""在边区，华寿俊同志一样的青年，在各个工作领域里，刻苦认真为民族解放事业耗费他们无限的青春热力。"

1940 年，华寿俊被陕甘宁边区政府授予"劳动英雄"的称号，并得到朱德总司令的接见与表彰。朱德是在家里单独接见华寿俊的。朱总司令给康克清介绍华寿俊时非常高兴地说："这是我们的发明家。"1944 年 5 月，在延安边区职工代表大会上，华寿俊被授予"甲等劳动英雄"称号，毛泽东亲自为华寿俊颁奖，还送华寿俊一件羊皮大衣，以资鼓励。

"马兰纸虽粗，印出马列篇；万佛洞清凉，印刷很安全"

到 1942 年，振华造纸厂工人数达 150 人。从最初的 1 个捞纸槽扩建到 30 个木制大纸浆池，每个池的容量比原有的大了一倍多，不仅保证了《解放日报》印刷的需要，还为整风文件以及党的第七次全国代表大会文件提供了充足的纸张。

但是，与进口的新闻纸相比，马兰纸的印刷适应性很差，强度低，砂粒浆块多，纸张厚薄不匀，给印刷带来许多困难。由于草纤维的韧性不强，有 30% 的马兰纸有残洞。一开始，这种有洞的纸张在上印刷机的时候都会被一张一张的挑出来，成为残废纸张。后来，印刷厂专门增设了补纸工，预先把有洞的纸挑出来，把洞补好，再送到机器上去印。这样印刷工人就不用一边挑纸一边印，大大地提高了印刷效率。而且残废纸被利用起来了，节约了大量纸张。此外，由于马兰纸用的是手工抄造工艺，一面比较平整，一面就很粗糙。用正常工艺印出来的书报粗糙的那一面就看不清楚。中央印刷厂的同志们千方百计地改进印刷工艺，以适应马兰纸张的特殊要求，印出了合格的印刷品。谢觉哉写诗赞叹："马兰纸虽粗，印出马列篇；万佛洞清凉，印刷很安全。"

振华造纸厂马兰纸的成功经验令人鼓舞，很快就得到推广。振华纸厂在洛川甘泉水源充足的山沟里建设了一座分厂，规模比总厂大两倍。边区各机关和部队纷纷派人来学习。一批新的马兰纸厂犹如雨后春笋迅速建立起来。用马兰草生产的对开马兰纸被评为陕甘宁边区的名优产品。

于是，边区政府公布通令，群众收割马兰草供给当地纸厂，可以代公粮。一时马兰草"贵"。素来被老百姓视为废物的草，竟然可以卖钱！他们奔走相告，为纸厂割草。知道马兰草居然可以造纸，很多人视之为奇闻，向纸厂索一二张马兰草纸送给朋友亲戚传观，常常传到几百里之外。

延安的"纸荒"问题在很大程度上得到了解决。陕甘宁边区造纸业的大力发展，基本满足了边区的各项用纸需求，也解决了特殊用纸的生产问题，保证了新闻宣传等各种出版需要，使马克思列宁主义和党的各项方针政策能够得到及时传播，为边区政治经济文化社会各个方面的全面发展提供了重要前提条件，在助力边区整体建设和发展的同时，为服务抗战作出了重大贡献。

从1938年到1944年，边区纸张的生产量增加了300多倍，在战时艰苦环境下，能有这样的增长速度，可谓奇迹。《解放日报》当时也有明确的报道："在纸张上，印刷用纸已经基本自给，全边区需要亦已自给一半。在边区工业中，以纺织、造纸的发展最为迅速。"到了1944年年底，根据西北局调查研究室的调查数据显示，"陕甘宁边区的公私造纸业，共有职工596人，池子191个，年产纸15308令，较1943年增产7169令（增87%)，据估计边区军民共需纸2万令，按以上数目自给已达四分之三"。由全部依赖买入纸张到自给率达到3/4，很好地证明了边区用纸紧张的困境已经基本解决。1942年，毛泽东也明确指出："我们的造纸工业现在已能年产五千多令马兰纸，1943年可增至七千令，已够全部印刷之用。"

马兰草从寂寂无闻的野草成为陕甘宁边区的"宠儿"，人们都对马兰纸充满了感情。陕甘宁边区政府主席林伯渠办公桌上养了一盆马兰花。科普作家董纯才创作了《马兰草》。作家萧军则说："在延安生活的人都忘不了马兰纸！杂志是马兰纸印的，《解放日报》也是马兰纸印的。开淡紫色花朵的马兰花，生长在陕北的山沟里。在当时困难的环境下，延安的工人用它制成了纸张。这种纸，一面光滑，一面粗糙。纸的质量虽然很差，发黑发暗，又怕水，但它却为革命出了力！"朱德在1942年视察南泥湾时创作了一首五言长诗《游南泥湾》，诗中颂道："农场牛羊肥，马兰造纸俏。"

（作者：李英，系中国科普作家协会会员、研究员）

（原载《光明日报》2021年05月04日13版）

一半 | 作者

在通天塔上，点亮万家灯火

位于湖北荆门市沙洋县的 500 千伏江兴一回 88 号至 89 号杆塔间左侧地线发现断股 4 根！

具体情况？地线下垂接近导线，线路很有可能会跳闸。

今天的应急值班是谁？

是我！

胡洪炜，怎么又是你，你已经连续应急值班半个多月了吧？

差不多。

那好吧，尽快到现场消缺。一定要记住，做好防护！

请战

胡洪炜又一次站在了这个城市的上空，在 500 千伏的通天塔上俯瞰大地。武汉，这座被迫放缓脚步的城市，在阳春三月的明媚繁花中有一种别样的意兴阑珊。

国网湖北检修公司输电检修中心带电作业班组，多次完成重大抢险任务，稳稳地守护着华中电网、湖北电网的安全。在这个"明星群体"中，高级技师闫旭东中国500千伏带电作业"第一人"的名号早已人尽皆知。带电作业一班班长胡洪炜是闫旭东的徒弟，已经获得"国网工匠"等诸多荣誉的他，也渐渐被业内称为±800千伏特高压带电作业"第一人"。

庚子新春的钟声还未敲响，新型冠状病毒阴云笼罩下的武汉按下了暂停键。经历过最初短暂的紧张、恐惧之后，胡洪炜很快就强迫自己从封城的焦虑与无助中走了出来。他居住的小区距离工作的输电检测中心很近，第一次出门时，他在妻子的监督下把自己防护得严严实实。胡洪炜跟妻子蒋敏商量，你看家里有老人也有孩子，工作结束后，我干脆住在办公室里吧。妻子红了眼圈，一口气说了三个"不行"，斩钉截铁地让丈夫每天不论早晚，必须回家，大不了从头到尾、从外到里仔仔细细地消毒杀菌。时过境迁再回头看时，胡洪炜有几分后怕与自责，在新冠肺炎确诊人数呈上升趋势的那段日子里，每天工作完都回家是不是对家人有点不负责任呢？但有一点他觉得自己做得还行，那就是作为班长，他对得起跟自己一起吃苦流汗的兄弟们。疫情肆虐之时，他能自己完成的就自己去做，绝不会多安排一个工友出勤，少一个人就减少一分被感染的风险，应急值班能给自己多排一天就多排一天。带电作业每天都要攀爬铁塔，然而人毕竟不是铁铸的，可以有钢铁般的意志，心却是柔软、温热的，劳累一天，一身疲倦与困顿，胡洪炜就想回家，回到有女儿欢笑、有妻子忙碌、有老人唠叨的家里去。家里灯光明亮，饭菜飘香，他为这座城市保障着电力，唯一所求就是回家为自己充充电。他需要家人，家人也需要他，他们比任何时候都强烈地彼此需要着。

500千伏江兴一回88号至89号杆塔间左侧地线发现断股4根！

"叮"的一声，输电检修中心生产群里发来一条即时消息，正在应急值班的胡洪炜第一时间看到了。他看着前方特巡同事发来的缺陷照片，下意识地做着评估：地线下垂接近导线，线路很有可能会跳闸。500千伏江兴一回承担着三峡电力外送的重任，是湖北主网的电力"主动脉"，一旦发生故障，将直接影响湖北乃至送往华东地区的电力供应。正值抗击疫情的关键时刻，如果电力出了问题，后果将不堪设想。

武汉封城之后，零零碎碎的电力故障不断，这边刚按下葫芦，那边就浮起了瓢。军夏一二回、夏凤一二回、玉军一二回等500千伏超特高压线路，保障着火神山医院、雷神山医院等电力供给的重要上级电源线路。一旦这些线路上的缺陷得不到及时处理，引发故障，后果不堪设想。2月初，胡洪炜就向公司递交了"请战书"，带领19名成员组成抗疫保电先锋队，承担起武汉周边及湖北境内超特高压线路巡视检查、维护消缺、故障排除、通道清障等任务。胡洪炜左支右绌，带着留守武汉的同事全力应对。

这一次的故障地点位于荆门，若在畅通无阻的情况下，只需两个小时的车程，但眼下武汉封城，物理阻隔疫情传播蔓延的同时也为电力检修造成了种种不便。出行难，就餐难，住宿难。但再难电力消缺也不能停，再难也难不过那些与新冠病毒正面交锋的医护人员，比起他们来，电力人的战场已经算是大后方。

师徒

武汉去荆门的路上，有一小段景致总会让胡洪炜产生瞬间的错觉。那一片风景总能让胡洪炜跨越时空，回到曾经闪耀着青春之光的橄榄绿中。叛逆的少年被新兵专列一路向南送进军营，去接受血与火的淬炼。三年，一千多个守卫大瑶山隧道的日与夜，足以让少年郎褪去顽劣，刚毅渐现。2000 年，胡洪炜从广东韶关退伍后进入湖北检修公司输电检修中心带电作业班组，初生牛犊引起了一个人的注意，此人就是闫旭东。

国网湖北检修公司输电检修中心带电作业班组有片繁盛的"成才林"，葳蕤丰茂，传承有序，谱系分明。"成才林"中专家林立、技师纵横，更有层出不穷的"第一人"。这个集体当中的任意一对工作组合，就有可能是专家与技术能手的比肩而立，是国网工匠与最美青工的携手作战，抑或是两个劳模之间的高端对话。闫旭东身上的标签便是中国 500 千伏带电作业第一人。当了多年的带电作业班长，闫旭东的徒弟收了一波又一波，但胡洪炜对他来说是不同寻常的那一个。

就个人条件而言，胡洪炜一米八的身高其实并不适合带电作业，但三年军营练就的结实精壮以及先天的敏捷机灵完美地补充了身高的短板。多年之后，闫旭东依然清晰地记得徒弟曾经带给他的震撼。带电作业两大危险，一是高空，一是带电。软梯是电力人得以鸢翔远翥的依傍，可攀爬软梯却一度打湿了胡洪炜振翅欲飞的翅膀。新员工入职培训的训练场上，别人用一个月已经熟练掌握了技巧，笨鸟胡洪炜却刚刚及格。气喘吁吁地爬到基塔的顶端，将自己蛰伏在离地面几十米高的电线上，想像自己是一只俯瞰大地的鸟雀，一只暂时休整的雨燕，抑或是被印刷在音乐课本上的音符。音符在胡洪炜耳边轻声吟唱：我要飞得更高，更高！

在闫旭东所有的徒弟当中，胡洪炜不是最聪明的，但他是最努力的；胡洪炜不是最智慧的，但他是最刻苦的；胡洪炜也不是最有成就的，但他是工作最认真的；胡洪炜更不是最会创新的，但他是最踏实的。他努力、刻苦、认真、踏实地练习着爬软梯的技能，每天训练爬软梯4个小时以上，20米，30米……直到超过百米，依旧能够心不慌气不喘，直到在百米高空的高压线上检修电网，身轻似燕，如履平地。半年之后，"软梯攀爬"有了教科书一样的样板：胡洪炜标准。

间隔棒损坏是常见的缺陷故障，胡洪炜第一次参加线路检修就是更换500千伏葛南线的间隔棒。第一天，师傅闫旭东一口气换了8个，胡洪炜却只换了3个，闫旭东完成自己的任务后帮着徒弟换了1档线的间隔棒。晚上，胡洪炜睡不着，躺在床上翻来覆去琢磨师傅的动作要领，甚至做了一晚上更换间隔棒的梦。第二天，他先是认真观察师傅的操作，又把昨天晚上自己大半夜想到的窍门和点子跟师傅说了一下。师徒二人研究了半天，决定在传统的更换方法上做一番改进。这天收工时，师傅闫旭东仅以微弱的优势领先了徒弟胡洪炜一个工位。大逆转发生在第三天，胡洪炜不仅完成了自己的既定任务，还返回来帮着师傅闫旭东换了1档线。"名师出高徒"用在闫旭东、胡洪炜这对师徒身上再贴切不过，胡洪炜也用实力证明了"青出于蓝而胜于蓝"真实不虚。

徒弟的成长，师傅看在眼里喜在心上，这是一对相似度极高的师徒，同样不抽烟、不喝酒，没有狂言、没有妄语，师徒二人最温情的时刻便是聊工作，探讨如何改进高空带电作业的工具，让它们重量更轻、体积更小、功能更全。师徒二人各有一个百宝箱，里面装满了各自研发、制作的各种自制工具。原本师傅的箱子是沉甸甸的神秘宝藏，没过几年，徒弟的箱子里变得丰盈饱满，各种宝物一应俱全。

时代阔步向前，哪有什么垮掉的一代？从来都是一代更比一代强。

特高压带电作业技术，被誉为输变电技术皇冠上最耀眼的"钻石"。如果一条1000千伏特高压线路的绝缘子发生故障，采用停电方式更换，一次作业至少需停电3小时，少送电1500万千瓦时，相当于一个中等城市一天的用电量。如果带电作业，将为国计民生带来巨大的经济价值，但风险不可控，稍有不慎行差踏错就会有生命危险。

2008 年，±800 千伏特高压直流输电带电作业试验在北京举行。胡洪炜凭借优秀的业务能力和身体素质，被确定为 ±800 千伏特高压直流带电作业试验的唯一种子选手。白天高空线路模拟，夜晚复盘总结。他快速在心里计算着，洪水一样的数据在脑海里翻腾、叠加、累计，他称得上是心算高手，然而也没能得出一个准确的运算结果。他只知道，自己早已能够将每一次攀爬速度控制在正负十秒的差距之内。经过半年的紧张演练，在从来没有人敢闯的超强电磁场禁区，在团队的默契配合下，胡洪炜顺利完成 ±800 千伏特高压直流等电位作业人员安全防护参数测试、等电位导线修补、等电位间隔棒更换等操作项目，填补了多项世界技术空白，使中国成为第一个掌握最高电压等级输电线路全套检修技术的国家，胡洪炜则被业界称为"±800 千伏特高压带电作业'第一人'"。

如今，胡洪炜也收了徒弟，茂盛的"成才林"更加枝繁叶茂，蓊蓊郁郁。往常，一个中心三代师徒，一个话题能扯上半天。庚子新春，老师傅、小徒弟都被疫情阻隔在家，行走在路上的只有承上启下的胡洪炜。

仰望

从武汉前往荆门的高速公路被封锁，只能选取其他的路线，一道道防疫关卡，一次次停车检查，时间一分一秒地被耽搁在路上，一段两个小时的车程被延长至五个小时。轻柔的暮霭在天际云端缓缓流淌，胡洪炜一口气爬上了40米的高塔，现场情况与无人机巡视拍摄的照片一模一样，地线断了4股。把断股松脱的部分恢复原位，装上补强条，将四根2.3米长的消缺材料一一补位，胡洪炜只用40分钟就解决了战斗。浅粉的暮霭颜色趋于绯紫，习惯了行走云端的日子，突然不得不收紧羽翼成为屋内的困兽，胡洪炜忽然很想在高空多停留一秒。高压线是翱翔天际的电力高速公路，与现代文明须臾不可离。这条公路的神经末梢会降临人间，点亮武汉的万家灯火。将高空熟悉的清冽空气塞满肺腔，胡洪炜脚踩大地，与队友踏上回家的路。

工作群里一片欢腾，为这一次消缺成功感到欢欣鼓舞。这是他们再平常不过的一次任务，却在这个特殊的时间点，显得不那么平常。

每次返程，胡洪炜都会给妻子打一个电话，预估一下回家的时间。很久以前，胡洪炜曾外出带电检修，手机关机，一连爬了几个基塔，疲惫困顿上车后倒头就睡，没给妻子打电话报平安。结果妻子辗转打了一圈电话询问丈夫的情况，再三确认是否平安下塔。从那之后，不管多忙、多累，胡洪炜下塔后的第一件事就是给妻子打电话。但这一次他无法准确预测回家的时间，返程路上的防疫关卡还在等着他们一个个通过。妻子不多问，安全回来就好。回来得早就给他开门，若晚了，就给他留一盏灯。

三月，疫情形势依然严峻。国家电网公司援助湖北的通航公司用载人直升机替代了以前的人工输电线路巡检，一般的故障可以适时排除，但超特高压线路上出现的疑难杂症，依然非带电作业班莫属。

胡洪炜站在 500 千伏玉军二回 78 号塔上俯瞰大地。500 千伏玉军线是蔡甸连接军山 500 千伏超高压的"主动脉"，是此刻胡洪炜目力不能及的火神山医院、同济医院中法院区的上级电源线路，同时还承担着汉阳区域的电力供应。间隔棒掉爪是严重缺陷，如果不及时进行处理，将会引起导线断股甚至断线跳闸，直接威胁到电网安全。若在平时，这仅仅是经济的损失，但是在抗击疫情的紧急时刻，电力供应的终端是手术室的灯光、是字节跳动的心电图机、是一台台挽救生命的呼吸机。

从胡洪炜的视角看过去，地面上，是线条与区块的交错与拼接，姹紫嫣红形态各异的春花被整齐划为一个个色块，这个视角被称之为鸟瞰。胡洪炜调整好姿势，快速出手稳稳抓住均压环：熟悉的"嗞嗞"放电声，美轮美奂的蓝色电弧——他顺利进入等电位。带电作业的等电位原理最初是书本上的知识，后来是师傅手把手教授的经验，如今成为自己实现人生梦想的工作日常。电，是大自然赐予人类最精妙的魔法之一，它改变着时代的形态，左右着时代的进程。一阵熏风自地面袭来，裹挟着缤纷色块的芬芳馥郁。有人将电力人所从事的事业比作彩虹工程，彩虹的物理样貌像一座桥，本质是一种能量的抵达。胡洪炜心随意动，把对这个城市的祝福全部聚焦在十个指尖，他拆除下掉爪的旧间隔棒，将新间隔棒安装在最适当的位置上，确保安全无虞。你不需要知道我是谁，我知道自己是为了谁，这不是自我陶醉，更不是自我感动，这是胡洪炜对这座哺育自己的城市的深情抵达。

落地的瞬间，一阵抑制不住的干呕。胡洪炜的胃又在无端愠怒，它不再是以前那个可以容得下一斤半饺子和一整瓶啤酒的好脾气的容器。胃的基本功能是接受，它接受一切外来的东西，接受一切需要消化的东西。除了接受之外，胃也制造和分泌胃酸，只有腐蚀、分解才能达到消化的目的。然而，现实生活中接受与消化的不仅仅是能够支撑生命的五谷杂粮，还有压力与情绪。胡洪炜的胃去年就开始闹情绪，换了几家医院都没有降服它。二十年的饮食不规律、高空带电作业的巨大压力以及尘世间的种种纷乱与是非让它不堪重负，胃不高兴的后果很严重，胡洪炜暴瘦了三十斤。他不得不开始分拨出一点时间安抚它、照料它，让自己慢下来、静下来。无数个被反流性食管炎折磨的无法安睡的夜晚，在一旁假寐的妻子闭着眼睛静静流泪，身旁的男人是不是工匠、是不是劳模一点都不重要，她只愿他平安、健康。

凌云御风的感觉很好，但就人类而言，终究还是眷恋大地的平实。抬头仰望高空，高压线肩负使命，蜿蜒向前。

（作者：一半，系报告文学作家，著有《云门向南》《国碑》）

（原载《光明日报》2020年08月14日14版）

第四辑

一腔英雄气，守护众岚青

许
锋 | 作者

菠萝救援

夏日的上午。广东佛山市南海区狮山镇。菠萝救援总部。

王治勇穿一身工作服——橙色裤子、黑色无领汗衫，汗衫上印有醒目的菠萝救援标志。我心头不禁闪过一丝疑问，礼拜天也要穿工作服？

"穿工作服，首先省钱，不用再买衣服；其次随时出发，奔赴救援一线。"

大热天，办公室也没开空调。他为省电，平时不开。蚊子在我腿下、身边乱飞一气，我忙不迭拍打。"就这个条件。"他赤裸的胳膊上，多处留有被蚊虫叮咬的痕迹，还有因参加救援而留下的道道疤痕。

茶几上，放着烟灰缸。

"抽烟吗？"

他摇摇头，"早戒了，抽烟太费钱。不要说抽烟，我现在留光头，自己用剃须刀就能搞定，理发钱也省了。"他嗓门大，普通话中夹杂着一缕川音。年纪虽比我小，但北方汉子似的大脸盘上一脸沧桑，是饱经岁月打磨和浸泡的"光影"。

"一想到还有那么多人需要我们的帮助，我就停不下来。"

"小菠萝"

你会有疑问——一个四川细伢子，怎会跑到佛山并成为声名远播的"菠萝救援"的领头人？

1977 年，王治勇生于四川达州北山。那地方山大沟深，父母又都是农民，家庭拖累重。四年级时，王治勇不想上学了，他要省下钱让学习好的哥哥继续读书，自己跟随父亲南下打工。他们披霜戴雪从达州火车站登上去广东的列车，但是，兴冲冲地抵达佛山后，老乡先前说好答应要他们的砖厂由于转包而工作"泡汤"……夜里，他们冒着风雨沿 321 国道毫无目的地前行。翌日，采石场、农场……一家家打问，只要能栖身，吃上一口热乎饭，哪怕睡草棚、猪圈，干多累多重的活儿，都行。

一家砖厂收留了他们。王治勇个子小，装窑、出窑的活儿干不了，就拉板车转运砖坯或成品砖。每次装几百甚至上千斤砖块。拉车时，咬住牙，俯下身，死死摁住车把。但路不平，遇到沟沟坎坎，车身稍一颠簸，体重只有六十几斤的他就被"撅"在半空，上下不得。父亲和工友"救"下他，帮他将车拉到平缓的地方……一段辛酸的岁月。

有段时间，王治勇经老乡介绍去一家农场干活。老板娘见王治勇又黑又瘦，干不了什么力气活，就叫他放牛，牛也不多，五头。

老板娘对王治勇很照顾，他感觉就像妈妈一样。

"农场老板娘是我打工路上遇到的第一个好心人。老板娘叫我'小菠萝'，因为我那时身高不到一米五，像个长不大的菠萝。"

王治勇在以后的创业中，无论办小卖部、批发部，开维修店、物流公司，名称中都有"菠萝"二字。

一颗来自大巴山麓流浪、漂泊的心在南方慢慢生根、发芽。

志愿心

2008 年初，南方冰灾。王治勇的运输车队刚成立，接到一个电话："有货要送去灾区，接不接？"

"接！"

到现场一看，是电塔、电线等抢修供电的设施。

妻子提醒："冰天雪地，可不好运。"

王治勇一拍胸脯："这货我送！"

但司机害怕。

"我开一台车！"

老板身先士卒，两位经验丰富的司机不再犹豫。

加长卡车冒着雨雪出发。王治勇此前未跑过长途货运，车至京珠高速英德段时，道路结冰，坡多且长，很难刹车——继续走，异常危险；半途而废，他不甘心。做了一个大胆的决定，以两车"夹"一车的方式行进。好不容易抵达广东乳源后，根据救灾指挥部要求，电塔还需要送往灾情严重的大桥镇。

从县城到大桥镇不到 40 公里，但路更不好走。

他们决定将 3 台车连接，用后面的车拖住前面的车，以增加头车防滑能力。

王治勇带队，像蜗牛一样小心翼翼行驶。路窄，弯多，有上坡、下坡，有的地方结冰、覆有厚雪。车身既长且重，前挡风玻璃还不断被雾气遮掩，影响视线。当车轮侧滑时，钢丝绳一下绷紧，后车司机狠狠地踩刹车，防止前车滑落。王治勇握方向盘的手臂绷如弯弓，不住颤抖。

两三个小时后，物资被安全送至目的地。王治勇下车，冷风一吹，感觉异常冷，手探进棉衣一摸，内衣被冷汗浸透。

物流生意做得不错，这年 8 月，王治勇成立物流公司。钱赚得多了，一度虚荣："爱攀比，当时就用上了大哥大，经常大鱼大肉。"昔日那颗"小菠萝"，体重增至 180 斤，变成"大菠萝"。

又幡然醒悟。

"回想来佛山这十几年走过的路，如果没有这么多人帮助自己，又如何能有今天？那自己应该为社会做点什么？"

2012 年 8 月，他成立物流义工队。将物流公司交由妻子打理。妻子反对："我不懂管理，这么大一个摊子交给我，我咋应付？"

禁不住丈夫软磨硬泡，妻子妥协："管可以，但管不好亏了本，不要怪我。"

"一语成谶"。不到 10 年，昔日红红火火的"菠萝物流"门可罗雀。妻子的身份由"老板娘"变成"老板"，如今变成一个看大门的人。

"物流公司收入好的时候，利润都被我用来搞志愿服务。妻子跟着我受了很多苦。"当着我的面，"细伢子"眼里闪烁着盈盈波光。"朋友也嘲笑我，说你刚吃上肉，就想做好事往脸上'贴金'了。"

他没有退却，一颗"志愿心"反而"膨胀"——2014 年，组建菠萝义工爱心联盟，成立菠萝义工服务中心；2016 年 6 月，菠萝救援队成为佛山首个获民政局批准的民间救援组织——佛山市菠萝救援服务中心。

拿到"牌照"时，王治勇喜极而泣。物以类聚，人以群分，这个牌照可以凝聚更多想做好事的人。

"N+1"

2016 年，王治勇像个陀螺似的围着灾区转。

6 月间，江苏盐城阜宁，一场突如其来的龙卷风、冰雹、特大暴雨肆虐，田地被毁，房屋被拔。王治勇带救援队伍星夜疾驰 1700 多公里赶到。25 日早 6 点多，晨曦微现。救援车队驶入龙卷风过后的中心地，乌云压境，狂风呼啸，车辆左右漂移。

王治勇发出吼声："马上救援！"

清理废墟，排除次生灾害，协助供电部门抢修电力。使用破拆工具，将一道道断墙卸开，对房屋进行加固，将埋在废墟里的粮食、衣物、钱财等搜寻出来交到村民手中。

7月间，安徽桐城孔城镇、潜山王河镇发生水灾。3日下午，王治勇带领队员赶到灾区。暴雨间歇，忽而又至，洋荡圩一片汪洋。村里虽经自救，仍有97名村民被困。

夜，暴雨暂歇。队员在村干部指引下一家一户搜救。河面下渔网密布，水草丛生，水中还有折断的树木、倒塌的电线杆、断成两截的铁丝和电线。队员们借助头盔应急灯发出的光亮，小心翼翼地驾驶、躲避，遇到不明情况，跳入河中徒手推船。为防止出现意外，一根绳索将队员"拴"在一起。

"有人吗？我们是菠萝救援队的。"肖鲲、何腾远等队员一声又一声的呼唤在水面飘荡。

静寂无声。

暴雨又倾泻。视线受到干扰，水势上涨，摇摇欲坠的房屋随时会坍塌，但队员没有停止搜救。

97名群众终被安全转移。一位93岁高龄的老人说什么也不肯将救生衣脱下还给救援队，"我这条命，是你们捡回来的，这个救生衣，我不脱，多少钱我都要买下来，哪天我走了要带上它一起入土！"

王治勇看着老人，边笑，边哭，心中坚定了信念——将应急救援做下去！

7月20日，湖北荆门屈家岭管理区通过当地志愿者联合会发来紧急救援请求。

"灾情就是命令，马上出发！"

20日晚23时10分，救援队抵达屈家岭。虽明月当空，却无一点诗意，多处已被水淹没，深不见底。求救部门担心夜晚救援会有危险。

"我们请战，连夜营救。"王治勇道。

救援第一处，是一家三口人。因铁门阻挡，冲锋舟无法驶入。救援队员在齐肩深的水中游至小女孩身边，将她架在脖子上送上冲锋舟。女孩不断啜泣，队员安慰："我们来了，没事的。"第二趟进入，将大人接出来。整晚，一趟趟往返，救出57名群众。

翌日上午8时，洪水未退，又骄阳似火。队员们刚吃了点东西，得知一名孕妇被困。

人命关天，何况两条人命！

救援队员迅速赶往目的地。

"救命！救救我！"

队员从皮艇翻入孕妇居住的房间，经1个多小时努力，将顶着西瓜一样大肚子的妇女安全救出。几天后，孕妇顺利产下一名男婴。

队员不舍昼夜，每天搜救达16个小时以上。由于皮肤持续暴露在烈日下，多数队员出现脱水、面部及四肢被灼伤情况。

王治勇累倒并昏迷在抗洪抢险现场。他倚靠在一座宅院门口，脑袋向外耷拉，鞋上、腿上全是半干的黄色泥浆，左肩挂着的对讲机信号频闪。

卫生室。一位老农哽咽着对医生说："快救救这个好人啊，他是因为救我们才累倒的。"

王治勇醒来后，面对医生的劝说，笑笑，又摇摇头。

后来，他说，还真有点怕再也醒不过来了。

每次救灾，妈妈都要发信息给他："要注意身体，回来给我们养老。"

"我们的队员，在救灾前，都签'生死状'，真的是含着泪水在奔跑。"

2017 年 6 月，王治勇和队员出现在江西修水。普降暴雨，洪水汤汤，修水已成泽国。由于任务艰巨，半月间，王治勇先后调 5 批队员前往增援，携带了冲锋舟、橡皮艇、破拆设备、无人机等。

一个个孩子被抱了出来。

一个个老人被抬了出来。

半月，共转移被困群众近千人，搜索面积近 5 万平方米。

但是，在救灾中被洪水冲走的 3 名杭口镇干部匡美建、邓旭、程扶瑶始终没有找到。

"好好摸一下树底下，要搜查仔细。"王治勇徒步涉水摸索搜救、叮嘱。

洪水齐腰，树木七歪八扭，交错的枝丫挂着稠密的树叶在水面漂浮。王治勇俯身查看时，水没过前胸。张玉霞拿根竹竿往树底下轻轻探试，慢慢拨拉。

后来，大学生村干部程扶瑶的遗体被发现，王治勇率队员赶往现场处理。

现场痛哭声撕心裂肺。

精疲力竭之时，大地当床，明月当被，王治勇和队员们枕在石头上，英雄遇难、遗体搬运的画面在他脑袋里晃来晃去……

救灾结束时，一名队员去水果店买哈密瓜，连跑三家店都没买到。

"店老板一看我穿着菠萝救援队队服，说你们千里迢迢来救我们，我们怎么能收钱？"

那名队员索性脱了外套进去——也不行，没得商量，拿，随便；买，不卖。

7月10日，救援队返程。王治勇决定悄悄离开。

失联干部英雄匡美建的夫人赶到救援队驻地守候，但被王治勇"摆脱"。她在电话里向王治勇哭诉："你为什么要偷偷走，为什么连一个道别的机会也不给我。"

一些市民得知消息后，开车一路追赶，最终在高速公路上的一个服务站将他们"截停"，然后"派"一位在佛山顺德开家具厂的老板全程"押送"。

翌日。晨4时。当菠萝救援车队驶出高速公路狮山出口时，公路一侧站满了人，他们是在佛山经商、务工的修水人，等了一夜。而在菠萝救援总部，200 多名修水人拉横幅列队，眼含热泪呼喊："谢谢你们！"

王治勇和队员们热泪盈眶。

"用真爱帮助别人，给人以温暖，这就是中国公益的力量！"

2020 年 6 月，广西桂林阳朔县城南凤楼村，漓江二级支流金宝河畔。平日，风景美不胜收，若再有霏霏细雨点缀，云山掩映，云雾氤氲，如人间仙境。

只是，此刻，乌云遮天蔽日，暴雨倾盆而下，河水上漫，道路被淹，一片汪洋。

但人们还心存侥幸，望望天，山里的雨，来得急，去得也急，或许就过去了。

7 日清晨，河水涌入院中，车辆被转移。早餐时，河水涌入一楼大堂、餐厅、客房，淹过人的脚踝、小腿……游客被困酒店二楼。

求救！王治勇获悉阳朔遭遇洪涝灾害，迅速集合队伍。

张玉霞！到！

甘文兴！到！

…………

王治勇带队，车辆载着专业救援设备，连夜赶往灾区。8 日晨 6 点多，到达凤楼村。先转移 40 多名大人、小孩后，来到不远处的酒店附近。

雨势减退。河水泥沙俱下，如黄河之水湍流不息。

迅速制定救援方案。先向对岸"甩"一条救生绳索，这头绑在粗壮的树上，并铆三处以"牵制"，那头也绑在粗壮的树上，系紧捆牢，一条横贯几十米河面的生命之索在迅疾的河风中不停摇晃。绳索上，又"甩"出两条各二十多米长的绳索，一条挂在张玉霞腰上，一条挂在甘文兴腰上，若出现意外，两条绳索可以救俩人的命。

张玉霞奋力将冲锋舟推下水。上舟，立冲锋舟头，左手抓绳索，并以半蹲姿势目视前方。甘文兴立舟尾，亦半蹲，左手操舟。

雨势加剧，噼里啪啦如倒豆子。

张玉霞挥动右手，下达指令：左斜向 45 度！

甘文兴推动操纵杆，转动控油手柄。

逆水行舟，不进则退。

水域情况极为复杂。左侧有一道滚水坝，无风、无浪，水流舒缓时，水从坝顶漫过，形成一湾静水，群峰倒映其中，美轮美奂。但河水若泄洪时，便形成巨大漩涡，浪花翻卷之中的"水洞"像滚筒洗衣机的水一样不断翻滚，却不流动，若人被吸住，很难逃脱；另一侧，也有一个滚水坝，侥幸从这边逃脱，会再落入另一个水洞，九死一生。

冲锋舟在激流中剧烈摇摆并艰难行进。至河中央时，张玉霞调整前进方向；借助水流冲击，甘文兴调整前进动力，并小心翼翼躲避漩涡。经过几分钟颠簸，冲锋舟靠岸。甘文兴未熄火，借助动力将冲锋舟顶死在岸边，张玉霞则将"船头绳"递给先前已送到对岸以承担接应任务的队友，由队友将"船头绳"固定，避免冲锋舟被水流冲动。

张玉霞伸出手，被困30小时的第一批乘客上舟！

冲锋舟每次载客不多。获救者后来回忆："冲锋舟由两个'菠萝'勇士驾驶，和三个被救者一组，往返两岸间十余次，大约在上午10时终于把50多名驴友全部安全接到了岸上。"

大获全胜，有惊无险，无一伤亡。两岸欢呼声一片。

"义务救援，让我从一个女生变成了一个女汉子，在救援队，没人当我是女人！"张玉霞今年38岁，贵州人，个头不高，模样端庄，但干起活来真像个男人。

在菠萝救援服务中心，有一张"救援地图"：自2014年至今，菠萝救援足迹遍布17省，救援876场，救助9112人；提供技能培训16150场；累计服务524088小时。

"苦行僧"

一段视频。菠萝队员在训练，片名为《钢铁是这样炼成的》：江海之上，雾霭茫茫，波浪翻卷，惊涛拍岸。

金沙江上。队员开足马力，冲锋舟劈波斩浪，如蛟龙穿越，连续做"S"形动作。

大亚湾海域。队员驾驶冲锋舟快速行进，浪花淘尽英雄；故意冲向漩涡，瞬间被巨浪席卷、人仰马翻……队员唐旭被狠狠地抛向礁石，幸无大碍。

广州从化激流。面对重重"路障"，队员驾驶冲锋舟快速灵活地躲避并逆流而上，"落水"的队员在激流中"挣扎""自救"，或逆流，或顺流，橙黄的救生服在汹涌的白浪中不断隐现。

潜水。森林防火。地震救援。无人机空投。高空绳索救援。特种车辆爬行。危险化学品堵漏。车辆破拆……一次次，都在挑战他们的体能和技能极限。

如此强度，吃得消吗？

"救援工作并不是仅靠一腔热血就可以做得很好，它需要严谨的态度、科学的理念和扎实的技术作为支撑和前提，否则是对生命的漠视和对职业的亵渎。"王治勇说。

如此拼命，为了什么？

救援分文不取。不拿群众一针一线。砸锅卖铁也要干。

那是为名？

王治勇获得全国"最美志愿者"、中国优秀青年志愿者称号，荣登"中国好人榜"。2017年11月，获得第六届全国道德模范提名奖。2021年6月，中共广东省委还授予菠萝救援党支部"广东省先进基层党组织"称号。锦旗、奖章、奖状、感谢信，充栋盈车。

——如果以这样的"有偿"标准看待菠萝人，您的格局是不是有些低了。

王治勇带我上二楼。楼道尽头有间"雷锋纪念馆"，一张巨幅海报上，有年轻的雷锋形象，也有一句话：我要向雷锋学习。

"一个人的梦想与追求，只有与社会的需求，人们的期盼，祖国的富强联系起来、才会有始终如一的动力、取之不尽的源泉、用之不竭的力量。"

"前 10 年，我亲力亲为；后 10 年，我们会不断开发接地气的服务项目，做好事也要不断创新，不创新，好事都没得做！"

他和他的队员，真的是"苦行僧"，一年四季，虽辛劳而不舍。

但他们的心，如"山上松"，一年四季，呈葱茏之茂。

皆天下之好人也！

（作者：许锋，系国家一级作家，广东文学院签约作家）

（原载《光明日报》2022 年 07 月 29 日 14 版）

高凯 | 作者

火凤凰

子午岭，古称桥山，因山脉南北走向而得名。其地跨陕甘两省，位于黄土高原腹地，为黄土高原中部地带重要的生态公益林。

为创作一部生态文明长篇纪实文学，我走进了子午岭大森林，也由此走近了一个特殊的"绿色卫士群体"——消防员和护林员。

打火比打仗艰难

"打火比打仗艰难！"打了一辈子仗的梁生财这样说打火是有根据的。刚到陕西省甘泉县经历的那次九天九夜的打火之战，让94岁的梁生财深有体会。

一个夏日，在甘泉县城劳山林业局老家属院一个安静的独门小院，我拜访了子午岭最老的林业人——94岁的梁生财。打开"话匣子"后，梁老最自豪的一句话是："我打了一辈子仗，从来没有受过伤。"这真是一个奇迹，好像枪林弹雨中那些子弹都躲着他飞了。梁生财是山西定襄县人，戎马半生，从山西老家打到四川，从四川又打到朝鲜，然后回到安徽继续当兵。1957年转业到甘泉清泉森林经营所，干到劳山林业局副局长退休。好像为了证明什么，他马上搬出了一大摞荣誉证明，其中最新的一个是"中国人民志愿军抗美援朝出国作战70周年"纪念章。梁老已经有了重孙，四世同堂，过着神仙似的日子。一根拐棍，一个小马扎，出门逛逛街，看看下象棋，打一会儿扑克，回家后再瞅瞅电视，天天坚持午休。他不吸烟，只喝一点小酒。每晚8点准时上炕睡觉，第二天5点起床，开启新的一天。春夏秋冬都是如此。为了再次验证一个94岁的人的记忆，我问他定襄县的襄字怎么写，他清楚而流畅地回答："一点，一横，两个口，两横，两竖，一横……"接下来的笔画他好像不会说了，就用手在空中很准确地比画了几下。看来，他不但清楚地记着自己的人生经历，还记着故乡定襄的一笔一画。一个人平平安安地活在青山绿水间，多么美好。

从打仗说到林业，梁老就说了"打火比打仗艰难"那一句话。他刚来林场的那一年10月，因为天旱，白家畔发生了一场森林大火，火势一丈多高，烧了九天九夜，他跟着大家打了九天九夜。那次大火，三百多亩树林被毁。

我完全相信一位老兵"打火比打仗艰难"的体会。到了富县桥北林场，一个下雨天，我抽空在一个饸饹面馆里采访了桥北森林消防队副队长武胜利。48岁的武胜利，消防兵出身，1994年从成都消防支队转业到富县。武胜利说，人们都知道干消防苦，但不知道干森林消防更苦，危险性更大。平时，队里实行军事化管理，不但要 24 小时值班，还要练兵、巡警。别人能天天陪婆娘和娃娃，消防员每年 365 天有 300 天陪不了婆娘娃娃，婆娘经常埋怨，娃娃好像没有他这个爸爸。消防员都盼着天下雨下雪，因为遇上这种天，就不会有火警了，就可以回家陪婆娘和娃娃。武胜利停了一下说，刚才，婆娘还打电话问他，天都下雨了，你怎么还不回来？说时，武胜利的眼泪都快流出来了。说今生当消防员我从不后悔，那是假的，有时真的想过，下辈子再不当消防员了。武胜利的声音有点哽咽。抹了一下眼角，他继续说，可火警如山，一旦上了火场，什么都忘了。森林消防员出警，需要翻山越岭，上山爬洼，披荆斩棘，赴汤蹈火。到了现场，看见燃烧的林子，心在流血，恨不得飞过去把火一下扑灭。进了火场，不要说熊熊的火焰，烟雾都能把人呛死，眼睛睁不开，一把鼻涕一把泪的，要人命呢。

我一直没有提问，不想打断他，听他继续说。接到命令之后，消防队员必须在 10 分钟内出发，而 10 分钟的最后一秒前必须完成以下准备：着装，携带灭火机具，包括风力灭火机、分水灭火机、灭火弹、灭火枪、帐篷、背包（内有砍刀、铁锹、救生绳、对讲机、望远镜和 GPS 定位仪）、油锯、割灌机，当然还有必需的干粮和水。火警是防火指挥部通过火警电话 12119 接到的，然后迅速下达命令，明确打火地点。指挥部和消防支队一样，都是 24 小时值班。桥北林业局消防队有消防队员 26 人，每次出发，除 6 名行政人员外，其余 20 名队员一个都不能少。我们的经验是"打早，打小，打了"，直到把火打死。

武胜利最难忘的打火之战有两场。一场是 2015 年底宜川集义镇地方林场的火灾。他们接到火警已经是半夜 1 点钟，20 名战士火速出发，但因林区道路状况较差，三个小时才到达，到了现场又上不了山，消防车无法通行，战士们只好背着沉重的装备步行上山。林区走路难那是人所共知的。没有路，战士们边走边砍树枝，披荆斩棘砍出一条路来，挥汗如雨，脚步艰难，心急如焚。另一场战斗，是 1997 年 5 月中旬黄陵乔山林场的森林火灾。20 名消防队员长途奔袭 100 多公里，路上整整赶了两个多小时。到达现场，参与制定扑火意见后，他们就立即投入了战斗。他们的策略是"分割围堵，安全扑救"，即：从两翼扑救，从火尾进入火场，因为从火头打太危险，作用也不大。5 月的陕北林区，天气还十分寒冷，整整七天七夜呀，前面火烤，后背冰凉；吃不上喝不上的，即使是吃上了喝上了，也是一半生一半熟。那时候还没有帐篷，大家都在露天歇息。

防火就是这样防的

人就是火种。只要人在，火灾就不可避免。

子午岭的森林史，就是一部防火史。有人说，林一代是栽树的，林二代是育苗的，林三代是护林的。其实，三代子午岭人都是护林防火的，只不过，林一代一边在栽树一边在护林防火，林二代一边在育苗一边在护林防火，而林三代主要是护林防火。一直以来，在所有的森林灾害中，火灾是重中之重。火灾分四级：一般火灾、较大火灾、重大火灾、重特大火灾。一般来说，护林员的天职是防患于火情之前，消防员的天职是防患于火警之后，但护林防火不仅仅是护林员和消防员的事，更与森林里外的每个人都关系密切。

在林区，每个人可能都是一粒火种。在农林混杂的区域，火灾隐患最多。在岔口林场采访时，听说去年在某林场，一个老汉在地边放火烧玉米秆，烧掉了几百亩油松林，让人心疼不已。还听说，前些年一个干部上坟烧纸，引发了一次小火情，被"铁面县长"当场免职。在子午岭，火灾就是这样来的，而防火就是这样防的。

每年的10月1日到第二年的5月底都是森林防火期。其间，入户宣传，清山查林，雷打不动。因为文化传承的原因，烧纸祭祖不可能在短时间内禁止，到了清明节、中元节和春节，更是重兵把守。正如我在太白林场所了解的，这些年，林场职工没有人给先人烧过纸，每年清明、春节，职工们都在守山，看别人给先人烧纸。各家烧纸时间不同，每一个坟都不止烧一次。护林员有上坟人家的电话，提前联系，问清楚什么时候去，然后约好同时去。必经的路口有二维码，进出都要扫一下，凡是进去却没有出来的人，就要追踪打听下落。去公墓烧纸的人还好防备，那些因坟地分散而零星去烧纸的人就防不胜防了，护林员必须守在人家坟地旁边，看着人家把纸烧完、把纸灰打灭，才能离开。

棋盘林场场长田玉成记得很清楚，2016 年大年三十，焦寨村一农户上坟烧纸引发大火，幸而被林场职工和村民联手及时扑灭，但害怕地下火"死灰复燃"，他们让村民们回家去过年，林场 150 个职工留下来继续蹲守火场，集体在山上过了一个"守火除夕"后，才在初一、初二和初三陆续下山。森林火灾包括树冠火、地表火和地下火三种。地下火也叫暗火，由腐烂树叶生成，是否着火又是否被打灭，根本看不见。受到林场的影响和培训，林区绝大多数农民的防火意识还是比较强的，对个别人疏忽大意引发的火灾，总是充满歉意，而林场职工帮他们扑灭与他们休戚相关的大火，更是让他们感激不尽。所以，那一天傍晚，农民送来了棉大衣，第二天一大早又用桶挑着送来了热包子。

的确，打火离不开群众，打火需要人。上坟烧纸和农田烧秸秆，是目前农林交错地区最大的火灾隐患，而这必须靠林业人和周围群众联手防范。2019 年 3 月，一个农民烧秸秆引发火灾，危及云梦山风景区，林场人手不够，及时从周围村庄和社会上调来 90 多人，一口气灭了大火，守住了防线，保住了云梦山。农民烧秸秆目前还不能完全杜绝。秸秆若不能几年烧一次，容易发生病虫害，传统的"刀耕火种"是有一定道理的。2018 年当地发生过一次虫灾，一种黑色的虫子席卷而来，专吃玉米胡子，对玉米生长造成了极大危害。这几年，玉米秸秆都是大型机械收割后顺便压缩打包处理了，但一些用不上大型机械的小面积玉米地，收完玉米棒留下的秸秆还是需要人去用火烧。

田玉成让我长了不少见识。他还说，"防火于未燃"是最成功的防火境界。2018年11月，林区的天气已经很冷了，县上一位领导为了考验林场的防火准备，晚上11点突然打通林场办公室的防火电话，说某地有火情，命令他们立即出发扑救。他当然信以为真，放下电话火速带着7个人，13分钟赶到10公里外的"现场"之后，发现原来是一次考验，虚惊一场。

虚惊不怕，最怕的是"实惊"。

"黑烟是烧秸秆，白烟是初燃的山火，如果发现火警首先得给场部报告。"在太安高楼洼瞭望台瞭望塔上，护林员叶俊英把望远镜递给我。眼前的景象，与我之前在几个瞭望塔所瞭望到的景象一样，近处树冠叠翠，远处林海浩茫，远远近近安静恬然。"在这里可以看到直线距离10公里的库全、阳湾和刁坪三个林场的动静"，他又补充说，"20年只发现过火警，没有发生过火灾"。

老叶已经59岁，马上退休，似乎有点不舍。老婆秦淑云原来也在瞭望台上，前年退休后，剩下他一个人。夫妻两人均是"林二代"，先前分别在别的林场工作，聚到这个山上后一起待了20年。老叶很满足，最大的成就感竟然是：能够顺利地工作。平时，他每天晚上11点后睡觉，早上6点起床，第一件事是先上楼瞭望一下，然后下楼生火做饭；吃罢饭后，每隔两个小时再上楼瞭望一次；晚上入睡之前，还要再上楼看一圈，否则睡不踏实。进入

防火期，他每天拿一包方便面，提一壶水，守在楼顶，居高临下，像一个"森林司令"，不停地举着望远镜瞭望，发现火警就发号施令。时间长了，一里路外村子里的声音和三百米外公路上的动静，他都能听出个所以然来。老叶的瞭望台是一座三层小楼，楼顶就是他的瞭望塔，上上下下共 1540 平方米。一楼院墙内是老叶的生活区，四间房，他住了一间，其他是库房，放着防火工具。老婆走后，能给他作伴的就是两只狗，一只大狗用绳子拴着，另一只还小，在院子里自由活动。

还有一窝喜鹊呢。刚到瞭望台时，老叶和老婆在院子里栽了三棵杜仲树，当时只有食指粗，一个半人高，现在已经有十七八厘米粗十二三米高了，上面还垒了一个喜鹊窝，住着 6 只喜鹊。三木成林，三棵杜仲树已经绿树成荫。杜仲树为落叶乔木，树皮呈灰褐色，比较粗糙，内含橡胶，折断拉开有许多胶状细丝；最高可长到 20 米，胸径可达 50 厘米。杜仲树是中国特有的珍贵树种。子午岭不是杜仲树的原生地，但已经普遍种植。

喜鹊报喜。功德圆满的叶俊英、秦淑云夫妻，意外在山上留下了一家子喜鹊，叽叽喳喳守着他们的杜仲树。

火凤凰不是传说

还有人就出生在火场。在庆阳林草局采访一些林场的"老林"时，我遇到了并不老的"林二代"武筱婷。她告诉我，她写了一部关于林业的报告文学，26万字，名字叫《绿魂》，正在联系出版社。互加微信很长时间后，她发来了一些作品片段。

武筱婷讲的故事就发生在我出生的那一年。1963年12月30日，罗山府农场三连三班所在的坡头村，一个农民祭祖烧纸，意外点燃了坟头上的枯草，风吹草动，火仗风势，从而引发了一场森林大火。那时候还没有森林消防，大大小小的火灾都靠人力扑打。农场的职工，生产队的社员，男男女女老老少少，倾巢出动一起上了。打火的人群之中，有一对农场职工夫妻，男的叫武铸玉，是场里的文书，陕西长安工校学林的中专毕业生；女的叫翟慧之，是林场加工厂裁缝班班长。打火现场一片火海，火蛇遍地窜，火龙漫天飞。火场附近没有水，大家就用土浇，冻地挖不下土，就用铁锨拍，打得火星四溅。因为没有打火经验，大家见火就打，不管火头火尾，混乱不堪。一开始，大家只顾打火，谁也没有注意到别人，直到扑在火头上的翟慧之突然倒在地上后，才有人惊得大呼小叫地喊："快来呀，快来呀，翟班长出事了！"武铸玉更是吓了一大跳，已经怀孕七八个月的妻子怎么也来了！他立即跑过去抱起倒地的妻子，只见她的一张脸因为烟熏火燎已经黑乎乎的，没有了人样，整个人昏迷不醒。武铸玉始终紧紧抱着妻子，不敢使劲摇，只是和大家你一声我一声地喊，直到把妻子叫醒。睁开眼睛的翟慧之，第一反应就是用手摸了一把下身，只听她哇的一声："我的娃呀！"这时，武铸玉才看见一个肉乎乎的胎儿从妻子的身体里流了出来。

幸运的是，经过农场唯一的医生周敦范的抢救，这个只有3斤重、胎盘还没有发育成熟的女孩竟然神奇地活了下来。因为惊喜不已，从她睁开眼睛的那一刻起，大家都叫她"火凤"——火凤凰，一场大火所赐的名字，与天地间一个古老的传说竟然惊人地相似。

作品片段到此戛然而止。这只是火凤的传奇出生，接下来的火凤呢？因为疫情阻隔，考虑到短时间之内不可能前去面对面采访武筱婷，我和她在微信里热聊了起来。已是深夜，因为凭借网络飞越了时空，我们之间的距离，想起来很远，看起来很近，彼此如在眼前。

又弱又小的早产儿火凤，得到了爸爸妈妈格外多的守护和照顾。学会走路前后的那几年，火凤一直被爸爸架在肩头。从那时起，爸爸妈妈就给她讲子午岭的故事，人的、动物的、草木的，很多很多的故事。1980年，高中毕业的火凤正好遇上农场招工，通过考试成了一个"林二代"，整天跟着爸爸学习培育树苗和果树嫁接。每年冬闲时节，她还会被单位抽调去巡查火险，宣传护林防火。后来，火凤离开了农场，但心一直在子午岭，她不会忘记给自己接生的医生周敦范叔叔和韩秀英阿姨，不会忘记自己的出生地——罗山府农场。

深夜聊到这里，千里之外的武筱婷突然停了停，然后又说，火凤就是她，她就是火凤，火凤是她的小名。

"写《绿魂》，是为了表达对子午岭、对林业的感恩情怀。作品不只是写了我一家的故事，里面有名有姓的护林员有 50 多个呢。'绿魂'想表达林业人的创业精神，不惜奉献青春、汗水乃至生命保护树木的忘我精神，它代表着林业人的梦，绿色梦、生态梦。"为完成这部作品，她用了整整 4 年的时间，一年深入子午岭采访、查资料，三年伏案写作，昼夜不舍。

走进子午岭大森林，请记住火警的名字"12119"，也请记住这个名字背后子午岭的两大员：消防员和护林员。

（作者：高凯，系甘肃省作协副主席、甘肃省文学院院长）

（原载《光明日报》2022 年 02 月 25 日 14 版）

杨辉素 | 作者

好一座"望海楼"

高高的塞罕坝上有一座月亮山，月亮山顶有一方开阔的平地，平地上有一座白色的三层小楼。

平地是金黄的细沙粒，有足球场那么大，平平展展。小楼是白色做底儿，浅灰色镶边，在蓝天白云下矗立着，醒目又淡雅。

这方方正正的小楼，四个面都有窗户。尤其第三层，每面竟有两个大窗户，四个面就是八扇大窗户。

每扇大窗户都被擦得一尘不染，透透亮亮，乍看像没有装着玻璃。每扇大窗户又像一只炯炯有神的大眼睛，从不同角度俯瞰着山下那一片绿色的茫茫林海。

小楼的顶端，镶挂着三个墨绿色的大字：望海楼。

没有海，何以叫"望海楼"？噢，这海是绿色的千顷林海。你看那高高低低的山岭，绿得多么繁盛！深绿、浅绿、苍绿、灰绿……不同的树种有不同的绿，层层叠叠拥抱着塞罕坝，绿是塞罕坝的颜容，更是塞罕坝的生命。

哦，望海楼，日日夜夜深情守望着林海的楼！

壹

其实，最早的时候叫"望火楼"，观望是否有火情，有火情就要第一时间汇报，第一时间扑救。

塞罕坝最怕的是"火"，地火、雷火、烟火，什么火都不行，一个火星都会将林海毁于一旦！这林海并非天然，它是人工林海，是人工一个树坑一个树坑刨下，一棵树一棵树种下的，每一棵树都沾染着双手的血泡和汗水呀！

后来，有人提出将"火"字改成"海"字，"林海"之外的另一层意思，海能镇火，海能灭火，有海就无火。好一个神来之笔！

从 1962 年起，三代塞罕坝人伏冰卧雪，战天斗地，在干旱的沙漠山地上植树造林，从独木到成林，从成林到成规模，落叶松林、樟子松林、油松林、云杉林、白桦树林、柞树林、山杨林、榆树林……一年年，一代代，从无到有，从少到多，直至今天的 115.1 万亩，该是多么庞大的工程！

能掉以轻心吗，不能，决不能！

塞罕坝机械林场建立了一整套防灭火体系，安装生态隔离网，设立防火指挥中心，配备无人机，林火视频监测系统、雷达预警监测系统、火场标绘系统……

科技再先进，人的作用也必不可少，所以又在 9 个制高点上，建起 9 座望海楼。

9 座望海楼高高矗立着，大睁着眼睛，护卫着绿色塞罕坝。

9 座望海楼里，一天 24 小时得有人盯着，丝毫不能放松。

这份差事最熬人，每天就在小楼里盯着那片绿，没有社交、没有娱乐、见不到父母儿女，几乎与世隔绝。一天、两天还好说，如果是一年、两年、十年、无限期呢？

想都不敢想！

可什么工作都要有人来做不是？

贰

"塞罕坝"是蒙汉合璧语，意为"美丽的高岭"。

它位于河北省最北部，内蒙古高原浑善达克沙地南缘，是滦河、辽河两大水系的发源地之一。这里最低海拔 1010 米，最高海拔 1939.6 米。

住在月亮山望海楼里的，是一对夫妻。男的叫刘军，女的叫王娟。他俩同岁，今年虚岁 52 岁。

夫妻俩一起上望海楼，是塞罕坝机械林场的考虑。一个人肯定不行，谁还没个吃饭、睡觉、上厕所的时间呢？两个人轮值，早晨 6 点到晚上 9 点是 15 分钟一汇报。晚上 9 点后 9 个望海楼分成 3 组，每组值守 3 小时，每小时汇报一次。

汇报的似乎永远是正常，正常，正常……可是他们知道，哪怕一个不正常，就是天大的事，是毁灭千年大计的事。只有早发现，早报告，早扑救，才能确保森林资源安全。夫妻俩反复说，我们一刻也不敢放松，不敢呀，心里那根弦时刻紧绷着呢。

选夫妻俩同在望海楼里工作，另一层用意是陪伴和照顾。毕竟这份工作太单调太枯燥太寂寞了，夫妻间的相偎相依，能缓解情绪。

刘军身材结结实实，面容憨厚朴实，眼睛不大，眼角的鱼尾纹里总是藏着笑意。他话不多，你问一句他才说一句，你不问他就不说，沉默着他也不觉得尴尬。他脸上总是乐呵知足的，好像生活里就没有"烦恼"这俩字。

王娟呢，中等身材，大眼睛，双眼皮，椭圆脸，额头亮堂，脑后扎一个马尾。用刘军的话说，她年轻时可是一个大美人呢。现在她也不难看。她也总是暖暖地笑着，说话不紧不慢，柔声细语，像邻家大姐姐般让人愿意和她亲近。

夫妻俩太有夫妻相了。也难怪，俩人结婚28年了，尤其是在这望海楼里也有14年了，每日除了眺望林海，就是你看我，我看你，相看两不厌，连言谈举止都变得像一个人了。

叁

早饭很简单，一人一袋牛奶，一个鸡蛋。

日常供应由千层板分场派车送来。一般是一个星期送一次，下大雪的时候，车上不来，要等雪化了些才行，因此经常需要多备些食物。

从山下到月亮山顶，五六公里的路。虽说不太远，但有一段山路太陡了，那个大坡直上直下的，没有点技术的人开不上来。再加上积雪路滑，谁走到这里都发怵。

不是旅游季节的话，整座月亮山就他们两个人，除此之外就是树，就是呼天啸地的"白毛风"，风能把二百来斤重的大胖子推个趔趄，瘦小的人能给推下悬崖。连傻狍子也因为怕风怕冷不见了踪影。最冷的时候零下43.3摄氏度。除了上山送给养的，几个月不见一个人影。

旅游季节游客也很少上到山顶。就算上来了，跟他们又有什么关系呢？他们在小楼里，在坚守着自己的岗位，是没有时间出门去搭讪几句的。真有点"躲进小楼成一统，管他冬夏与春秋"的滋味了。

她5点就起床了，夏天天亮得早，冬天时还是满天星斗呢。

先打扫一楼卫生。卧室在一楼，一张不大的双人床，一个小床头柜，以前烧煤气时的锅炉、现在改造后的电锅炉。山上冷，一年有七个月需要供暖，全靠这锅炉了。取暖得他们自己烧。此外还有一个供水室。小楼外不远处打了一口170多米的深水井，用的水是从井里抽来。——总共才20平方米，这些摆设把房间占得满满当当的。但她是勤谨的女人，床单总是洗得干干净净，床铺铺得没有一丝褶皱，锅炉上、窗台上、地面上，没有一丝灰尘。

因为干净，竟也不显得那么乱了。

擦拭好一楼，她就去二楼做早餐。把两袋牛奶倒进牛奶锅里加热，又洗了两个鸡蛋，在小锅里煮。趁这会儿工夫，把二楼的卫生也做了。厨房、餐厅、卫生间都在二楼，除了灶具，还有一个不大的冰柜，基本上不开，成了他们的食物储藏柜。少顷，牛奶冒起热气，鸡蛋在沸水里"咕咚咕咚"跳起小舞。

又是一个美好的早晨啊。她轻声哼起歌来，是邓丽君的歌，甜蜜蜜。年轻时她也是歌迷，也有着姑娘们的梦想呢。

她把牛奶分倒进两只碗里，鸡蛋煮八成熟刚刚好，捞出来用冷水浸一下，剥了皮，白玛瑙般溜光水滑盛在小碟子里。餐桌是一个小长条，状如小学生课桌，好在就他俩吃饭也够用了。外人是不允许进望海楼的。

做好这一切，她就到三楼去了。三楼的他早已进入了工作状态，正在用高倍望远镜向四处瞭望呢。

她轻声说："饭做好了，你先吃。"

他只回一个字："好。"

她又叮嘱："上来时把工作服穿好，我洗过了，在床头叠放着。"

他再回一个字："好。"

说完就噔噔噔下楼了。

她就接过他的望远镜，透过窗口，向四面八方望着。她喜欢那绿，绿得叫人愉悦，叫人心里舒服。还有这天，瓦蓝瓦蓝的，像海水，白云一朵朵在"海里"漂浮着。

她观望着，趁机又把这办公室的角角落落擦拭了一遍。

窗下有一架三脚架支起的罗盘，用来定经纬度的；一个斜面月亮山望海楼方位图，和罗盘结合着使用；一张办公桌，桌上一部办公电话，一台办公电脑，一只水杯；桌下一只暖水壶；一架高倍望远镜；墙上贴着望海楼瞭望员工作制度、三代望海楼的照片图。这就是办公室的全部了。

不大点工夫，他就上来了。他已经穿上她新洗的工作服。那是林场给他们发的，深蓝色，褂子左胸口有一条红底黄边的图标，图标上印有四个黄字：护林防火。字旁是钻石形的林海图。

这红黄图标，在深蓝色的衣服上格外醒目，像徽章，似在时刻提醒着主人身上的职责，像红花，似在给予这份工作无限的荣耀和赞赏。

尽管这望海楼里只有他们两人，但他们决不纵容自己穿得随意一点，舒服一点，他们是在工作不是在家里，决不能懒散，思想上一松懈，就会出问题。

她给他把衣角抻一抻，上面的褶皱就平展了。她笑了。

他也笑了。

天长日久，言语都成了多余，一个眼神，一个笑容，意思都懂了。

她走下楼去吃饭。等她上来的时候，和他一模一样的工作装也穿上了。衣服一上身，她就有了女兵的飒爽英姿，就有了仪式感，精气神立马都提起来了。

此时是早晨 6 点，他们的工作也正式开始了。

他用望远镜向远处望，她在一边拿着记录本工工整整地记下：正常。这个本，是林场发给他们的，一年春、夏、秋、冬四季，每个季节一个本，每个本上都有每一天每一时间段的记录。每当他们看着那一长溜"正常"，就会觉着自己为塞罕坝的平安交上了一份满意的答卷，就会心满意足起来。

不记录的时候，她也会跟他一块儿看，从一面窗户走到另一面窗户。20 平方米的空间里，就这样走来走去，一天也不知道走多少圈。别人看来的枯燥，他们却乐在其中呀。

肆

当他把目光从林海中收回来，就会不自觉地落在墙上那一组三代瞭望楼照片上。他总是看它，看不够，看一次心里就会翻滚起一次浪潮。

照片被切割成三个椭圆形，最上面一张是一幅黑白照片，照片上配文："第一代瞭望房舍马架子"。

马架子——状如卧马，是用泥巴和树枝搭成的窝棚。先用几根圆木在地上搭成"人"字形骨架，两边糊上一层泥墙，泥墙上再盖上干草，一头开门，人就能住进去了。马架子里无法取暖，席地铺一层干草，人睡在上面，冬冷夏潮。

这样的条件，其艰苦可想而知。但那时的瞭望员，包括林场的造林工人，都是一样苦呀。

这张图，总让他想起父亲。

1961 年，林业部作出在河北北部建立大型机械林场的重要决定。

1962 年，塞罕坝机械林场正式组建。

来自全国 18 个省、市的 127 名农林专业的大中专毕业生，与原有三个小林场的林业工人组成了 369 人的建设大军。

369 人，平均年龄不足 24 岁。这一群年轻人啊，用稚嫩的双手、青春的豪情，克服常人难以想象的困难，在塞罕坝上创造了地球奇迹。

父亲刘焕儒就是其中一员，如今看来，应为林一代。父亲 1943 年生，19 岁的他已投身到了这场艰苦卓绝的浩瀚工程，施工、积肥、挖坑、育苗、植树、防火……

这张图，也总是让他想起自己的童年。

童年里父母每天都早出晚归。母亲吕桂珍，1948 年生，比父亲小 5 岁。母亲虽只是林场的临时工，但也积极参与了林场的植树、除草、扩穴、割灌等工作。

父母生了 5 个子女，刘军行三，上有一哥一姐，下有两个弟弟。父母没空管孩子，就大的带小的，摸爬滚打着竟也长大了。刘军懂事，很小就会照顾弟弟，给全家做饭，俨然一个小大人。

那时候他最盼的是下大雨，因为一下大雨父母就可以不用上班了。母亲倒一点点油，给他们烙一顿最爱吃的莜面饼。五个孩子围着锅台，等着母亲给他们一人分食一小块。啊，那滋味，至今都是他美好的回忆！

可惜这样的时光太少了。

1992年，21岁的刘军通过考试成为林场的正式工人。刚开始，刘军在护林防火检查站当检查员。2008年，他主动请缨，和妻子王娟上了小光顶子望海楼，2018年又调整到月亮山望海楼。

刘军的想法很简单，守护好这片林海，让父辈们放心！

父亲得了糖尿病并发症，肠胃、肝脏都出了问题，78岁去世。母亲得了宫颈癌、风湿病，68岁去世。长期超负荷的露天作业，很多林业工人都疾病缠身。林场没有医院，缺医少药，早年去世的第一代建设者们，平均寿命只有52岁。

但为了这片林，他们拼了！

他们的后辈，又坚定地接过他们手中的接力棒！

第二张照片上的"第二代瞭望房舍"，明显优于第一代。

第二代望海楼建于2004年，青砖建筑，高约三层，底座突出一间，最上层有一圈窗户。外形如古代烽火台，坚固、厚重。时代在发展，国富民强，塞罕坝屹立起来了！

夫妻俩赶上了第二代的好时候。

第三张照片，就是现在的第三代望海楼。它建于2016年，比第二代更宽敞明亮，视野更开阔，生活也更宜居。

刘军在照片前怀念着父亲，回忆着童年，他的目光有些湿润。他总是在心里默默地对父亲说："爸，您放心，塞罕坝有我们呢。"

伍

每天晚上 9 点后，是刘军和王娟最期待的时光。他们的"小棉袄"会跟爸妈微信视频。

"爸，妈，守了一天累不累？"

"不累。姑娘，今天医院里病人多吗，工作上没麻烦事儿吧？"女儿刘文琦，今年 28 岁，已经参加工作，在围场木兰医院当护士。当妈的抢着跟女儿说话。

刘军呢，把头凑近屏幕，他只是看着女儿笑，娘儿俩的对话，他只在一边帮腔。一看到女儿青春的笑脸，他所有的苦累都没有了。

"病人不多，工作都挺好的，爸妈放心。"女儿总是报上平安。

"晚上吃的什么饭呀？别总点外卖吃呀，还是要吃家常饭，晚上喝点热粥。"王娟叮嘱道。

女儿工作忙，也总是加班，忙起来就随便点个外卖对付。王娟心疼女儿的身体。

"放心吧妈，我知道啦。"女儿撒娇。

似乎就是这些话，也没新内容，可他们却聊得幸福而满足。电话、视频、语音，网络，缩短了亲人间的距离。

望海楼里三网合一，就算遇到极端天气也不会断了联系，科技真好啊。

女儿自小跟着奶奶长大，上了学，就托管和寄宿。辅导作业？

哪有过。好在女儿自立自强，生活上不用操心，学习也很优秀。大学学医，毕业后有了稳定的工作。去年结婚了，小两口恩恩爱爱，和和美美。

女儿也曾羡慕别的小朋友有爸妈带着去玩，去下饭店，为什么林场的爸妈们都不管孩子？女儿大了理解了，林场的爸妈是最"伟大"的爸妈。女儿开始天天跟爸妈视频了，感情比小时候还亲近。

在女儿、妈妈、妻子的角色中，王娟觉得自己唯一合格的是"妻子"这个角色。为了丈夫，为了林海，她做出了选择。

少女时，她爱美，爱音乐，爱和姐妹们一起疯玩。突然被关进这小楼里，她哪能受得了？她心情压抑、焦虑、失眠。无人倾诉，就和他吵架。她怎么吵，他都不吭声。后来，她不吵了，适应了。她爱上了看这片林海，那高高低低深深浅浅的绿，真的很养眼呢。她也喜欢上秋天的塞罕坝，绿中加入了红色、黄色、橙色，层林尽染，比画中还要好看呢！

她也爱那湛蓝的天和洁白的云。塞罕坝是云的故乡，层层叠叠的云，成团成簇的云，无法形容的云。清晨是金橙色的，傍晚是红彤彤的，雨后是霓虹般的。云变化多姿，纯纯净净，像她少女时的心事，像她中年时的豁达……

她所有的烦恼，都被这树，这天，这云融化了。

她和他，已经和这望海楼成为一个整体了，和这塞罕坝的林海成为一个整体了。

她成了最体贴的妻子，会温柔地问他："中午吃什么饭？"

"吃烙饼吧。"

"好呀，就吃烙饼。"

她就去做烙饼。不一会儿，香喷喷诱人的味道就从二楼传到三楼。

他最爱吃她做的烙饼，金黄金黄，又香又脆。

这烙饼，也常常使他想起小时候妈妈做的莜麦饼。不同的时代，两种不同的饼，他从中吃出不一样的况味。

女儿为妈妈网购了一个智能音箱，这样，她在做饭做家务时就可以听歌了。她对音箱说："我要听邓丽君的歌。"旋律便回荡在望海楼中："甜蜜蜜，你笑得甜蜜……"

她甜蜜又骄傲，因为他们的守护，塞罕坝60年来虽偶有火情，但都被及时扑灭，塞罕坝没有发生过一次火灾！

这就是他们工作的意义啊，她和他仿佛听到了树的笑声，在白天，在夜晚，千山万壑，松涛阵阵，充满着盎然生机！

（作者：杨辉素，系中国作协会员，著有报告文学《给流浪儿童一个家》《坚持》等）

（原载《光明日报》2022年09月19日14版）

李
玉
梅 | 作者

春染千年秀林

雄安的春天是从千年秀林开始的，这里风景独好。

垂柳

2017 年，在河北雄安设立新区的消息传来。与树木打了半辈子交道的高级林业工程师刘志军主动递交了工作申请："我要把职业生涯的后半程贡献给雄安新区"

冬日的冰冷一天天退却，风的腰肢开始变得柔软，笑语嫣然，拂面不寒。每次路过十万亩苗景兼用林，刘志军总会特别留意一下那几株垂柳。它们从故土连根拔起移植到雄安来，已经四年了，早已落地生根。当初迁挪时，被斩断的那些细小根须的伤口已经愈合，又生发、生长出了全新的根系，用力向下，再向下，只为成全枝干与树冠的向上，再向上。

雄安新区植树造林遵循的是近自然森林、原生冠苗木以及异龄、复层、混交的原则，作为一个从河北林学院毕业，与树木打了半辈子交道的高级林业工程师，刘志军对这个原则的理解要比大多数人深刻得多。刘志军今年整整五十岁，半百之身，说他搞了半辈子林业一点都不夸张。走出校门之后，刘志军先是在易县白马国有林场一待就是九年，又在桥家河国有林场当了六年的场长。2007年，在基层锻炼了十几年的刘志军回到了县城，在易县林业局种苗管理站继续与树苗、草木为伍。

2017年，在河北雄安设立新区的消息传来。震惊、喜悦与期盼交织，刘志军的心蠢蠢欲动。他的爱人已经退休，唯一的女儿也已大学毕业参加工作，双亲健在，身体尚可。深思熟虑之后，刘志军这年年底主动递交了工作申请，"千年大计、国家大事，雄安那么大，我想去看看！我要把职业生涯的后半程贡献给雄安新区。老骥伏枥，志在千里！"

翌年，早春二月，刘志军第一次踏足雄安。易县是半山区，太行山脉蜿蜒起伏，间杂着丘陵与平原。易县与雄安新区相距七十公里，别小看这不足百公里的空间距离，站在雄安的土地上，极目远眺，视野的尽头没有山，只有地平线。就树种而言，整个华北平原几乎没有特别大的差别，大多是杨树、柳树、榆树、槐树、椿树这样的乡土树种。在这些树中，刘志军独爱柳树。上学的时候，光"咏柳"的古诗就摘抄了厚厚的一大本。虽然春天有迎春花，但在刘志军眼中，最早向人们传递春的消息的其实是柳树，尤其是河边临水照影的垂柳。每年甫一立春，柳树就开始暗中发力，芽孢一点点鼓胀起来。乍暖还寒，只需轻轻用一寸力就喷薄而出。春天的颜色就是从柳芽的鹅黄开始的，鹅黄、嫩绿、水绿、新绿、翠绿、碧绿、青绿、油绿，最后是饱经风霜的黛绿和老绿。只此青绿，生生不息。试问哪一个植绿、护绿的林业人，不爱极了这给人希望与生机的绿色？

等到刘志军正式入职时，一万亩的大清河片林一期工程已经栽植完毕，等待他的将是一个更大的舞台，十万亩苗景兼用林。

白皮松

石其旺下了决心。工作营结束之后，他毅然决然从原单位中国铁建第五勘察设计院辞职，留在了雄安新区的建设工地上，成为雄安集团生态建设公司的一员。

当刘志军还在深思熟虑、左右权衡时，石其旺已经作为雄安新区规划工作营的营员抵达了雄安新区。

2017年4月25日，雄安新区规划工作营在中国城市规划设计研究院二层学术报告厅启动，对雄安新区总体规划、起步区控制性规划两个规划的总体布局方案进行优化完善。中共河北雄安新区工作委员会、河北雄安新区管理委员会获批设立不久，五大建筑央企齐聚雄安新区。中国铁建第五勘察设计院派出了一个六人小组，1989年出生的石其旺便是其中的一员。

作为北京非首都功能疏解集中承载地，雄安新区的发展定位

是要建设成为高水平社会主义现代化城市、京津冀世界级城市群的重要一级、现代化经济体系的新引擎，以及推动高质量发展的全国样板。按照雄安新区建设规划，植树造林项目要在大规模城市建设开始之前率先启动。千年大计、国家大事，先植绿、后建城，未来的雄安居民走出家门，300米进公园、1公里进林带、3公里进森林。这也就意味着雄安的"千年大计"要从一棵树、一片林开始。那到底什么样的"林"能与"千年大计"的定位相适应，什么样的"林"能与"国家大事"的定位相匹配呢？

石其旺参加的雄安新区规划工作营是个临时机构，日常采取半军事化管理模式，营员平均年龄不到四十岁，风华正茂，朝气蓬勃。到雄安的第一天，石其旺就领到了工作服，一套军绿色的迷彩服。对于迷彩服的记忆，他还停留在刚上大学军训的阶段。此一时，彼一时，同样的色彩，同样的衣服，再次穿在身上，感觉已然是千差万别。来雄安之前，石其旺在中国铁建第五勘察设计院从事的是与铁路相关的绿化设计，铁路沿线以及车站站点周围景观的绿化规划是他的主要工作。石其旺从来没有参与过超过一万亩的绿化项目，而这个纪录，一到雄安新区就被打破了。

大清河片林是雄安新区全域绿化的第一个项目，白沟引河与大清河的夹角处，新区起步区和雄县县城之间，规划面积一万亩。一万亩！一个令人激动的数字。这份震撼给了石其旺勇气，让他下定了决心。工作营结束后，他毅然决然从原单位中国铁建第五勘察设计院辞职，留在了雄安新区的建设工地上，成为雄安集团生态建设公司的一员。工作营的那段时间，石其旺与同事们经受住了炼狱般的考验，无数个方案，无数次修改，在石其旺看来都是一种幸福，工作营的作息是"早睡早起"：早上睡、早上起。

2017年11月，雄安新区的第一棵树在大清河片林扎根，一棵看上去略显瘦小、羸弱的白皮松。在这片一万亩的林区内，种植了57种、537028棵树。石其旺能把绿化苗木的棵数精准到个位数，当然，他的脚印也深深地印在了这片千年秀林里。

"千年秀林"原本是众多雄安新区绿化规划设计方案中的一个，遗憾的是那个方案最终被淘汰了，但名字却幸运地保留了下来。千年大计的雄安新区，就得要有一片千年秀林。

每次行走在大清河片林里，石其旺都要抑制住自己扫码的冲动。这片林地里的每一棵树上都挂着一张二维码图片，这是树们的专属"身份证"，只需用"雄安森林"App扫描一下，这棵树的来源、品种、产地等信息就会显示出来，一目了然。扫描二维码时的提示音，"叮，叮，叮"，即便重复千百遍，石其旺也是百听不厌，他总觉得那是世界上最美妙的声音，悦耳、悦心。

在众多的树种里，石其旺最喜欢白皮松，这是中国特有的树种，长成后，树姿挺拔，玉树临风，而且四季常绿。那将是冬季萧瑟的华北平原上一抹难得的青绿之趣。白皮松的树皮像极了石其旺身上的迷彩服，所以他更愿意将它视作自己的营友，因为他们是基于同样的机缘，相继告别了各自的昨日过往，主动或被动选择了雄安这片土地，重新扎根，幸福地生活，茁壮地生长。偶尔，石其旺也会回忆起当初自己放弃北京的工作，初来雄安时的情境，父母倒没有太多的反对意见，早已在北京落地生根的北京航空航天大学的博士大姐和首都师范大学的硕士二姐不赞成、也不反对，她们只是分别语重心长地给了弟弟中肯的意见和建议。

如今，雄安新区五岁了，2022 年的雄安春色，一天比一天明媚、生动，一天比一天花团锦簇、绿意盎然。若不是被疫情所困，这个时候应该邀请两个姐姐来雄安走一遭，让她们实地走一走，亲眼看一看。人世间，真实是最动人的，唯有真实的力量无可匹敌。当感受过真实的雄安，姐姐们就会理解自己当初的选择了吧。

沙棘

从走出校门到成为一名雄安建设者，刘文勇的工作始终没有离开过一个"水"字。他的新单位——生态建设公司水利事业部，全面负责雄安防洪堤建设工程。

相比石其旺这棵从北京移植到雄安的白皮松，刘文勇迁徙的空间距离就显得十分遥远。

看到中国雄安集团 2019 年社会招聘启事时，刘文勇就职于西藏雅鲁藏布江边的国家电投集团山南电力有限公司。跟爱人简单商议后，刘文勇在网上报了名。

刘文勇是陕西关中人，从小生活在渭河边，抬头便见秦岭。2008 年从河北工程大学水利水电工程专业毕业后，刘文勇为爱情留在了华北平原保定。他先入职中国水电五局，后跳槽至国家电投西藏分公司，每一次的工作变化都让刘文勇离家越来越远。

这一次雄安集团的招聘，也许就是上苍赐予自己回家、回到亲人身边的机会呐！站在雅鲁藏布江边，刘文勇心潮澎湃。辞职，意味着放弃高薪和央企劳模待遇，值得吗？江水滔滔，滚滚向前，给了刘文勇笃定的答案。能够参与雄安新区建设，在一个更大的平台上，实现更大的人生价值，何其有幸！雅鲁藏布江进入印度，就是布拉马普特拉河；进入孟加拉国，就是贾木纳河。印度洋的孟加拉湾将会是雅鲁藏布江最终的归宿。大海是河流的家，已过而立之年的刘文勇也想回家了。

笔试地点在北京，时间是周日的上午。

周六从拉萨贡嘎机场飞北京首都机场，周日上午考试完毕，立刻坐下午的飞机返回，一点没影响下周一正常上班。一个月后，面试通知到了。接到面试通知时，刘文勇刚好在保定的家里休假。妻子比刘文勇更高兴。朝朝暮暮的团聚正在向这对从结婚到现在就聚少离多的夫妻招手呢，哪能不开心！从保定市区到雄安新区，车程只有一个小时。第一轮面试，第二轮面试，从十选一到三选一，披荆斩棘的刘文勇终于成了雄安人。

从走出校门到成为一名雄安建设者，刘文勇的工作始终没有离开过一个"水"字。他的新单位——生态建设公司水利事业部，全面负责雄安防洪堤建设工程。

白洋淀是华北平原上最大的淡水湖，自古以来被称为"九河下梢"，上游的九条河汇聚于此，下通津门海河。1963 年海河特大洪水时，白洋淀水位超过 11 米时段达 13 天之久。近年来"九河"相继断流，只剩下府河、孝义河和白沟引河还有水。20 世纪 60 年代以降，白洋淀历经六次干涸，特别是 1983 年至 1988 年连续 5 年干淀，名满天下的"华北之肾"一步步走向衰竭。恢复白洋淀的水量、水质是大势所趋，但雄安新区的防洪堤建设更是势在必行。

上班第一天，刘文勇就成为雄安新区环起步区生态防洪堤工程建设大军的一员。环起步区生态防洪堤工程全长 100 公里，防洪标准为 200 年一遇，堤防等级为 1 级。除西北围堤外，其余堤防工程全部在 2019 年进场施工，其中南拒马河右堤、白沟引河右堤、萍河左堤全部以及新安北堤防洪治理工程的白洋淀码头段，共 40 多公里，必须要在 2020 年主汛期前完成水利堤防填筑，具备防洪能力。不仅如此，环起步区生态防洪堤不仅要满足防洪功能，还要兼顾生态绿化，在均质土坝的外层，按照 3∶1 的坡度比又加筑了一层生态堤，专门用作水利生态景观的绿化层。

自从在雄安新区扎根，每年一进入七月，刘文勇的心就会提溜到嗓子眼。雄安的汛期主要集中在每年 7 月下旬和 8 月上旬之间，也就是白洋淀当地人所说的"七下八上"。刘文勇的心则是七上八下，惴惴不安。

2021 年 7 月 12 号傍晚，雄安新区乌云压境，暴风雨兵临城下，谁料却是虚晃一枪，半夜子时云开雾散。但刘文勇心中的惶恐与不安却丝毫没有减退。闷热潮湿的天气一直憋着，直到 7 月 17 号，一场蓄谋已久的大雨拉开了帷幕，而后一发不可收拾。河南郑州发生"7·20"暴雨洪涝灾害，以漳河为界，一河之隔的河北也是险象环生。

那段时间，环起步区生态防洪堤工程所有的施工人员都转变了身份，他们的工作重点不再是建设，而是防汛抗洪、抢险救灾。万幸的是，已经完工的环起步区生态防洪堤抵御住了考验，虽然也零星出现了几次险情，但终归有惊无险，雄安新区平安度汛。

风雨过后，刘文勇沿着环起步区生态防洪堤信步而行。这里栽植的苗木，也是雄安新区千年秀林的组成部分，树冠圆圆的馒头柳、穿着迷彩服的白皮松、著名的染井吉野樱花……刘文勇脚步不停，一直在向前搜寻。其实，他何尝不知道这里不可能有他的那株心中之树。

刘文勇心心念念的树是西藏沙棘，在他曾经工作过的山南市错那县，有一片中国最美的沙棘林，每一棵树龄都超过五百岁，其中不乏千年之树。当初离开山南时，刘文勇曾经动念要带一株沙棘树苗回来，终因种种缘由而计划搁浅。时至今日，常引以为憾。在刘文勇的认知里，沙棘不仅仅是一种防风固沙的植物，更代表着坚忍不拔、不屈不挠、不达目的誓不罢休的精神。如果遥远的西藏沙棘注定无缘雄安这片土地，没有机会移栽到千年秀林中来，那就让自己化身为一株沙棘，守护这片沃土吧！

白蜡

彭战旗是最早参与《河北雄安新区规划纲要》相关部分规划的设计师之一。《纲要》被批复的同时，他也考虑好了，要从一个梦想的规划者，变成一个撸起袖子加油干的建设者。

谁的人生能没有遗憾呢？刚工作那会儿，一位长者曾语重心长地告诉彭战旗，每个人的人生都是一部妥协史，无一例外。彼时的彭战旗并不认同，只觉得老人家的提醒是迟暮之年斗志尽失的表现，他觉得自己的人生是掌握在自己手中的。我命由我不由天。东风吹，战鼓擂，战旗猎猎，我怕谁？属羊的彭战旗是一头又偏又犟的羊。

2003 年，本命年的好运，将刚从华北水利水电学院毕业的彭战旗，一路绿灯送进了北京勘测设计研究院，成为一名水利水电工程设计师。他参与的第一个项目在安徽滁州，琅琊山抽水蓄能电站。"环滁皆山也。其西南诸峰，林壑尤美，望之蔚然而深秀者，琅琊也。山行六七里，渐闻水声潺潺，而泻出于两峰之间者，酿泉也。"

项目工地距离滁州市区仅三公里。工作之余，彭战旗独自前往醉翁亭拜谒怀古。坐在醉翁亭中吟咏《醉翁亭记》，初读不知书中意，再读已是书中人。每一名设计师，一年当中最起码要有一个季度在项目施工现场，而热爱行走的彭战旗，只有一个季度是端坐在北京勘测设计研究院自己的办公桌前，其他的三个季度，大都穿梭在他参与的项目工地上。他手绘了一张行迹图，参与过的项目，实地考察过的高山大川，金沙江、长江、澜沧江、怒江……凡是走过看过的地方，就在上面插上一杆红色的战旗。2012 年，彭战旗行走的足迹到了刚果河畔。在刚果（金）科考的途中，走遍东部战乱地区后，不幸感染疟疾，回国后不久就发病了，辗转几家医院，最终在北京友谊医院确诊。此时的彭战旗已经高烧昏迷。蒙眬中，他听见医生说："怎么这么晚才送来？所有能用的药都用上吧！"

九死一生，从濒临死亡的边缘挣扎回来的彭战旗，又接受了近一个月的抗癌治疗，因为之前抢救他的部分药物有着极高的致癌风险。在那一个月里，同病房的病友来来去去，有的康复出院，有的往生极乐。健康与死亡交替，希望与幻灭共存，向死而生的彭战旗对生命、活着甚至妥协有了新的感受。窗外有棵树冠硕大的树，秋风微凉时，一树金黄，连周围的空气都晕染得金灿灿的，像一轮从地里生长出来的太阳。主治医师告诉彭战旗，那是一棵白蜡树。

再见白蜡时，彭战旗已经身在雄安新区。他是最早参与《河北雄安新区规划纲要》相关部分规划的设计师之一。2018 年初，规划工作基本完成，彭战旗收拾行囊打算回北京，领导半开玩笑地对他说："战旗，这就回去了？为什么不留在这里，把画在纸上的规划图变成真实的雄安新区呢？认真考虑一下吧！"

4月14日，中共中央、国务院作出关于对《河北雄安新区规划纲要》的批复。

《纲要》被批复的同时，彭战旗也考虑好了，他决定留在雄安新区，从一个与千年梦想擦肩而过的规划者，变成一个撸起袖子加油干的建设者。正如千年秀林一样，根植雄安大地，荫于世人，明道无声。千年秀林里也栽植了为数不少的白蜡树，通直的树干无异于北方汉子刚正、坚毅的性格，而秋日里的橙黄与静美，又夹带着一丝北方女人特有的典雅与端庄。新植下的白蜡树龄尚浅，是少男的阳光与少女的明媚。不急，就像年轻的雄安新区一样，大家可以一起成长。

2018年成为雄安人之后，彭战旗四年干了四件事：河口生态湿地、河道综合治理和生态堤防建设，打造生态治理示范；生活垃圾腾退和工业固废治理，还原新区生态本底；雄安新区公益性公墓及殡仪馆、雄安新区垃圾综合处理设施和环卫综合体设施等重大民生项目建设；组建了一支从前端环卫清洁服务、垃圾转运到终端处置的全链条环卫运营专业队伍。件件都是雄安质量、雄安速度。昔日的同学、朋友都知道他在雄安新区工作，时不时询问他新区的建设进度。但凡有人问，彭战旗就耐心地一一作答。信息爆炸的时代，热点事件层出不穷，雄安新区从最初宣布时的头条新闻，慢慢沉寂下来，无论是报纸、广播电视，还是网络与自媒体，雄安新区的建设消息有章有法、有点有面，不追求热度，却自带雄安温度。

又是一年春天了！杨柳如烟，白皮松青翠，白蜡也在积蓄着苏醒的力量。"莲池书院翠柳风，三月春雨喜花红。容景阁，谪仙踪，易水古砚素墨浓。"在浩荡的春风里，口占一曲《渔歌子》，彭战旗壮志在胸。

雄安的春天是从千年秀林开始的，这里风景独好。

（作者：李玉梅，系中国作协会员，著有长篇报告文学《国碑》《生命交响》等）

（原载《光明日报》2022 年 04 月 15 日 14 版）

岩波 | 作者

荒沙碱滩的征服者

石光银，陕西定边人，1973 年 7 月入党。他与荒沙碱滩不屈抗争 40 多年，在毛乌素沙漠南缘营造一条长百余里的绿色长城，彻底改变"沙进人退"的恶劣环境；他将治沙与致富相结合，创造"公司 + 农户 + 基地"的新模式，帮助沙区群众脱贫致富。他曾荣获"全国劳动模范""全国治沙英雄"等称号。2021 年 6 月29 日，69 岁的石光银被授予"七一勋章"。

沙害是自然界的恶魔。几十年来，中国通过颁布施行防沙治沙法，持续实施三北防护林体系建设，推动荒漠化土地面积大幅缩减，沙区生态状况和生产生活条件明显改善。自 2004 年起，全国荒漠化和沙化面积连续 3 个监测期实现"双缩减"，我国总体上实现了从"沙进人退"到"绿进沙退"的历史性转变。防沙治沙改善了局部区域小气候，丰富了生物多样性，多地再现了"风吹草低见牛羊"的美好景象。尽管成绩喜人，但人与"沙魔"的殊死搏斗却从未停止，一些地区仍面临"沙进人退"的局面。"坚决守住 18 亿亩耕地红线"，是一条关乎国人生计安危的临界线。要保住可耕地，就必须遏止土地沙化。

4 万余平方公里的毛乌素沙漠，位于内蒙古、陕西、宁夏三省区交界。经过治沙人半个多世纪的努力，这里已呈现越来越多的绿色，沙魔的脚步被死死钉住。2021 年 6 月 29 日上午，人民大会堂金色大厅，石光银缓步走上领奖台，在雄壮的《忠诚赞歌》乐曲声中戴上代表党内最高荣誉的"七一勋章"。这一次，这个治沙人的名字与这片裹着浓浓绿意的沙漠一起，重新走进大家的视野。

"沙魔，我一定要制服你！"

70 多年前，石光银的父母被风沙所逼，九次搬家，最后来到这里。那时这里没有路——即使有路，一阵风沙过后就没了路，没有几户人家，只有孤零零的一棵树。

石光银出生了。因为贫穷，他从小帮大人放牧牲畜，是在骆驼和马背上长大的。8 岁那年，他和小伙伴虎娃放牧，天空突然变黑，狂烈的沙尘暴来了，两个孩子被卷走。当石光银醒来时，发现自己躺在一座蒙古包里，一位叫巴特尔的大叔告诉他，这里是 30 里外的内蒙古。几天后，父亲找到了他，而他的伙伴虎娃再也没有了下落。

　　遮天蔽日的风沙一来，瞬间就把地里的庄稼淹没。人们要用手刨，但刨开没几天风沙又来了。人们苦熬苦作，粮食仍不够吃，吃草籽是家常便饭。石光银想起这一切就愤恨地呼叫："沙魔，我一定要制服你！"如果讲"初心"，这就是石光银的初心。他多次做梦，沙漠在他手里变成了绿洲，绿意盎然，草木葱茏。从18岁当生产队长开始，他为实现誓言艰难奋斗了50余年，摸爬滚打，倾尽心力，吃尽苦头，终于以顽强的毅力实现了"人进沙退"的铮铮誓言。如果讲"使命"，这就是石光银的使命。他成功地带领村民们脱了贫，为国家治理出二十五万余亩蔚为壮观的绿洲。

　　成规模治沙，始自1984年。那年，石光银承包了3000亩沙漠。买树苗需要10万元，可他发动一起治沙的7户人家，刮净箱底才凑上750元。石光银忍痛将家里的84只羊和一头骡子拉了出来。婆姨和娃娃抱住他的大腿苦求："那是咱家活命的依靠啊！"眼泪在石光银的眼眶里打转，但他一咬牙，拂开婆姨和娃娃，不回头地走了。

　　"新生儿落生，怎会没有哭声？"话是这么说，可为了一个看不见的理想，值吗？石光银知道，他的身份不光是承包人，还是党员，是大队书记，是大家心目中的主心骨，他的一举一动都关联着大家；而勇敢站出来领头治沙，也绝不是仅仅为了挣几个承包的小钱，而是为实现"人进沙退"的宏愿，在这个节骨眼他不能有一丁点的退缩。他含泪将骡子和羊悉数卖掉。正因为他的带头作用，跟随他承包的人也纷纷将家里的骡、马卖掉，又向亲朋拆借，终于凑上了 10 万元。

周围有许多亲戚朋友反对石光银。有人说，过去林场都种不活树，你就能种活了？还有人说，你简直就是个脑子有病的"石灰锤"！石光银为此也沉思良久，干还是不干？干，吉凶未卜，但有希望；不干，则毫无希望。两相比较，干！

这一年，老天作美，风调雨顺，3000 亩树苗基本都活了。大家欢呼雀跃。初尝胜果的石光银，朗声一笑，又向林场提出：一期承包成功只是万里长征走完了第一步，再承包 5.8 万亩荒沙！石光银选的是过去寸草不生，连国有林场都啃不动的硬骨头"狼窝沙"。不光林场领导吃惊地瞪圆了眼睛，方圆左近的人们又一次骚动了：这个"石灰锤"是真疯了，一次成功只是偶然的，并不能证明你下一次还能成功，人要有自知之明！狼窝沙可不是你先前承包的那片沙地，骄兵必败啊……

若干年后，人们走上栽满树木的一道道沙梁，看到脚下的沙土表面已经得到根本改变，原来明晃晃的黄沙表面生出一层黑灰色的地衣，这是植被彻底改变的标志。但这只是结果，实现它的过程，却让这些治沙人愁白了头，精疲力竭，脱了一层又一层的皮！

"没想到，栽个树还有这么多讲究！"

那次石光银承包，在白泥井镇庙会上公开张榜招聘，加上亲朋好友奔走相告，有邻近五个乡八个村的 127 户 482 人参加。石光银据此成立了"新望林牧场"，首先和甲方林场签订合同，再和每个承包人签订合同，层层承包，层层落实，分成按四六开，群众得六，林场得二，石光银得二。那时有个政策叫"谁种谁有"，允许适当砍伐变现，所以，石光银登高一呼便应者云集。

然而，老天狠狠教训了他们一次。这片大漠东西长 20 公里，有狼窝沙、黑套沙、薛套沙、榆树套沙等几千个大沙梁，其中占地 6000 亩的狼窝沙是块最难啃的硬骨头。它地处风口，每年除了怒吼的狂风使一道道沙梁不断向前推移以外，树无一株，草无一棵，没有任何生命迹象。多年来，长茂滩林场为治理这片荒沙伤透了脑筋，每次都耗尽人力物力，无功而返。饥饿、灾难、恐怖、死亡……成为狼窝沙的代名词。一道道大沙梁如同一头头怪兽，整日张着血盆大口，以惊人的速度无声地吞噬着农田、庄稼、水渠和房屋。夏天，地表温度六十多摄氏度，炽热的沙子能把人的皮肤烫烂。冬天，地表温度零下二三十摄氏度，冷风吹透人的肌骨。

这次治沙，石光银因为准备不够充分而失败了。风不调雨不顺，树的成活率不足 10%。后来，在县里召开的专门会议上，林业工程师指出：在这么大的流动沙丘上栽树，不能一上来就栽乔木树种，要先栽灌木，等灌木成活、把流沙固定住以后，才能栽乔木。于是，石光银转年再战，在沙窝里全部栽上了沙柳。但是，由于风沙大，树苗被连根拔起。又失败了，侥幸存活的不足 20%。

承包户中有人动摇了，有人灰心了。那些树苗全是借钱买来的啊，这不是往大风里扔钱吗？而且，这两年是人过的日子吗？沙地走不了驴车，树苗是人用肩膀从十多里外一捆一捆地背进来的，吃住全在沙窝里，上有太阳晒，下有热沙蒸，连个遮阴的地方都没有。多少天不能回家，饿了吃干馍，渴了挖沙坑淘水喝。风沙还不停地往眼里灌，往嘴里灌。两年下来，哪个人肚子里也不少于两斤沙。每个人的脸都黑得像包公，嘴唇起燎泡，口舌生溃疡。受这样的苦，若是能成功也罢，偏偏等待大家的是失败！

二战狼窝沙失败后，众人心灰意冷，情绪低到极点，都打点行装准备回家。这时，石光银在他老宅土屋的炕桌上摆上12只蓝沿粗瓷大碗，倒满老白干，再把12个骨干叫到身边，说："你们是跟着我治沙的骨干，如果还想跟着我干，就端一碗酒喝了；不想干的甭喝酒，只管走人就是！"

一块儿摸爬滚打那么多年的兄弟，就这么分手告别吗？老伙计井占荣，只觉得喉头哽咽，两眼潮湿。他实在不想再干了。但他舍不得老石。这个人为人好啊！在沉默的短短几分钟里，石光银几年来走过的路一一在他眼前闪过。石光银不光种树，还为村里办过牛场、酒厂、柳编厂、缝纫厂，千方百计为大家增加收入，还收养了有小偷毛病的孤儿，改造了打算跟他玩命的牧羊人……井占荣的眼泪掉了下来。他率先端起大碗，一口气喝干。石光银趁热打铁说："干脆点，碗摔八瓣！""啪！"真的碗摔八瓣。接下来，韩恒明、高茂成等骨干们，都端起大碗一饮而尽，将碗摔碎。石光银热泪滚滚，也端碗、饮酒、摔碗。他们比着把碗摔得更碎，以此表示自己决心更大！

石光银亮出了自己的拿手戏，自编自唱起了信天游："三十里明沙哎，十年上旱；老石今年包荒沙哎，感动那上天；今年那个老天爷哎，你要开开眼，多给我一遍雨，为众人！"井占荣唱道："骑马不要骑带驹驹的马，马驹驹叫唤，人呀人想家！"年轻的治沙人王东虎唱道："天涯啊，那个柳树哎，六呀六郎栽；我们治沙下不了狠心哎，咋呀能到这里来！"

人们的心收拢了。但是光有决心和干劲是不够的。因为没有文化，多年来吃了不少亏，石光银在大家的建议下，背起行李，去榆林、横山学习栽树和打井技术。高大魁梧的身躯，迈出的脚步是沉重的，身后的每一个脚窝都显现出深深的力度。学习归来后，他终于明白了什么叫"障蔽治沙法"。他头顶烈日在沙梁上走，巡看以往失败的战场，那些七零八落的干死的树苗隐约可见，他的心在疼，他的斗志也更加昂扬。回到村里，他对大家说："我参观了人家的障蔽治沙法，受益匪浅。其实就是清明时节在这沙梁的迎风坡上全面搭设障蔽，拦挡住流沙，丘间地栽植杨、柳树，六月份全面撒播沙蒿障蔽。这样，造林成活率就高了。"

"没想到，栽个树还有这么多讲究！"大家如梦方醒。石光银手把手教大家，大家也亦步亦趋不敢马虎懈怠。他们只一季就搭设障蔽24万丈，平均每亩40丈。有柴草"死障蔽"，也有沙柳、沙蒿"活障蔽"，障蔽间距两米，行间穴栽沙柳。经四五月份风沙，障蔽拦挡流沙形成高40至70厘米的台田，且沙蒿成活率全都达到 80% 以上。

三战狼窝沙终于成功了。人们像猛地脱掉了虱子棉袄，无比轻松快乐，摆酒庆贺，扯起脖子唱开了信天游。嫩绿的树苗像士兵一样，井然有序地占领了昔日的不毛之地，狼窝沙变成了生机盎然的绿森林。最难啃的骨头啃掉了，其他黑套沙、薛套沙、榆树套沙等几千个大沙梁，看似庞然大物，已经没法跟石光银较量，一一败在他的治沙队伍手下。

狼窝沙造林的成功，使石光银在当地声名大振。他正式成立了治沙公司，将原来的新望林牧场改为下属机构。截至 1990 年，他承包的 5.8 万亩荒沙全部得到治理，群众还从中学到不少技术，譬如沙地杨柳植苗和截杆造林、杨树人工深栽造林、旱柳深栽造林等等，总结出了乔、灌、草综合治理的治沙经验。

有了林子，风沙挡住了，很多田地可以耕种了。石光银运用他从外地学来的"多管井"打井技术，为村民们打了很多水井，村民们在护林的同时，种起了庄稼。石光银看到村里的娃娃们要走二十多里路去上学，于 1989 年筹集 12000 多元，自己还额外捐资 8000 多元，划出 500 亩林地作为教学基地，在沙窝里建起一所"黄沙小学"，聘请两名教师，让 27 名娃娃实现了就近上学。多年过后，这些娃娃中已有四人考上本科大学。石光银还和六名股东一起，为乡中学捐资捐物，支援教育。他深知，未来的社会，没有文化不行。

"沙还是要治，树还是要种；儿子没了，我还有孙子，我要让孙子继续治沙，永远保住咱们这片绿洲！"

石光银成了名人。但他并没有就此歇脚，又承包了该乡和内蒙古交界的 4.5 万亩盐碱地。1996 年 12 月，石光银应邀到印度参加联合国粮农组织召开的治沙代表会议，在海关登记的时候，他尴尬地告诉工作人员，他不会写字。于是，工作人员握住他的手写下了他的名字。在这个国际会议上，这个质朴、直率的陕北汉子，妙语连珠，语惊四座，赢得了热烈的掌声。

不久后，一系列国家林业政策相继出台，对采伐审批程序限定更为严格，石光银栽下的大片林子，更被纳入国家"三北"防护林工程。如此一来，种树难以立刻"变现"，很多入股的村民纷纷要求退股。何去何从？石光银面临着又一次抉择。

为了把沙治下去，把树种下去，必须以副养主。石光银向国家林业局发出求助信息，得到 1000 万元低息贷款，解了燃眉之急。有了这笔钱，除了给部分农民退股，他兴办了一系列企业，奶牛场、纯净水厂、马铃薯育苗基地、樟子松育苗基地、砖厂等，以盈利维持护林、更新树种和公司人员的开销。

石光银进入了"自费治沙"阶段——这是怎样的风格和境界啊！但让一群习惯于在荒沙中种树的汉子，一下子进入竞争激烈的"市场经济"，石光银和他的队伍总有些不适应，甚至没少遇到过"坑蒙拐骗"。有人打着与他合作的幌子，在他的林地栽树，却一夜间偷伐几百亩树木，转身还把他告上法庭；儿媳妇推销矿泉水，到各公司、企业挨家挨户送样品，有人预定拿货以后找个理由便不付款；奶牛场受到奶粉负面事件牵连难以为继……

石光银在困难和磨砺中逐渐成长。每到关键时刻，国家和社会总向他伸出援手。他拥有了很多荣誉和光环：全国劳模、治沙英雄、"世界杰出林农奖"称号、党的十八大代表、第十三届全国人大代表，两次出席联合国粮农组织召开的治沙代表会议……

荣誉和光环能给人鼓劲，具体工作还要自己干，苦还要自己吃。他已经习惯于这种吃苦的生活。多年辛劳，体力透支，石光银不仅身上有伤，还因为扛树苗过多导致颈椎错位，脖颈打了四根钢钉。常年饥一顿饱一顿、冷一口热一口的不规律生活，也让他染有"三高"和肠胃病。他渴望儿子接班后，自己和老伴消消停停地安享晚年。儿子石战军也很优秀，在多年跟随石光银治沙种树的磨炼中已经成长起来。他是陕西省十大杰出青年农民之一，曾经出席团中央十五届代表大会。但不幸的是，石战军在2008年参加植树节活动的路上发生车祸，英年早逝。石光银闻讯仰天长叹，老泪纵横。痛失爱子的石光银，在掩埋了儿子三天后即召开公司会议，说："沙还是要治，树还是要种；儿子没了，我还有孙子，我要让孙子继续治沙，永远保住咱们这片绿洲！"

怜子如何不丈夫。转过头来，石光银却坐在儿子的坟前，用手拍着儿子的坟头，低声倾诉："儿子，你不该走啊，我想干，但毕竟年龄大了，身体还有病。你怎么就忍心撒手而去呢？你是不是对治沙种树厌烦了？"儿子没有回答，永远也不可能回答。那个比他还要高大魁梧、一表人才、活蹦乱跳的儿子已经永远离开了他，离开了治沙事业。儿媳妇李蕊青出身于干部家庭，当初嫁给石战军时，一家人反对，结婚后，父亲两年都不理她。但品行优秀的石战军最终感动了李家，成为李家最受欢迎的女婿。石战军的去世，对李家打击极大，岳母闻讯后当即摔倒，此后一直病病歪歪，天天念叨女婿，两年后去世；老岳父也一病不起，天天长吁短叹。石光银的老伴更是经常抹眼泪，记者采访她的时候，老人几乎哽咽得说不出话。

但是，这一切，没有击倒和干扰石光银。他把悲伤深深埋在心里，牢牢把握住继续治沙这个大方向，做了一系列稳定家庭、稳定亲属、稳定队伍、稳定军心的工作。儿子原来主抓多种经营，他的离去使公司所属的各企业一度停摆，而想在林农们中间选一个石战军这样的骨干十分困难。最终，护士出身的儿媳担纲了石战军的角色。一年之后，石光银的公司完全恢复了原有的工作秩序。

石光银的"资产"已经是天文数字——这是他用一辈子拼下来的"绿水青山"。这些无法兑现的"资产"，让他感到满足，感到充实。这一大片绿油油的森林，似乎就是他的"理想国"。他所在的定边县境内，沙地已经被他治光了。再往南走是县城，再往北走就是内蒙古了。他开玩笑说，如果不是因为我年龄太大，我会带着队伍向北进发！石光银得知该县南部山区有不少贫困户，便向县里申请招一些贫困户移民到他所在的十里沙村。他为他们出资盖房、平地、买羊；土质沙化严重不好种庄稼，自掏腰包从远处拉来好土给各家换上。后来，这些人家都脱贫致富了。石光银做这一切，只是出于一个基层党员的责任感：有一分光，便发十分热。

多年来，石光银的公司由于资产不能兑现，大家所得并不多。但他还是让儿媳妇业余学习管理和经营，让孙子在大学读林农专业，把公司年轻人送到各种培训班学习专业知识和技能。他做着让治沙事业长久不衰的打算。石光银深知治沙事业的艰苦。别人跟随他治沙，遇到困难随时可以拍拍屁股走人，他却不行。他是当地这项事业的发起者和支撑者，将永远"当仁不让"下去，所以他必须培养儿媳和孙子专注于这项事业，不允许他们改弦更张。说起来颇"不讲理"，但也只有这样，将来才不至于出现"治沙事业跟随他离去"的问题。

治沙造林的初心，遏止沙魔的使命，让他永远在路上，生命不息，操劳不止。他那黧黑的面庞，粗粝的大手，松柏一般的坚硬躯干，包括颈椎处的钢板与钢钉，都是他的生命密码，都记录和彰显着他这辈子的艰难和辉煌。

（作者：岩波，系中国作家协会会员，曾出版长篇纪实文学《风雨毛乌素》）

（原载《光明日报》2021年10月18日14版）